U0866760

世界国防科技年度发展报告（2018）

国防科技发展报告
（综合卷）

GUO FANG KE JI FA ZHAN BAO GAO

军事科学院军事科学信息研究中心

国防工业出版社

·北京·

图书在版编目（CIP）数据

国防科技发展报告．综合卷/军事科学院军事科学信息研究中心编．—北京：国防工业出版社，2019.4

（世界国防科技年度发展报告．2018）

ISBN 978-7-118-11902-2

Ⅰ．①国…　Ⅱ．①军…　Ⅲ．①国防科学技术—科技发展—研究报告—世界—2018　Ⅳ．①E115

中国版本图书馆 CIP 数据核字（2019）第 127683 号

国防科技发展报告（综合卷）

编　　者　军事科学院军事科学信息研究中心
责任编辑　汪淳　王鑫
出版发行　国防工业出版社
地　　址　北京市海淀区紫竹院南路 23 号　100048
印　　刷　天津嘉恒印务有限公司
开　　本　710×1000　1/16
印　　张　27¼
字　　数　323 千字
版 印 次　2019 年 4 月第 1 版第 1 次印刷
定　　价　163.00 元

《世界国防科技年度发展报告》（2018）编委会

《国防科技发展报告》（综合卷）

编辑部

主　　编　李向阳

副 主 编　王三勇

执行主编　方　勇

编　　辑（按姓氏笔画排序）

韦　玮　冯云皓　李加祥　陈健苹

陈银娣　武向荣　侯　勤　高　原

高　倩　慈元卓　薛晓芳

《国防科技发展报告》（综合卷）

审稿人员（按姓氏笔画排序）

王　斌　史秉能　朱德成　全寿文
池建文　孙亚力　李立芳　李德顺
张　策　郑　斌　徐林生　褚庆俊

撰稿人员（按姓氏笔画排序）

于　洋　于宪钊　王　彤　王　聪
王　磊　王　磊　王　磊　王　毅
王　燕　王小理　王希珍　王晓东
王雅琳　王静雪　方　芳　方　勇
申　淼　白旭尧　冯云皓　朱　松
刘　术　刘　伟　刘　博　刘海印
孙　磊　孙红俊　孙明月　孙晓飞
杜彦昌　杨俊岭　李　云　李　洁
李　莉　李　梅　李　硕　李　瑛

李　鹏	李　静	李　璜	李　磊
李长芹	李向阳	李红军	李丽娟
李耐和	李虹琳	吴　蔚	宋怡然
张　音	张　洋	张　莉	张　慧
张　璋	张代平	张梦湉	张灏龙
陈建光	陈柱文	陈健苹	武向荣
苟桂枝	赵超阳	郝继英	胡阳旭
侯　勤	姚保寅	袁　成	袁政英
贾　平	高　原	高彬彬	郭瑞萍
黄　涛	龚茂华	常晋聃	崔颖月
梁晓莉	彭玉婷	葛悦涛	蒋丽勇
楼铁柱	蔡文君	廖孟豪	熊新平
魏俊峰			

编写说明

科学技术是军事发展中最活跃、最具革命性的因素，每一次重大科技进步和创新都会引起战争形态和作战方式的深刻变革。当前，以人工智能技术、网络信息技术、生物交叉技术、新材料技术等为代表的高新技术群迅猛发展，波及全球、涉及所有军事领域。智者，思于远虑。以美国为代表的西方军事强国着眼争夺未来战场的战略主动权，积极推进高投入、高风险、高回报的前沿科技创新，大力发展能够大幅提升军事能力优势的颠覆性技术。

为帮助广大读者全面、深入了解世界国防科技发展的最新动向，我们以开放、包容、协作、共享的理念，组织国内科技信息研究机构共同开展世界主要国家国防科技发展跟踪研究，并在此基础上共同编撰了《世界国防科技年度发展报告》（2018）。该系列报告由综合动向分析、重要专题分析和附录三部分构成。旨在通过跟踪研究世界军事强国国防科技发展态势，理清发展方向和重点，形成一批具有参考使用价值的研究成果，希冀能为实现创新超越提供有力的科技信息支撑。

由于编写时间仓促，且受信息来源、研究经验和编写能力所限，疏漏和不当之处在所难免，敬请广大读者批评指正。

军事科学院军事科学信息研究中心

2019 年 4 月

目　录

综合动向分析

重要专题分析

附录

ZONG HE

DONG XIANG FEN XI

综合动向分析

2018年世界国防科技发展综述

2018年，世界主要国家高度重视前沿技术的探索和应用，与国防和军队建设紧密相关的前瞻性、先导性、探索性、颠覆性重大技术取得一系列新突破，将对未来武器装备、战争形态和军事理论等产生革命性影响。

一、持续布局和探索具有颠覆性军事能力的前沿技术，加强国防科技发展战略谋划

（一）加强国防科技发展战略谋划

2018年1月，美国国防部发布新版《国防战略》，明确将中俄视为主要战略竞争对手，提出强化科技优势，聚焦高端军事能力建设，重点提升核力量、太空与网络空间、C^4ISR系统、导弹防御、联合杀伤、部队机动与部署、先进自主系统、稳固而敏捷后勤等八大关键能力；优先发展先进计算、大数据、人工智能、定向能、高超声速、生物等新兴技术，谋求通过技术创新赢得优势。

2018年12月，日本发布新版《防卫计划大纲》《中期防卫力量整备计

划》，提出构建“多域联合防卫力量”，加强太空、网络、电磁频谱与传统作战域有机融合，全面提升指挥控制与情报能力，实现跨域联合；重点发展太空、网络和电磁频谱等新领域的作战能力，建立太空战、网络和电磁频谱等新领域的作战能力。

（二）成立专门机构推进国防科技创新

俄罗斯筹建大型军事创新科技园推进突破性技术研究。2018 年 3 月，俄罗斯国防部部长绍伊古称，俄罗斯国防部正在积极筹建名为“时代”的大型军事创新科技园。目前，已确定8 个优先科研发展方向，包括：信息—远程通信系统和人工智能系统；机器人技术综合装置；超级计算机；工程视觉和图像识别；信息安全；纳米技术和纳米材料；生活保障及维持生命活动相关的能源、技术和设备；生物工程、生物合成、生物传感技术。同时，该大型军事创新科技园还将联合军地力量，共同开展前瞻性科学研究，获得的研究成果将用于制定突破性技术清单，在短期内（1 ~ 3 年）创造出全新武器与专用军事技术装备。

美国陆军成立未来司令部加速未来技术研发。2018 年 8 月，美国陆军正式成立未来司令部，以推动颠覆性技术研发，加速陆军现代化。未来司令部下设三个机构，分别为：未来概念部，负责基于威胁分析确定未来概念，研究颠覆性技术及其对作战的影响；作战开发部，负责研究需求定义和文件，将对未来的研判和概念转化为需求；作战系统部，负责作战系统开发，交付现代化优先能力。美国陆军确定“远程精确火力”“下一代战车”“未来垂直起降飞行器”“机动通信指挥网络”“一体化防空反导”“士兵杀伤”6 个现代化重点项目。10 月，未来司令部成立陆军应用实验室，寻求充分利用私营公司的创新能力，快速研发能够转为正式项目的产品和技术。该实验室启动4 个试点项目，将陆军外的创新人员与陆军内人员联系起来。一是“催化剂”项目，在陆军研究实验室现有“开放校园”项目基础上，将大学、陆军和国防工业联系起来；二是“陆军能力加速器”项目，由军方、企业、研究机构人员组建的团队合作研制原型机，使部队能在现实环境中对其进行测试；三是“合作开发基金”项目，将重组小企业创新研究计划等已存在的项目，效仿风投后续大规模投资，支持项目工程阶段工作；四是“光环制造加速器”项目，致力于开发真正可部署的武器、传感器和其他系统。

成立专门机构推动人工智能技术发展。2018 年 5 月，英国国防部科学技术实验室设立人工智能中心，该中心主要研究内容包括：研发从自动驾驶汽车到智能系统的各种技术；研发从打击假新闻到利用信息来制止和化解冲突的各种技术；研发从提高互联网防御能力到提高辅助决策能力的各种技术。该中心将有效提升英国人工智能技术的国防和安全应用方面的国际水平。6 月，美国国防部宣布成立人工智能中心，统筹各军种协调实施单个预算超过 1500 万美元的项目，加速人工智能技术验证和应用，构建国防部通用的人工智能标准、工具、共享数据、可重用技术和专业知识。

二、一批战略前沿技术相继取得突破性进展，孕育新的军事应用和作战能力

（一）人工智能技术

军事强国特别重视对军事智能的投入及总体部署，积极推进人工智能技术在各个作战域的应用研究。

人工智能算法取得新突破。为推动人工智能技术向更高阶段迈进，美国加紧布局相关项目和技术发展，推动人工智能技术向经验学习和自主学

习方向发展。2018 年 7 月，为了减少训练和调整机器学习模型的成本和时间，美国国防高级研究计划局（DARPA）启动“使用更少标签学习”项目，将研究新的学习算法，减少训练或升级所需信息量。9 月，DARPA 启动“下一代人工智能”计划，计划投资 20 亿美元以上，以解决人工智能技术过度依赖海量数据和无法向用户提供决策解释等弊端，寻求推动以情景推理能力为主要特征的第三次人工智能浪潮，在人类和机器间建立更可靠的合作关系。美国陆军开发新的机器视觉算法，提高制导炮弹的打击精度。1 月，美国陆军研究实验室发表论文，透露了基于机器视觉的制导技术研究情况。美国陆军计划为制导炮弹配装光电或红外导引头，使其能够在 GPS 受限环境下实施精确打击并攻击移动目标。鉴于制导炮弹无法在发射前锁定目标，陆军研究实验室尝试将计算机视觉技术应用于制导炮弹，使其具备自主目标识别能力。陆军研究实验室在论文中讨论了“随机蕨”和“归一化互相关”两种机器视觉算法在制导炮弹中的应用，并进行了仿真实验。

类脑计算取得重要进展。一是低功耗人工神经突触取得突破。2018 年 1 月，美国麻省理工学院研究人员利用硅锗芯片实现了高度可再现的单通道人工神经突触，克服了非晶态介质的非均匀性缺陷，可精确控制流过这种突触的电流强度。该芯片及其突触可以识别手写样本，识别准确率达到 95%，将促进便携式低功耗神经形态芯片发展。二是类脑芯片促进神经形态超级计算机发展。2018 年 7 月，美国空军研究实验室与 IBM 公司联合研制出“蓝渡鸦”类脑超级计算机，这是当今世界上规模最大的类脑超级计算机。“蓝渡鸦”包括 64 颗“真北”芯片，能够模拟 6400 万个生物神经元和 160 亿个生物突触进行计算，功耗仅 40 瓦，比传统计算机低 4 个数量级。“蓝渡鸦”特有的并行运算和学习思考能力，以及超低的尺寸、重量和功耗优势，使其具有极其广阔的军事应用前景。美国空军正在利用“蓝渡鸦”

开展超级计算机模式和目标识别研究，预计2019 年演示机载目标识别应用；美国正在评估将类脑计算架构集成到机载传感器中，以利用超级计算能力提高空战效能；“蓝渡鸦”还可执行人工智能和机器学习算法，并为开展计算神经科学应用提供研发、测试和评估平台。

人工智能在军事领域应用不断拓展。一是情报领域。2018 年4 月，美国国防部“马文”计划启动满1 年，新开发的算法已部署于美国非洲司令部、中央司令部的5 ~6 个地点，后续将继续扩大部署范围，新算法对中东地区无人机所拍摄视频中的人员、车辆、建筑的识别准确率可达80%；该计划新增1 亿美元经费，将主要用于算法优化，进一步提高无人机全动态视频数据分析能力。二是辅助决策领域。美国空军欲开发虚拟助手辅助分析。2018 年2 月，美国空军研究实验室发布项目招标书，开发“数字企业多源开发助手”。该系统可直接回答问题或与用户交互，辅助情报分析人员处理复杂情报数据，使其更好发现和深入理解敌方信息中的情报线索。俄罗斯将人工智能技术用于指挥自动化系统。2018 年初，俄罗斯空天军首次对采用人工智能技术的新型防空自动化指挥系统进行试验，该系统可统一指挥S－300、S－400、“铠甲”防空系统及现代化雷达系统，自动分析空情并给出武器使用建议，将大幅提升俄罗斯防空兵部队的快速反应能力。

（二）无人系统技术

加强无人系统发展战略谋划。2018 年8 月，美国国防部发布《2017—2042 财年无人系统综合路线图》，这是美国公开发布的第五版无人系统综合路线图。新版路线图提出将重点围绕互操作性、自主性、网络安全、人机协同四个发展主题，开展相关研究工作。美国国防部海军部也发布了《海军部无人系统战略路线图》，为海军和海军陆战队将无人系统纳入全域作战力量提供指南。

无人机蜂群技术取得新进展。DARPA 通过“小精灵”、“拒止环境协同作战”（CODE）、“进攻性蜂群战术”（OFFSET）等项目，发展了空中投放/回收和协同作战等技术。上述项目均已处于飞行验证阶段。“小精灵”项目旨在发展小型无人机集群的空中发射和回收等关键技术，探索集群作战概念。2018 年，“小精灵”项目开展了部分空中投放和回收功能试验。CODE 无人机蜂群可基于已建立的作战规则遂行寻找、跟踪、识别和攻击任务，拓展美军现役无人机能力。2018 年，CODE 项目在强对抗环境中成功开展了无人机蜂群协同作战能力验证。“进攻性蜂群战术”项目设想未来在复杂城市环境中使用 250 个或更多的小型无人机系统和/或小型无人地面车执行作战任务，2018 年该项目开展了数次“蜂群冲刺”验证活动，试验了无人机蜂群作战概念。美国海军陆战队通过“蜂巢”项目试验了无人机集群补给概念。试验中，无人机控制设备以及用于无人机存放、充电、发射与回收的“蜂巢”部署在远离战场位置；小型四旋翼无人机在接收到物资补给指令后，往返于后勤补给点和分布式作战部队之间执行任务；基于云计算的计算机系统可同时保障数百架无人机独立执行任务，为多个分布式作战部队提供物资支持。

反无人机集群技术得到实战验证。2018 年 1 月，俄驻叙基地遭 13 架无人机群袭击，俄发动电磁攻击和火力打击，6 架无人机被成功截获并控制，7 架被“铠甲” – S 防空系统摧毁。其有效应对时间不超过半小时，基地之间可能有电子战、火力装备及战术协同配合。目标发现以预警探测手段为主，可能有光电、无线电监测、声音、人力情报等手段。处置方式以信火一体或火力自动攻击为主。这表明俄军已具备对无人机集群实施信号截获、诱骗控制、火力摧毁等能力，具有一定的反无人机集群作战能力。

(三)生物交叉技术

大力加强生物防御战略谋划。美英等多国将生物安全纳入国家安全战略，作为国防和军事博弈的制高点。2018 年 7 月，英国发布首部《生物安全战略》，评估了英国面临的自然疫情、实验室事故和蓄意攻击三大生物威胁风险，提出了认识、预防、监测和应对等四大应对风险的支柱，强调加强政府内部协调，积极支持生物科技发展，推进国际合作，防范和应对潜在生物威胁与风险。9 月，美国发布《国家生物防御战略》，提出建立分层的风险管理方法应对生物威胁，并确立 5 大战略目标，即：加强风险意识，促进生物防御体系决策；加强生物防御体系能力建设，防范生物突发事件；加强生物防御体系建设，做好应对生物突发事件准备；迅速采取应对措施，降低生物突发事件影响；提高生物突发事件发生后社会经济与环境的恢复能力。

不断拓展合成生物学技术军事应用。2018 年 6 月，美国国家科学院受国防部委托，发布《合成生物学时代的生物防御》报告，提出了“制造病原体生物武器”“制造化学品或生物化学品”“制造可改变人类宿主的生物武器”等三大类 11 种合成生物学能力。目前，大多数合成生物学研究使用大肠杆菌或酵母等少量驯化的微生物，未经驯化的细菌的基因工程由于不能将 DNA 转移到细胞中而受到限制。美国陆军研究实验室和麻省理工学院合作开发并展示了一种开创性的合成生物学工具，可在复杂环境下将 DNA 编程传送给各种细菌，开拓了合成生物学在军事环境中的应用前景。美国国防部的合成生物学研究也引起科学界和国际社会的高度关注。10 月，德法科学家在《科学》杂志刊文“农业研究还是新型生物武器系统”，质疑 DARPA 的“昆虫联盟”项目研发潜在生物武器及其运载工具，拟利用昆虫传播经过基因修饰的病毒来编辑植物染色体，可能违反《禁止生物武器公约》。

加快推进军事脑科学技术发展。美国持续加强脑科学技术的军事应用研究，积极部署非植入式脑机接口应用研究，在脑损伤治疗领域取得丰硕成果。DARPA 启动“下一代非植入性神经技术”项目，拟开发的高分辨率非植入性脑神经接口将具备无需手术、精确度高、延迟时间短、脑信号可同时多点读写等优点，旨在实现士兵与机器的无线脑机交互，提高士兵认知和决策能力，甚至促进士兵意念控制武器等技术开发。DARPA 的脑损伤治疗技术陆续取得突破。2018 年 2 月，DARPA 的“恢复主动记忆”项目团队开发了闭环记录和刺激系统，可将脑损伤患者记忆力提高 15%；3 月，项目另一研发团队对丧失记忆的脑损伤患者进行记忆测试和分析，实现了脑神经刺激系统的原型验证，使脑损伤患者的平均记忆力提高 35%。

（四）军事航天技术

可重复使用运载器技术取得新进展。一是运载火箭一子级重复使用技术已基本成熟。美国“猎鹰”9 系列火箭已实现一子级的三次重复使用和 16 枚一子级的二次重复使用，充分验证了运载火箭一子级部分重复使用技术。二是快速响应运载能力取得重大突破。DARPA“试验航天飞机” -1 可重复使用运载器完成首台主发动机研制，并能在 10 天内进行 10 次地面点火试验，验证了发动机快速后处理技术，为后续实现 24 小时快速响应发射奠定技术基础。

微小卫星技术保持快速发展态势。2018 年 5 月，DARPA 发布“黑杰克”项目招标书。该项目旨在发展由轻小型、低成本、低功耗卫星构成的分布式低轨星座，每颗卫星搭载一个或多个光学、射频载荷，具备与大型高轨卫星相当的能力，执行导弹预警、战术通信、定位导航授时、战术成像侦察、电子侦察等任务。“黑杰克”星座将由 60 ~ 200 颗卫星组成，轨道高度 500 ~ 1300 千米，单颗卫星成本低于 600 万美元。

空间攻防技术取得重要突破。美军完成轨道机器人项目初步设计评审。2018 年 7 月，DARPA“地球同步轨道卫星机器人服务”（RSGS）项目通过初步设计评审，海军研究实验室设计的机器人载荷符合目标，可与劳拉空间系统公司的卫星平台兼容，确保在 2021 年进行在轨试验的进度要求。此外，DARPA 计划与 NASA 合作建造“在轨机器人服务站”，平时用于燃料加注、修理等任务，战时则可破坏敌方卫星。俄罗斯积极发展激光、电子战等反卫技术。2 月，俄罗斯金刚石—安泰公司完成可攻击敌方卫星的新型激光武器研发。该系统安装在别里耶夫 A－60SE 飞机上，利用激光脉冲致盲敌方卫星或烧穿敏感光学器件，有效作用距离 1500 千米。此外，俄罗斯积极探索电子战飞机反卫星能力，研发“伐木人”－2 新型电子战飞机，可用于关闭导航卫星、通信卫星的星载电子设备。欧洲开展在轨碎片移除技术试验。9 月，英国“空间碎片移除”卫星成功开展世界首次真实太空环境下飞网抓捕“立方星”技术验证，后续还将验证鱼叉装置穿透并捕获靶板、运动跟踪、拖曳帆离轨等技术。该系列试验将加速空间碎片移除技术的实用化进程，对空间对抗技术发展也将产生重要影响。

（五）先进信息与网络技术

新技术助推网络空间对抗能力发展。大数据技术提升网络空间态势感知能力。美国重点发展基于大数据技术的网络软件分析工具，利用网络中的大量情报数据，进行大数据分析和可视化处理，提高网络态势感知能力。一是美国国家安全局发布的集网络防御和网络分析等多种功能于一体的网络分析工具，能够使用和共享复杂网络威胁情报；二是 DARPA 发展“网络之网络复杂分析”软件工具，将创建高精度全球统一视图，可容纳 100 亿个节点，以探测全球大规模网络活动。人工智能和区块链技术助力网络攻防。2018 年 1 月，日本防卫省拟将人工智能技术引入日本自卫队信息通信网络防御系统中，强化网络攻击防御能力。4 月，DARPA 发布“人机探索软件安全”项目，利用人工智能技术发现信息系统的漏洞，这些漏洞既可用于及时形成补丁提升网络安全，也可为网络攻击部队提供支援。8 月，英国 BAE 系统公司获得 DARPA “大规模网络空间狩猎”项目合同，旨在利用计算机自动化、先进算法和新速度处理标准来实时跟踪大量数据帮助锁定网络攻击。5 月，Xage 安全公司称其开发出一套基于区块链技术和数字指纹技术的防篡改系统，以保护工业物联网资产。

先进通信技术取得新突破。DARPA 100 吉比特/秒射频骨干网项目取得重大进展。2018 年 5 月，诺斯罗普·格鲁曼公司宣布，100 吉比特/秒射频骨干网项目已在真实城市环境中完成地面演示验证，通信速率达到 102 吉比特/秒，传输距离达 20 千米。该项目旨在构建信息传输速率类似光纤网的射频通信链路，双向通信速率为 100 吉比特/秒。该项目一旦实用，可使无线通信速率较当前 Link-16 数据链提高 4 个数量级，大幅增强美军远距离战术通信能力，为跨域实时共享情报监视侦察数据、提高综合态势感知和联合指挥控制能力提供有力保障。

水下、跨介质通信技术取得全面突破。一是新型声波传播技术将大幅提升特定频率信号通信容量。2018 年 7 月，美国发现利用声波传播产生的动态旋转携带信息，可提高某一特定频率的通信容量，有望将水声通信能力从纯文本信息传输提升到高清视频信息传输。二是窄光束水下激光通信技术完成演示验证。8 月，美国演示验证窄光束水下激光通信技术，水池试验结果表明，收发终端可在 1 秒内完成精确波束指向和快速连接，通信速率为数兆比特/秒到数吉比特/秒，通信距离为数十米到数百米。三是美国首次实现水下空中跨介质通信。美国利用毫米波雷达探测水声信号对水面造成的微小振动，构建“平移声学—射频”通信链路，首次实现水下节点直接与空中节点的跨介质通信，通信速率可达400比特/秒。

美军体系集成技术试验取得成功。2018 年 7 月，DARPA 与洛克希德·马丁公司在加利福尼亚州海军空战中心完成“体系集成技术与试验”（SoSITE）项目多域组网飞行试验，演示验证了地面站、地面驾驶舱模拟器、C－12 指挥机和试飞飞机间异构电子系统集成技术。试验主要取得以下进展：一是验证了空中分布式作战理念。通过将武器、传感器、任务系统等载荷从大型航空平台分离，使用开放系统体系结构，将即插即用模块无缝集成到任何有人或无人平台，形成跨平台可互用的分布式空战能力。二是验证了四种关键能力。即在系统之间自动编写和传输报文；首次使用非统一的数据链实现多平台间信息交互；将地面驾驶舱模拟器与空中飞机系统实时链接，验证缩短从数据到决策时间的方案；将自动目标识别软件集成至 APG－81 雷达系统，快速创建战场态势图。三是验证了异构电子系统的系统集成技术。这种名为“缝合”的新技术可用于改进强对抗环境下的陆、海、空、天网多域体系集成。四是验证了一种名为“爱因斯坦”盒子的新型计算环境。借助这种开放系统架构，可以快速、安全验证作战能力。该项目 2019 年将进行空空精确杀伤链集成试验。利用这些研究成果，美军将提升多域协同、异构协同、有人—无人协同作战能力，对未来作战样式产生颠覆性影响。

量子信息技术取得新进展。在量子计算方面，全球“量子霸权”的争夺依然激烈。2018 年 1 月，英特尔公司展示了 49 量子比特的超导量子芯片；3 月，谷歌公司发布了 72 量子比特处理器“狐尾松”。量子比特处理器是量子计算机的核心器件，在处理加解密运算、方案优化、人工智能等问题方面具有巨大优势。在量子雷达方面，2018 年 4 月，加拿大滑铁卢大学研究人员宣布开发出量子雷达技术，可穿透强背景噪声将包括隐身飞机和导弹在内的目标以极高的精度识别出来；9 月，英国约克大学研究人员宣布开发出量子雷达样机；11 月，俄罗斯无线电技术与信息系统联合企业对采用量子无线电技术的试验雷达进行测试，成功完成探测与跟踪空中目标的任务。在量子导航方面，2018 年 11 月，英国帝国理工大学宣布研制出量子加速度计。量子加速度计利用冷原子对外力和加速度变化的敏感性，构建原子干涉仪，通过精确实时探测系统所感受到的引力变化及加速度变化，计算出系统运动路径，从而达到导航定位目的。量子加速度计克服了传统卫星导航的缺陷，将给陆、海、空平台导航定位带来颠覆性影响，特别是有效解决潜艇导航定位难题，给潜艇深海作战带来质的飞跃。

三、新概念武器和平台技术加快实用化步伐，将提供兼具威慑与实战功能的新型作战能力

（一）高超声速技术

美国加快推进高超声导弹技术武器化。2018 年 10 月，美国航空周刊报道，美国国防部将采用 20 世纪 80 年代“桑迪亚有翼再入飞行器试验”项目使用的双锥体助推—滑翔技术，开发陆、海、空三军通用的助推滑翔高超声速导弹，并计划 2021 年部署。美军各军种将在通用型导弹基础上，利用各自助推器，开发陆基、海基和空基助推滑翔高超声速导弹。美国此举旨在充分利用以往成熟技术，力求在短期内形成作战能力。

俄罗斯同步开展多个高超声导弹型号研制项目。一是空射弹道式高超声速导弹已列装服役。2018 年 3 月，俄总统普京宣布“匕首”高超声速导弹已于 2017 年 12 月 1 日开始战斗值班，成为世界首款服役的高超声速导弹。该导弹采用米格 –31 战斗机作为载机，是俄罗斯陆基“伊斯坎德尔”

导弹升级版，采用空射机动式弹道导弹方案，射程2000千米，最大速度马赫数10。二是战略级助推—滑翔高超声速飞行器已量产。俄罗斯总统普京在2018年国情咨文中宣布，项目代号4202、编号Yu－71的“先锋”高超声速滑翔飞行器已量产，可搭载于现役洲际弹道导弹和“萨尔玛特”导弹。“先锋”最大射程超过1万千米，横向机动距离4300千米，速度达马赫数20以上，具备极强突防能力。三是吸气式高超声速巡航导弹计划2022年列装。俄罗斯正在研制的“锆石”高超声速反舰导弹以超燃冲压发动机为动力，射程约400千米，巡航速度达马赫数5~6，计划2019年开始舰上测试。

（二）主战平台技术

新型飞控与机电技术为新一代空战平台发挥作战效力提供支撑。飞机飞控与机电系统是飞机完成飞行动作和飞行任务的执行系统，新型飞控与机电技术将在保障任务执行能力的同时，改善飞机性能、提升作战效能。2018年4月，英国BAE系统公司完成集成射流飞控技术的固定翼无人机样机研制。8月，北约发布了采用射流飞控技术的小型无人机飞行试验的视频，该无人机机翼后缘的射流装置可取代襟副翼、完成飞行控制。射流飞控技术利用柯恩达效应原理，即气体流过曲面时受流体与曲面间的黏性力作用、发生弯折进而产生偏转力矩，实现飞机姿态控制。采用射流飞控技术的飞机无需传统气动控制面，通过控制射流流量和发动机排气方向改变飞机飞行姿态和航向，可降低飞机阻力、提升隐身性能。2018年10月，美国空军研究实验室启动“电力、能量、热、综合和控制”（PETIC）计划招标，开展机电作动/电静液作动和液压作动系统、军用平台与定向能武器系统的PETIC相关子系统综合概念、先进导体和热科学、锂离子/锂空气电池和燃料电池材料的合成与特性、电力生成/处理和使用技术、综合动力与热管理架构等的研究，将为未来作战飞机使用定向能武器以及发展高超声速飞机等提供技术基础。

陆战平台不断创新防护技术和概念。2018 年 6 月，德国 IBD 戴森罗斯公司展出“灵巧”模块化车辆防护系统。模块的形状、尺寸以及对抗装置的数量视炮塔、车体等不同位置而定，单个模块被击中后更换方便，能有效抵御串联聚能破甲战斗部，可安装在主战坦克、步兵战车等多种平台上。8 月，乌克兰透明装甲公司研制的“陆战平台现代化组件”在 T-64 主战坦克上完成作战试验。该组件是集“观、瞄、打”功能于一体的装甲透视系统，能大幅提升装甲装备态势感知、火力打击、战场生存力，改变乘员操控与车体装甲防护整体结构设计，有望带来装甲装备新变革。

多型舰艇新概念设计方案公布。洛克希德·马丁公司推出 FFG（X）护卫舰设计。2018 年 1 月，在美国水面舰协会研讨会上，洛克希德·马丁公司公布了根据美国海军 FFG（X）招标要求设计的新型导弹护卫舰方案。该护卫舰以“自由”级近海战斗舰为母型改进设计，舰艇配备 8 枚反舰导弹，安装 16 个 Mk 41 垂直发射单元，具有完善的区域防空、反潜和反舰作战能力。俄罗斯克雷洛夫国家研究中心首次展示其轻型航母设计方案。8 月，俄罗斯克雷洛夫国家研究中心在“军队-2018”国际军事技术论坛上首次展示了其轻型多用途航空母舰模型。该轻型航空母舰设计用于执行防空、反导等防御任务，以及摧毁空中、水面、水下和岸上目标等攻击任务。该航空母舰满载排水量 44000 吨，最高航速 28 节，16 节航速下续航里程约 5000 千米，自持力 60 天，采用燃气轮机动力装置。法国海军集团披露 SMX-31 型潜艇概念设计。10 月，法国海军集团在欧洲海军展上，披露最新型 SMX 系列潜艇 SMX-31 型概念设计方案，该艇仍秉承 SMX 系列潜艇一贯设计思路，广泛应用创新性、前瞻性概念及设计，如全电推进、无指挥台围壳、特种推进器等，该艇设计理念超前，综合作战能力出色。

（三）新概念武器技术

美国积极开展激光和高功率微波反无人机技术试验。2018 年 6 月，美国海军和海军陆战队在尤马试验场测试了波音公司最新改进型紧凑激光武器系统。该系统为高能激光武器系统，可用于跟踪和摧毁无人机。紧凑型激光武器系统采用安装在三角架上的 IPG 公司 2 千瓦激光器。整套系统（包括指挥控制系统和火控组件）封装在小型集装箱内（体积约为标准集装箱的 1/4），激光器位于集装箱顶部。系统可由便携式计算机和手持式自由移动控制装置进行操作。美国陆军试验用高功率微波武器和激光武器应对多架无人机。3 月，在美国陆军火力卓越中心的机动火力综合试验中，雷声公司先进高功率微波武器和激光武器成功击落 45 架无人机。其中，高功率微波武器系统击落 33 架无人机；高能激光武器系统识别、跟踪、击落 12 架Ⅰ类和Ⅱ类无人机。

军事强国继续推进电磁导轨炮研制。2018 年 3 月，美国通用原子公司电磁系统公司宣布，从美国陆军获得一份为期3 年合同，评估电磁导轨炮技术并促进其能力成熟。通用原子公司将与陆军武器研发与工程中心合作，致力于升级电磁导轨炮技术，交付系统样炮，开展系统集成及任务效果测试，研究电磁导轨炮与陆军现役和未来车辆集成的可能性。俄罗斯成功对其电磁导轨炮进行测试。电磁导轨炮发射重 15 克的塑料圆柱形测试弹丸穿透一个几厘米厚的铝板，该电磁导轨炮发射弹丸初速高达 3 千米/秒。7 月，日本国防部采办、技术与后勤局首次在互联网发布一段关于自卫队研究活动的宣传视频，详细介绍了日本小口径电磁导轨炮制造流程及相关支持和测试设备。目前，日本电磁导轨炮相关概念验证系统仍处于样炮研制阶段。采办、技术与后勤局在一份报告中指出，将于 2016—2021 财年斥资 10 亿日元（约合 900 万美元）资助电磁导轨炮研发。日本计划研制的电磁炮将是一种能够执行防空、反舰和地面攻击的武器系统，该武器弹丸发射速度超过7240千米/小时、射程超过200千米、最终射速达到10发/分钟，未来可成为日本陆基“宙斯盾”等导弹防御系统的高效替代方案。

四、基础科技持续取得新进展，为武器装备的可持续发展夯实可信基石

（一）新型核动力技术

美国完成千瓦级太空核反应堆电源地面试验。2018年5月，美国航空航天局宣布，完成“千瓦级电源”空间反应堆电源样机地面热运行试验。“千瓦级电源”由特种反应堆中的铀235裂变产生能量，由热管传递到斯特林能量转换装置，转换为电力输出。该装置单堆输出功率1～10千瓦，可模块化组合，满足几十千瓦需求，寿命10年以上。试验历时5个月，最后达到满功率28小时高温运行，向实用化迈出重要一步。该电源可满足深空探测等航天任务更大的能源需求，提高航天器动力、通信、科学探测能力，还可作为月球、火星等的星表电源，为载人基地提供能源。此外，由于其高可靠、长寿命设计方案，在空间站、深海或偏远地区的长期无人值守装备上，也具有显著应用前景。

俄罗斯新型军用核动力技术发展备受关注。2018年3月，俄罗斯总统普京发表的国情咨文中，首次公开展示了“海燕”核动力巡航导弹和“海神”核动力无人潜航器等多种新型战略核武器。其中，“海燕”为核动力亚声速巡航导弹，由采用常规火箭发动机的助推级和核涡喷发动机的巡航级组成，巡航阶段由核反应堆直接加热空气介质，产生推动力。“海神”无人潜航器可由战略导弹核潜艇、攻击型核潜艇乃至常规动力潜艇发射，通过

小型核反应堆推动螺旋桨航行。该潜航器最大潜深1000米，航程1万千米以上，水下航速超过54节，可搭载千万吨级TNT当量核弹头，具备跨洲际打击敌沿岸目标或航母编队能力。“海神”可能采用液态金属核反应堆，该反应堆具有尺寸小、启动快、全自主控制等特点，体积仅为核潜艇动力系统的1/100。

（二）新材料技术

美军制得5倍TNT当量的高能炸药。2018年7月，美国陆军研究实验室联合华盛顿州立大学制备出一种新型高能炸药——一氧化碳—氮气聚合物晶体，理论密度是TNT的2.4倍，能量是TNT的5倍。高张力键能释放材料是近年来美国重点探索的一类新型高能炸药，是一种或多种小分子气体（氮气、一氧化碳、二氧化碳等）在高温高压条件下制得的聚合物晶体，其能量一般为梯恩梯的数倍以上。德国、美国先后在实验室条件下制得了聚合氮，但制备条件苛刻，要在不低于110吉帕和不低于1727℃条件下才能制备出来。为解决这一问题，美国陆军研究实验室在纯度为99.9%的氮气中加入一定量的一氧化碳，将混合气体在1427℃、45吉帕下通过激光加热制备而成，其制备压力和温度远低于聚合氮等材料的制备条件，且制备压力仅约为聚合氮制备压力的1/3，制备温度降低约300℃。高张力键能释放材料是当前超高能含能材料领域的研究热点。一氧化碳—氮气共聚物晶体的成功制备，标志着高张力键能释放材料的探索取得重大进展。

超细聚乙烯纤维综合性能实现重大突破。2018年1月，在美国陆军资助下，麻省理工学院利用凝胶静电纺丝工艺制备出超细聚乙烯纤维。这种聚乙烯纤维直径为0.35～0.49微米，拉伸模量达110～120吉帕，拉伸强度达6.3吉帕，韧性达2.1吉帕，断裂伸长率为20%～40%，是迄今为止综合力学性能最好的聚合物纤维。这种聚乙烯纤维的高性能得益于其特有的凝胶静电纺丝工艺，该工艺在传统凝胶纺丝工艺基础上融合静电纺丝过程，利用静电力拉丝，使胶丝在电场作用下表现出大幅度“鞭动”效应，迅速弯曲并形成纤维。凝胶静电纺丝工艺的拉伸速率比传统凝胶纺丝工艺高约1000倍，可制得直径为亚微米甚至纳米级的纤维；依靠静电力实现一步拉伸，省去传统凝胶纺丝的预拉伸步骤，简化了工艺流程。利用凝胶静电纺丝工艺制备的聚乙烯纤维结晶度高，分子取向度好、缺陷少，分子链滑移能力强，具有其他聚合物纤维难以兼具的高强度、高韧性、高模量，可用于制备质量更轻、性能更好的抗弹复合材料，满足武器装备轻量化和高生存力的发展需求。

美国利用黑硅开发出高性能红外隐身材料。2018 年 6 月，美国威斯康星大学麦迪逊分校的研究人员利用黑硅开发出新型红外隐身材料。黑硅是太阳能电池中广泛使用的一种材料，其上紧密分布数百万根垂直的纳米线，入射光会在纳米线之间来回反射并被逐渐吸收，使新型红外隐身材料具备卓越的隐身性能。材料中的纳米线是利用细小的银颗粒辅助蚀刻固体硅柔性衬底形成，较长的纳米线和银颗粒都能吸收红外光，使隐身材料具有强吸收能力，厚度不足 1 毫米的薄片隐身材料就能吸收约 94% 红外光。此外，材料的柔性衬底还布满微小空气通道，可防止材料因吸收红外光而过快升温。与其他热屏蔽技术相比，新开发的红外隐身材料具有红外吸收性能高、重量轻、成本低和易于使用等优势，能够使军事人员和装备更好地躲避探测，实现完美隐身。未来，研究人员计划将电子加热元件嵌入红外隐身片材中，设计出能够伪造信号来欺骗红外摄像机的高技术产品，大幅提高坦克装甲车辆的红外隐身性能。

（三）先进制造技术

原子级制造首次实现自动化。2018 年 3 月，加拿大阿尔伯塔大学在

《美国化学学会·纳米》杂志发表论文称，在原子级电路制造过程中，通过自动检测和修复扫描探针显微镜的探针针尖，在全球首次实现原子级制造的自动化。研究人员利用基于卷积神经网络的机器学习技术，分析已知原子缺陷的图像，确定扫描探针显微镜的探针针尖钝化问题，并自动进行原位锐化调节，解决了此前手动调节耗时极长问题。原子级制造通过排列组装微观原子，制造能够保持原子级物理特性的功能材料、电子器件等。通过扫描探针显微镜的探针针尖操作单个原子是实现原子级制造的主要途径之一。快速、精确和自动化保证探针针尖质量，为原子级制造实现规模化应用、生产能耗降低上千倍、处理速度提高上百倍的新型电子设备奠定基础。

增材制造技术在高超声速飞行器上取得突破。2018 年 3 月，美国轨道阿连特技术系统公司成功对一型主要由增材制造技术制造的高超声速战斗部进行爆破试验。这是该公司首次针对由增材制造技术制造的战斗部进行试验，战斗部总质量 22.7 千克，包含 5 个主要部件，其中有 3 个采用增材制造技术。试验结果表明，战斗部能够耐受高速、高温环境。采用增材制造技术使得战斗部概念设计—加工制造—试验验证的全部流程在 60 天内完成，相比传统工艺，研制时间至少缩短了一个半月。高超声速飞行器工作环境恶劣、热环境与力学环境要求严苛，材料与结构是研制高超声速武器需要攻克的关键技术之一。该型战斗部是目前已知的首个以增材制造为主要制造方式的高超声速分系统级产品，其成功制造与试验是增材制造技术在高超声速飞行器应用上的重要突破。

（四）军用元器件技术

美国研制出待机功耗趋零的声传感器。2018 年 3 月，在 DARPA“趋零功耗射频与传感器”（N－ZERO）项目支持下，美国德雷帕实验室研制出待机功率低于 1 纳瓦、感知到特定声信号时才启动的传感器。这是该项目继射频、红外、化学、压力、温度等趋零功耗传感器取得突破后，在声传感器方面取得的重要成果。趋零功耗声传感器的核心部件是微机电系统（MEMS）声音唤醒开关，它采用旋转板和空腔设计，对应不同频率的输入声波产生不同的扭矩，控制接触臂的位置。当声波频率与预设频率相同时，MEMS 接触臂使电池和触发电容连接，启动后续模块，开关开启，对信号感知分析，并转换为电信号传递出去；特定信号消失后，传感器恢复待机状态。待机功耗趋零的传感器电能需求低、使用寿命长，在多个领域具有广泛应用前景，特别是为构建无人值守态势感知网络奠定了基础。

三维微型数字射频存储器赋予精确制导武器电子攻击能力。2018 年 3 月，美国水星系统公司开发出三维微型数字射频存储器。该微型数字射频存储器采用三维垂直堆叠架构，由数字电路模块、模拟电路模块、电源管理模块、功能拓展模块四部分组成。具有三个特点：一是体积小，尺寸约为传统数字射频存储器的 1/4，满足在小型精确制导武器中集成应用的要求；二是功能可扩展，可在垂直堆叠架构中按需添加新电路板，实现性能提升或功能扩展，以应对未来新的技术威胁；三是模块化设计，便于实现器件整体性能优化和制造过程中异常问题检测。三维微型数字射频存储器可使精确制导武器具备电子干扰能力，实现突防时对防空反导系统的电子干扰压制，显著提升武器突防和生存能力，未来还有望应用于小型无人机等平台，极大提高平台干扰能力，拓展雷达干扰的应用范围，催生新的作战样式。

五、结束语

当前，以人工智能技术、网络信息技术、生物交叉技术、新材料技术等为代表的高新技术群迅猛发展，波及全球，涉及所有军事领域。以美国为代表的西方军事强国着眼争夺未来战场的战略主动权，积极推进高投入、高风险、高回报的前沿科技创新，大力发展能够大幅提升军事能力优势的颠覆性技术。技术决定战术，前沿技术发展及军事应用将对未来战争形态产生深刻影响。未来战争可能在陆、海、空、天、网络、电磁空间和认知领域同时打响，出现人机协同战、无人蜂群战、电磁博弈战、跨域融合战、智能算法战、脑控意识战等新的战争样式，掌握先进前沿技术的一方，必将在未来战争中牢牢占据主动。

（军事科学院军事科学信息研究中心　李向阳　方勇）

2018 年国防科技管理领域发展综述

2018 年，美、俄、英等世界主要国家通过加强立法和战略谋划、改革国防部管理运行体制、优化科技创新路径、挖掘利用民间科技潜力、拓宽人才培养渠道等举措，在国防科技管理上持续发力，以抢占国防科技制高点。

一、强化国防科技战略引领

在国际形势发生复杂深刻变化、全球科技创新热潮持续升温、国防科技竞争日趋激烈的环境下，美、俄等国着眼长期战略利益，通过立法和战略规划，明确国防科技创新思路、政策和布局，有效牵引着国防科技的创新发展。

（一）美国出台国防领域顶层战略文件提供总体指导

美国在国防顶层战略制定过程中，注重围绕科技安全和军事需求，总体指导国防科技发展。

（1）国家安全战略从国家顶层进行布局。2017 年 12 月，美国政府推出新版《国家安全战略》，强调要保持研究、技术、发明与创新的领先地位，掌握科技发展趋势，吸引和保留发明和创新人才，利用私营资源促进创新，推进发明和创新快速转化等，要求美军做好在多作战域实施全谱作战行动的准备，重点加强核力量、导弹防御、太空、网络空间等领域建设。

（2）国防战略在国防和军队建设领域落实布局。2018 年 1 月，美国国防部发布《国防战略》，进一步明确先进计算、“大数据”分析、人工智能、自主性、机器人、定向能、高超声速武器、生物技术等领域的新技术是确保美国能打赢未来战争的技术，提出强化 8 个领域现代化关键能力建设。

（3）国防科技战略在国防部主导下推进布局。2018 年 8 月，美国发布《2019 财年国防授权法》，要求国防部长在 2019 年 2 月之前制定新版《国防科学技术战略》，要求与美国国防战略以及政府层面的战略科技优先事项保持一致。这里也包括与总统科技政策办公室国防预算优先事项保持一致。从内容上看，战略应将国防部的科学技术发展重点、目标和投资与特定项目或广泛投资组合的核心使能要素挂钩；评估国防部在采办优先顺序、项目和时间表，以及国防研究和工程组织体系活动上的协调工作；此外还包括授权、法规、政策及其他相关领域的改革建议，支持战略文件设定的目标。到 2021 年底前国防部长每年向国会国防委员会至少提交一份更新的战略文件。

（4）分领域战略在各技术领域落地布局。美国 2018 年发布的网络、生物、人工智能等技术领域的战略性文件，都是在《国家安全战略》和《国防战略》指导下，从支撑“美国优先”安全战略的四大支柱（保护美国公民、国土及生活方式，促进经济繁荣，以实力确保和平，扩大美国影响力）出发，军民统筹进行战略布局，加强军民跨部门合作，重塑美国优势。

在这里，特别值得关注的，是将于 2019 年 2 月由国防部制定的《国防科学技术战略》，这是2007年美军将《国防科学技术战略》调整为《国防研究与工程战略规划》后，历经12年，再次将战略恢复原名称，相关内容也做出调整，充分体现了美军在大国竞争与国防部改革的时代背景下，更加聚焦国防科技工作，寻求通过加强顶层统筹指导，加速国防科技创新发展。新《国防科学技术战略》是美国战略重心向大国竞争转变的直接产物。

（二）美国国防授权法部署创新落实举措

近年来，美国国会一直致力于提高国防部开发和部署新技术的能力，确保美军在日益增多的新兴威胁中保持作战优势。美国《2019财年国防授权法》聚焦前沿新兴领域，促进国防关键技术快速发展。主要包括：

（1）聚焦高端技术领域促进快速发展。一是确定关键技术能力。法案要求国防部围绕高超声速、人工智能、量子信息科学及定向能武器，以及类似的其他新兴技术领域，比较美国与竞争对手的能力差距。此外，法案要求国防部继续完善“采办计划、技术、制造能力和研究领域清单”，以保持技术优势。二是加强对新兴技术的快速反应能力。法案要求国防部建立工作制度加速技术开发，对未获得研究经费及关注的技术做出反应，以快速应对竞争对手的新兴能力。三是发展量子信息科学。国防部授权在量子信息科学领域启动研发计划，重点关注传感器和计量学、通信和密码学、材料和分子功能设计等领域。四是推进定向能技术发展。法案授权负责研究与工程的副国防部长制定定向能领域样机计划，并为定向能武器系统试验提供指导。此外，法案还阐明联合定向能转移办公室的职责，包括研究高功率微波的功能等。

（2）开展广泛合作强化外部创新技术引入。美国《2019财年国防授权法》对国防部实验室政策进行了大幅调整。一是拓展“开放园区”计划。法案授权国防部在军内实验室广泛开展类似陆军研究实验室“开放园区”

计划的项目。二是深化与大学的合作。2018 财年法案要求国防部提出不少于 3 种促进“快速获得大学技术及专业知识”的方案。在 2019 财年授权法案中，该项授权被延长至 2022 财年，太空领域、弹性基础设施、光子学和自主系统等领域也被纳入合作。此外，法案要求国防部实验室和州、地方或非盈利机构合作促进与地方企业和学术机构的交流。三是建立小企业信息库。法案要求国防技术信息中心针对已参与国防部任务的小型创新企业建立技术能力信息库，促进未来的军地互动与合作。四是扩大招聘和管理授权。法案调整了部分招聘授权，旨在招募社会及在校技术人才，并将国防部实验室特殊招聘授权应用于战略能力办公室和国防创新小组。此外，法案在限制技术外流，保护美国研发成果方面也提出具体的要求。上述规定为美国推动国防科技创新奠定了立法依据。

（三）其他国家纷纷发布战略指导性文件

（1）俄罗斯积极落实武器装备战略规划纲要。2018 年，普京签署的《2018—2027 年俄罗斯武器装备发展规划》正式启动，提出了俄罗斯武器装备和国防科技未来发展的目标和重点任务，包括保障核力量和空天防御力量发展，有选择地优先发展海、陆、空、天武器装备，建立新型科研组织管理体系、加强与地方科研机构合作、开展国防科技创新活动，加强军事基础科学和前沿技术的探索性研究等。

（2）英国发布国防部多样性和包容性战略。2018 年 10 月，英国国防部发布《包容的力量：2018—2030 年国防部多样性和包容性战略》，明确在已经开展的工作基础上，确保劳动力政策、国防部文化和行为的多样性和包容性。通过利用更具包容性的员工队伍所带来的多样化思想、技能和创新，使国防部发挥潜力，建立更强大、更有凝聚力的团队并改善决策机制；使国防部能够更好地接触和招募来自整个社会的人才；在民众中形成文化上的认同，以利于海外行动，并确保国防部与社会充分的接触。

（3）德国发布未来高技术战略。2018 年 9 月，德国内阁通过了由教育与研究部主持制定的《2025 高科技战略》。这是 2010 年发布的《2020 高技术战略》、2014 年发布的《新的高技术战略——创新德国》的延续和发展。新一轮高技术战略明确了德国未来 7 年研究和创新政策的跨部门任务、标志性目标和重点领域。在安全领域，德国将开发“全新的整体 IT 安全解决方案”，其中量子通信将发挥重要作用。

这些国家层面的、国防部及其他政府部门层面的法律、战略或规划文件，在战略目标上强调提升战略竞争优势和战备能力，在战略举措上强调跨部门军民合作，在战略布局上强调“内促外控”，有序引导着各领域科技创新发展。

二、体制机制适应国防创新

近年来，为适应高新技术快速发展和作战样式深刻变化的需要，美、俄等国持续推进国防部体制机制改革，在管理思路和策略上把经济高效、创新突破、开放协同放在突出位置，通过管理制度改革与业务运行流程再造，最大限度地利用地方资源，促进国防科技协同创新。

（一）美国优化管理体制致力国防科技创新

美国国防部自成立以来，多年形成的体系庞大的官僚管理体制，繁琐冗长的法规制度和审批程序，成为以灵活、快捷、高效为特征的科技创新活动的严重障碍。2018 年 7 月，美国国防部发布《成立负责研究与工程的副国防部长办公室及负责采办与保障的副国防部长办公室》备忘录，标志着美军自 2016 年底启动的管理体制改革正式成形，科研管理体制作为改革重点进入实施阶段。

（1）美国拆分国防部采办、技术与后勤副部长职能。2018 年 1 月，国防部发布备忘录，对国防部内部管理机构横向拆分，即对采办、技术与后勤副国防部长职能进行拆分，设立研究与工程副国防部长和采办与保障副国防部长，前者负责推进国防科技创新发展，在更大程度上推进科技领域军民一体化发展；后者负责更快、更好、更省地推进国防采办，提升国防经费的使用效益。2 月，国防部按照新的管理体制正式运行。7 月，美国国防部常务副部长签署备忘录，进一步细化重组机构改革方案。

美国国防部研究与工程副部长的使命是聚焦未来，以国防部首席技术官的身份推进技术和创新；研究与工程副部长下属机构调整为“一委、二局、四附属、五直属”的部门架构。研究与工程副部长直属的五个机构——国防创新小组（DIU）、战略能力办公室、战略情报分析室、导弹防御局和国防高级研究计划局（DARPA），这些机构直接向副部长帮办汇报。此外，小企业计划办公室管理的小企业创新研究计划等项目和机构，也由研究与工程副国防部长归口管理。

（2）美国国防部设立首席管理官，推进国防部业务改革。2018 年 2 月，美国国防部正式设立首席管理官职位，专门负责国防部的业务运行事务。设立该职位的目的是提高国防部各部门的业务运行质量和工作效率，降低业务成本，从业务支持的角度推动国防部实现其战略目标。从 2019 年起，首席管理官还将接管国防部首席信息官的信息技术业务职能。通过建立一体化的业务管理信息系统，国防部将能加强相关业务管理活动的透明度与信息化水平，加强业务管理绩效评估，有效推动国防部业务管理效率与效益的整体提升。

（3）美国国防创新小组成为美国国防部正式机构。美国国防部近年来除大力扶持国防高级研究计划局等成熟的创新机构外，还新增战略能力办公室（SCO）、国防创新小组（DIU）等机构，试图打破国防部传统官僚主义桎梏，优化国防科技创新路径，降低风险并提高稳定性。值得一提的是，2018 年国防创新小组成为美国国防部正式机构。2015 年 7 月，国防部在硅谷成立国防创新试验小组（DIUx），由国防部长本人领导。该小组的主要职责是加强国防部与硅谷企业的合作，寻求技术创新的突破点和潜在机遇，在加速国防科技与武器装备快速发展的同时，进一步推动信息技术开发与管理创新，解决美军装备技术特别是信息技术与装备滞后于商业现货产品与技术发展速度的问题，使国防部从商业领域技术的快速创新中受益。2016 年 6 月，美国国防部在波士顿新区成立国防创新试验小组东部办公室，同年 9 月，又在得克萨斯州奥斯汀建立新的办公室，进一步扩大了影响范围，使其能够发挥更大作用。由于国防创新试验小组成立以来效果明显，2018 年 8 月，美国国防部宣布国防创新试验小组更名为国防创新小组，由负责研究和工程的副部长授权、指导和管理。此次更名意味着它已成为国防机构体系中的一个正式机构，并将继续试验向作战人员交付所需能力的新型方式与方法。

（二）美国调整运行机制减少国防科技协同创新阻力

2018 年以来，美国国防部正式成立首席管理官、负责研究与工程的副国防部长，以及负责采办与后勤的副国防部长，这些新机构如何高效运行并与其他部门协同工作，是新体制面临的重要课题。为此，国防部通过精简业务程序、运用企业化管理模式统筹管理机关事务等，试图从制度上扫清障碍、提高效率，激发创新活力。

（1）发布国防业务运行规划。国防业务运行是美国国防建设的重要内容，多年来备受重视。从历史上看，2001 年，美国国防部制定了《业务管理现代化计划》，开始以信息化为手段、以可视化为目标，推动业务转型；2005 年，国防部成立业务转型局，负责国防部业务系统建设和调整改革；2018 年 2 月，国防部设立了首席管理官，专门负责国防业务运行；2018 年 4 月，美国国防部首席管理官发布《2018—2022 财年国防业务运行规划》，阐述了国防业务运行的总体情况，提出了国防业务运行的战略目标、重点任务和实施管理措施，为国防部设定了共同的战略目标、规划和改革路线图，制定了统一的绩效目标和评估标准，有利于形成跨部门整体合力，提高军事技术竞争优势，这是为适应新体制变化做出的运行机制改革部署。《2018—2022 财年国防业务运行规划》涉及人力资源管理、财务管理、不动产管理、采办与合同管理、后勤与供应链管理、卫生保健管理、公共服务、网络空间安全与信息技术管理、试验与鉴定等 9 个领域，明确了首席管理官、人事与战备、采办与维护、研究与工程、政策、情报等部门职责分工和工作关系，便于各部门协同工作，从而从业务支持角度关注国防部顶层改革，为实现国防战略目标，明确国防部最新组织体系，改革国防业务运行机制，加强盟国合作伙伴关系，为重建军队战备能力、获得全球绝对军事优势奠定基础。在国防业务运行规划指导下，国防部每年制定一份年度绩效计划，详细制定每个绩效目标的业务和支持行动计划，以评估国防业务运行目标的各阶段进展或里程碑节点绩效。

（2）扩大应用快捷灵活采办方式。随着国防采办日益复杂，美国国防采办法律、法规和指令数量与日俱增，内容日趋冗长和刚化，限制了管理人员的主动性与创造性，也使非传统承包商望而却步，不敢也不愿与国防部打交道。为此，国防部采取扩大应用灵活快捷采办的方式，在联邦采办条例、国防部5000 系列采办政策文件的基础上，针对非传统高新技术企业、小额采办项目、民用技术等，扩大应用采办法规例外或豁免政策，以突破联邦采办条例、传统采办合同规定等法规限制，并借鉴国防创新小组、陆军快速能力办公室、海军快速样机试验与演示验证项目、空军革命性采办技术程序与合作等做法，鼓励采取快速解决方案的政策措施，采用灵活多样的采办方式，避免繁琐的审批程序，缩短采办周期。此外，为满足应急作战需求，借鉴特种作战部队应急采办的做法和经验，作战部队直接对接科技部门和科技活动，强化应急作战需求牵引，采用灵活快速审批程序，加速推进创新性技术或能力直接部署到一线作战部队。

（3）运用企业化管理模式统筹管理机关事务。2017—2018 年，美国国防部常务副部长多次发布备忘录，指示国防部加速采纳基于商业解决方案的企业云（指可在美国国防部范围提供服务的云），并从不同角度推进这项工作以取得重大进展，从而推进国防部联合信息环境建设，大幅提升云服务安全性，提高办公效率，增强作战能力。美国国防部还通过强化对服务性合同的监管，允许国防部网购物资，引入私营审计机构审计国防部合同等，来运用企业化的管理模式管理机关事务。与此同时，国防部通过精简军事能力从开发到部署的程序，以加快能力交付速度。美国国防部改革体现出更加重视技术向作战能力转化、更趋务实、更加快速等特点。

（三）俄罗斯等国推进国防部改革

（1）俄罗斯持续推动新面貌军事改革健全领导体系。俄罗斯认为，军事技术创新发展需要加强组织领导与统筹规划，集中全国最优秀的智力和技术资源共同推进。一是国家级军事科研创新领导机构取得新进展。根据普京命令，2013 年俄罗斯主管军工建设的副总理罗戈津牵头组建了类似美国国防高级研究计划局的先期研究基金会，专门负责国家级基础性、颠覆性研究项目的规划设计和宏观调控。至 2018 年，先期研究基金会运行 6 年，在高校、科学机构建立了 40 多个实验室，开展了近百个研究项目，举办了近30个创新赛、挑战赛，同50多个机构签署了合作协议。俄罗斯还成立国家机器人技术发展中心，对军用、民用及军民两用机器人技术培训研发进行组织协调和进程监督。二是完善国防部军事科研领导指挥体系。俄罗斯国防部创建了军事科研垂直领导指挥体系，专设主管军事科研的副部长，下设科研和先进技术工艺创新总局，负责跟踪全球前沿军事技术发展，为建立俄军前沿科技储备、开展武器装备创新研究提供系统保障。俄罗斯国防部还增设跨军种先期研究和特种规划局，以及特种研发中心，强化对跨军种基础性、应用性先进装备研建的统筹规划。

（2）俄罗斯组建“纪元”军事创新科技园。2018年6月，普京签署总统令组建俄联邦国防部“纪元”军事创新科技园，地点设在阿纳帕城。科技园可容纳80家国防机构进驻，2000名科研和工程人员工作，按照“科学与教育”（科学—研究集群、科学—教育集群）和“先进工艺与创新”（科学—生产集群）两大方向，建设现代化的实验室和工程中心，配备科技设备中心和工艺技术中心。

（3）法国成立国防创新局。2018年9月，法国正式成立国防创新局。该局隶属国防部武器装备总署。国防创新局计划于2019年1月1日全面投入运营，拥有12亿欧元的预算，主要任务是寻求创新想法并加速使其进入国防部。该机构向民用经济和初创企业开放，并面向整个欧洲。创新局将启用新的管理和运行机制，特别强调加快原型试验进程。

（4）韩国推出“国防改革2.0计划”。2018年7月，韩国国防部正式公布了“国防改革2.0计划”，主要涉及：增加国防预算；理顺作战指挥体制；精简和优化兵力规模结构；推进国防采购改革；扶持国防工业发展等。随即国防部国防采办项目管理局推出配套的“国防商业创新计划”，提高国防采购的灵活性与透明度，实现采办流程的“简化和多样化”，并与商业部门的供应商合作，以快速满足紧急需求。国防采办项目管理局还将投资诸如人工智能和机器人等产业，推动工业4.0技术的发展，使目前以成本为导向的竞争环境，转向以技术和质量为导向的竞争。

三、军种直接引入先进能力

美军国防科技与采办调整改革的一项重大举措是，推进国防部与军种的权限纵向调整，在保持国防部集中领导权的总体构架下，进一步向军种放权。在这种背景下，2018 年，美军各军种主动作为，通过向企业放权、知识产权改革、简化程序等措施，最大限度地吸纳民间力量为军服务，新能力快速引入、快速部署效益突出。

（一）陆军强调未来创新能力加速引入

（1）组建陆军未来司令部。2018 年 7 月，正式运行的美国陆军未来司令部（将于 2019 年 7 月具备完全作战能力），走出军事基地，设在便利接触行业和学术组织的城市或城市枢纽处，将总部选址定于得克萨斯州首府奥斯汀市，便于同学术科研机构及工商业人士来往，借助民间人才和智慧推进美国陆军转型。增设未来司令部是美国陆军自 1973 年以来最重大的机构调整，此前该军种只有陆军部队、陆军训练条令及陆军装备三大司令部。为获得充足的训练空间且避免打扰民众，这些司令部均位于远离市区的军事基地内，但未来司令部却打破了这一传统。

（2）成立致力于快速引入能力的陆军应用实验室。为加快科技创新、保持军事技术优势、有效增强与外部创新型公司的合作，陆军未来司令部成立了陆军应用实验室，寻求充分利用私营部门的创新能力，快速研发能够转为正式项目的产品和技术。该实验室已启动四个重大试点项目，将拥有奇思妙想的外部创新者与能够实现其构想的资深内部人士联系起来。每个试点项目都为陆军可能无法发现的技术提供了潜在入口，但各个项目针对的是不同发展阶段的技术。这四个试点项目构成了一个逻辑序列，有兴趣参加的公司不必按顺序参与这些项目，可依据其技术成熟度选择任何一个试点项目。①“催化剂”试点项目，重点针对不成熟的想法开展基础研究。它将建立在陆军研究实验室现有的“开放校园”项目的基础上，将大学（包括学术研究人员、学生企业家等）与陆军和国防工业联系起来。②“陆军能力加速器”项目。这是逻辑序列的第二阶段，主要致力于应用研究。在该阶段，由作战人员、企业家、研究人员和国防工业资深人员组建的团队，将合作研制能够实际工作的原型，使真实的作战部队能在现实环境中进行战场测试。成功的团队可将技术交付有经验的企业，或寻求自己组建初创公司。加速器项目已经在纽约市推出。③“合作开发基金”项目。它将仿效风投资金后续大规模投资，来支持项目工程阶段工作。该基金将很大程度上重组已存在的投资项目，如“小企业创新研究”项目，降低参与门槛。④“光环制造加速器”项目。它致力于开发真正可部署的武器、传感器和其他系统，将引进传统的国防承包商和军队机构，来帮助创新型公司处理国防采办的繁文缛节，使创新公司不必耗费内部开支来建立相应的适应机制。第四个试点项目还处于头脑风暴阶段。

（3）组织论坛向商业界寻求优势能力。2018 年 2 月，美国陆军在联邦商机网公布“竞争环境下作战——网络跨职能小组技术交流论坛”征询通告，向工业界寻求当前和新兴市场的能力。通告指出，美国陆军网络跨职能小组和美国陆军指挥、控制和通信项目执行办公室正在寻求商用现货和非研发项目解决方案，以便为未来陆军投资建议、陆军需求文件和其他采办文件提供信息。

（二）海军强调新兴技术的创新与快速应用

（1）启动创新过程采购项目。2018 年 3 月，美国海军研究办公室在海军研究生院举办启动会，正式发起海军创新过程采购项目，旨在融合硅谷的创业方法，解决海军面临的技术难题，涉及从供应商到作战中心的各类组织，以及从理解问题时的“灵光一现”到研究和交付原型样机的整个时间轴，赋予海军和海军陆战队解决难题的通用流程和方法。

（2）成立敏捷任务小组。2018 年 7 月，美国海军发布题为《海军敏捷倡议》的内部备忘录，宣布成立敏捷任务小组，旨在帮助海军加快新兴技术的创新和利用。备忘录指出，海军正面临一系列全球挑战，为了克服这些挑战，海军需要利用快速出现的可改变战争特征的技术，为此海军必须促进系统性层面的协作、敏捷性和变革，以维持自身技术与战术优势。

（三）空军强调开放式协同创新发展

（1）正式启动 AFwerX（空军创新枢纽）。2018 年 1 月，美国空军 AFwerX首个创新枢纽——拉斯维加斯创新枢纽举行了隆重的开业典礼，副总统彭斯和空军部长威尔逊均出席。这是美国空军迈向颠覆性创新和优化采办工作的一种尝试，旨在加快新技术的引入进程。AFwerX 总部位于五角大楼和弗吉尼亚州的水晶城，未来其站点将布局全美。AFwerX 可以联系一些拥有想法的公司或组织，它们仅需 1 页纸或 90 秒的视频就可以提交想法，获得合同后以较低成本转变为原型系统。在 AFwerX，针对上交的建议书可以很快速做出不通过、可能会通过和通过的决定。11 月，美国空军依托 AFwerX 和小企业创新研究计划，在 40 小时内向小企业授出 100 份合同，通过大幅缩短向商业公司授出合同的时间，加快创新概念从实验室向战场转化的速度，使美国空军能够更好地与小企业和创新公司互动，以商业界习惯的速度开展合作。合同涉及的所有技术都具有军民两用性，如虚拟现实和增强现实技术等，这些技术在商业上获得很大发展，在军事上也应用良多。9 月，美国空军又在阿拉巴马州成立 MGMwerX，旨在利用民间科研成果为军方服务，位于蒙哥马利商会大楼附近，将积极采纳私营企业、学术界和空军大学的大量创新理念，解决美国空军面临的技术或采办效率低下的难题。

（2）组织创新竞赛。2018 年 10 月，空军和莱特兄弟研究所共同启动 VQ－Prize 竞赛，为创建太空态势感知可视化工具（包括增强现实和虚拟现实解决方案）提供现金奖励，旨在鼓励大学、个人、小型企业等非传统行业合作伙伴与军事用户合作，竞赛截至 2019 年 1 月中旬，将颁发最高 10 万美元的奖金，并设置多个奖项。

美军各军种类似事例还有很多。管理体制的调整，加强了军种在采办决策和国防科技创新管理中的作用，使军种参谋长/作战部长能够更深地介入采办程序，进一步强化了采办机构与用户之间的沟通协调，使采办与作战需求结合更加紧密，并通过体制机制调整改革，极大地增强了军种在国防科技创新发展中的主动性和积极性。

四、挖掘利用民间科技潜力

近年来，随着民用高新技术快速发展，世界主要国家举办名目繁多的各种计划和创新活动，重视解决国防科技领域的知识产权问题，充分吸引社会力量广泛参与国防科技创新，加快国防科技创新步伐。

（一）利用各类创新计划探索国防创新新模式

世界主要国家利用名目繁多的各种计划，吸引社会各界创新思想，资助民用技术和能力引入，促进科技成果转化应用，更好地为国防和军队服务。

例如，美国陆军训练与条令司令部主导的“疯狂科学家”计划，旨在通过与学术界、工业界、政府的合作及对话，汲取关于技术与人类发展趋势的研究成果，帮助美国陆军探索2050年前的作战环境演变，引领未来战争思想发展，并塑造未来地面作战形态。2018年2月底，该计划发布了影响未来作战环境的十大生物融合趋势。

又如，美国著名的“小企业创新研究计划”和“小企业技术转移计划”，是美国政府于20世纪80年代初和90年代初，分别推出的科技创新计划和技术转移计划。国防部是这两项计划最大的投资人和获益者。这两项计划实施30多年，取得巨大成功，先后被德国、加拿大、俄罗斯等10个国家和地区所效仿。国防部每年1月均对上一年计划执行情况进行总结，2018年也不例外。从总的情况看，小企业获得的研发支持资金逐年上涨。2013财年小企业创新研究计划占国防部对外授出研发资金的比例为2.5%，2017财年这一比例增至3.2%。小企业参与的国防研发工作范围不断扩大。截至2017年底，国防部发布的小企业创新研究项目达600余项，目前参与的部门包括陆军、海军、空军、导弹防御局、国防高级研究计划局等13个部门和机构，涵盖了国防部所有重点技术领域，“第三次抵消战略”提出后，小企业创新研究计划更加注重高分子材料、人工智能、大数据分析、3D建模技术等领域的投资。总结其做法，一是通过法律强制要求政府部门对小企业及创新成果提供资助；二是国防部高度重视小企业计划，占政府各部门投入总额的50%；三是每年3次定期网上招标进行目标管理；四是按不同阶段梯次投入，保障了大规模获取小企业创新能力的持续引入。

再如，2017年6月，欧盟委员会宣布成立欧洲防务基金，规模55亿欧元；2018年6月，欧盟又决定将基金预算规模在未来两年增至130亿欧元，旨在推动各成员国在国防科技研发和国防装备采购上加强合作。7 月，先行启动基金试点，预算 5 亿欧元，为“欧洲国防工业发展计划”设立专项基金，着重于卫星通信、可持续能源、网络和海事安全等方面国防产品和技术的创新开发和升级。该基金将使欧盟跻身欧洲防务研究和技术投资者之列。

这些计划和基金投资灵活，形式多样，走出了一条军民互惠互利的道路，积累了许多成功经验，助力创新能力的引入，并取得了较好成效。

（二）举办各种活动吸引社会力量广泛参与科技创新

近年随着军内外高新技术成果不断涌现，美国、俄罗斯、英国等国家更注重借助各类研讨会、专题性峰会和展览展示会等，激发各类创新思想、创新理念和创新活力，发挥窗口效应宣传展示最新国防科技成果。美国国防部特别注重采用提案日、工业日等开放日活动方式，扩大科技创新竞争范围，广泛吸收专业技术力量。2018 年 2 月，美国陆军项目执行办公室指挥、控制和通信战术和陆军网络跨功能团队在马里兰州阿伯丁试验场举行战术网络工业日，主题是确保陆军能够在竞争和拥挤环境下安全运行弹性网络。陆军概述了战术网络现代化的需求和优先事项，希望工业界协助推进陆军现代化并改善系统采办流程。6 月，DARPA 战术技术办公室主办了“虚拟提案者日”，通过预先录制的关于战术技术办公室的目标和投资范围的视频，提供关于“2018 年未来战争的颠覆性能力”的广泛机构通告的相关信息，为公司和个人提供与战术技术办公室项目经理直接交流的机会，就军事任务体系的高级研究、开发和演示等概念进行讨论。DARPA 这种寻求颠覆性的想法，意图从根本上改变开发、设计、建造、部署和操作军事系统的方式，可以产生转向完全不同方向的新概念，并可能转化为有力的提案。

挑战赛是进行国防科技创新的重要举措，旨在引导和加速全球范围内的前沿科技研究成果向满足特定军事技术需求的成果转化。2018 年，DARPA、情报高级研究计划局、国防情报局等机构分别举办了“发射挑战赛”“地下挑战赛”“频谱共享挑战赛”“XAMINE 信息验证挑战赛”“地缘政治事件预测挑战赛”“保障数据挑战赛”等一系列挑战赛事。能源部也不例外。例如，2018 年 10 月，美国能源部宣布，与 Freelancer. com（全球最大的自由职业者聚集平台和众包平台，拥有超过 3000 万用户）合作推出制造创新挑战，设置了用于灾难响应的增材制造和固态照明两个项目，旨在为下一代制造业提供众包解决方案，促进创新并吸引广泛的行业参与，以提高能源生产力并加强美国的工业基础。俄罗斯先期研究基金会成立 6 年，举办创新赛、挑战赛接近 30 次。2018 年 11 月，英国和澳大利亚联合举办竞赛活动，由英国政府国防和安全加速器以及小型企业国防创新研究中心具体承办，寻求在材料技术联合研发方面的创新提案，以满足军事平台对材料的挑战性要求。2018 年 8 月，印度国防部启动“辅助原型与分析启动”倡议和“印度国防创企问题”挑战赛。前者将征集相关军事技术解决方案。后者是“国防优势创新”计划的一部分，该计划由印度总理于 2018 年 4 月提出，旨在打造自主的“国防创新和企业精神”生态系统。印度国防部将借挑战赛资助初创企业和小型企业，促进商业技术军事化。挑战赛重点关注内置传感器的单兵安全系统、离线加密或分级安全工具、基于 4G 的战术局域网、先进海水淡化系统和舱底水油分离系统、智能物流、遥控飞行器、激光武器、无人水面和水下系统等 11 个主题。国防部将为每个选中项目提供 22 万美元。

美国国防部通过召开专题会议充分激发创新热情和活力，举办综合性展示会全面宣传前沿科技成果，军种组织筹办各类研讨会推进国防科技工作开展，智库举办专题会议推进作战概念和前沿技术发展。2015 年以来，美国陆军已不定期举办了四届“创新峰会”，探讨未来陆军科技发展和创新概念，寻求民口企业的优势创新技术。2018 年 11 月，法国国防创新局举办首届国防创新论坛，会上展出了 160 项国防和民事应用创新成果。创新项目主要分为7 大部分：明日间谍、明日战争、每日创新、隐身斗篷、为人类创新、超越地平线、国防创新局。参与创新的既有百年历史的家族企业，也有 2016 年才创立的仅有 30 人的创业公司，他们的创新成果从仿生腿到可穿戴式安全气囊，从隐身斗篷到自动分析图像，有些项目已经得到法国军方的关注。

（三）重视解决国防科技领域的知识产权问题

国防科技创新涉及的知识产权问题，特别是技术数据权有关问题是世界性难题。当下，人工智能等前沿技术快速发展，其军事应用更需要在这方面加快破题。早在 2001 年，美国就发布了《国防部知识产权问题指南——在商海中航行》，核心就是解决含有技术秘密权的技术数据权交付和使用问题。美国《2016 财年国防授权法》要求国防部成立一个咨询小组，修改重大国防采办项目技术数据管理条例，解决有关技术数据权争论难题。《2017 财年国防授权法》授予国防部更多数据权谈判权力，可以通过谈判对于从私营企业获取的技术数据给予适当补偿。《2018 财年国防授权法》要求国防部制定“知识产权购买或许可”政策，并建立专家队伍协助管理和获取知识产权，确保项目主任了解政府的知识产权政策，能够充分利用相关技术与实践经验，在早期采办过程获取知识产权；要求国防部长在选择承包商进行主要武器系统的工程和制造开发或生产之前，进行技术数据的谈判。这些条款和改革显示出国防部正在扫清知识产权方面的制度障碍，以将最先进的技术从企业快速转移到国防部，为美军获得更大的技术优势创造便利。

五、关注军地人才双向使用

卓越的创新人才是世界军事强国谋求军事技术长久竞争优势的重要支撑。美国新版《国家安全战略》和《国防战略》都强调要保护由“知识、能力与人才”共同构成的“国家安全创新基础”。美国《国家安全战略》提出，要吸引并留住发明家和创新者，美国政府必须改善与产业界和学术界的合作，以及对技术人才的招募。

（一）美国防创新委员会针对军队人才培养提出建议

2018 年，美国国防创新委员会针对提高官员创新素养、专业技术人才引进和管理、高端理工人才培养和军地人才统筹等方面，提出了建设性举措，以下建议已被采纳。

（1）国防部设立首席创新官。其职责与首席技术官不同而且互补，专门作为创新的倡导者，协调、监督和统一国防部的创新活动，包括设计可广泛应用的创新模式和系列规则，开展内部众包、创新比赛和教育培训等创新活动，设立并利用国防创新网络促进信息共享和内部技术交流等。

（2）使用知名学府课程培训国防部高官创新素养。根据现有和新兴作战需求，以哈佛大学、斯坦福大学和沃顿商学院等知名学府的职业培训课程内容为基础，为国防部高层官员建立高新技术和创新培训计划，学习商业企业在技术推进和管理创新上的成功经验，了解国防科技创新现状和快速采办发展趋势，增强与商业企业在新兴技术领域合作的意识，全面提高国防部高层领导和推广高新技术应用的能力。

（3）采用孵化器的方法突破僵化军队人事制度。虽然国防部不能完全掌控并改变美军“晋升或退出现役”人事制度，但可以采用创建孵化器的方法进行创造性改进，富有创意的现役专业领域人员经选拔后，可申请暂时离开现有“晋升或退出现役”军队人事系统，在孵化器中从事所热衷的专业领域问题研究，超越常规体制障碍，通过发挥创意得到晋升。孵化器参与者在项目完成后可选择离开军队，也可转到国防部文职岗位继续从事专业工作，或者选择返回军队“晋升或退出现役”系统。

（4）借鉴创新公司经验创建特色人才发展路径。创建“创新 + 科学、技术、工程和数学”（I + STEM）这一新的职业领域，组建 I + STEM 小组并在联合部队内部运行，协助指挥官整合创新能力、敏捷能力和反应能力，采用快速采办方法，从而有效提高联合部队的杀伤力。同时，建立军队计算机科学家独特的职业轨道，激励现役人员专心从事计算机科学研究，保护其免受岗位转换带来的专业发展压力；设立新项目并拓展现有项目，提供服兵役换取奖学金等优厚条件，吸纳优秀的计算机科学、STEM 领域本科生和研究生，努力使计算机科学成为国防部的核心竞争力。

（二）美军重视网络人才的培养并制定特殊政策吸纳入伍

美国在《2018 年国防部网络战略》中指出：一要维持战备网络人才队伍。国防部将继续培养未来型人才，为网络人才的技能、职业发展提供大量机会，维持整个军用和民用网络人才队伍，并优化各军事部门的人员轮换制度。二要加强国家网络人才培养。国防部将与其他政府部门及机构进一步在全美初级、中等教育层次上推广科学、技术、工程、数学和外语（STEM – L）学科教育。国防部还将与企业和学术界合作，制定培训、教育和网络安全意识方面的标准，以推动网络人才培养。三要将软、硬件专业知识作为国防部的核心竞争力。国防部将为计算机科学相关专业人士（包括硬件工程师、软件开发人员和数据分析师）建立职业发展路径，以吸引高科技网络人才。四要建立尖端网络人才管理计划。国防部将建立网络人才管理计划，为尖端网络人才提供培养技术能力的集中资源和机会；并通过竞争机制，筛选出国防部的顶级网络专家，并委任他们解决国防部最棘手的问题。在实践中，为破解网络人才稀缺难题，美国陆军网络司令部直接从商业部门聘请技术专家，这项直接委任计划是2017 年底启动，5 月份开始从近250 名申请者中选出前两名直接委任官员。第二批申请者也已通过审查，5 名申请者进入该项目。该计划每年举行4 次选拔活动。

（三）俄罗斯科技连人才培养模式成效显著

俄罗斯国防部自2013 年开始组建科技连，每年从地方大学选拔优秀毕业生入伍以服兵役的形式从事科学研究工作，旨在为俄罗斯国防科技的进步和发展提供强大的后备力量和智力支持。科技连主要依托俄罗斯国防科研机构的科技研究硬件设施，从事与国防和军队建设密切相关的科学研究工作。科技连组建4 年多以来，学员的工作成果显著。以隶属于空天军的第2 科技连为例，其学员已经获得19 项发明专利，提出107 条合理化建议，递交了75 项计算机程序产品的注册申请，并在专业刊物发表论文364 篇。一般来说，科技连一半的学员会选择在军官岗位上继续服役。

六、结束语

从总的情况看，2018 年，美、俄等国围绕新技术快速反应、先进能力快速引入和快速部署，出台战略文件，调整国防科技管理体制机制，出台多项创新举措，国防科技管理在整体上呈现出开放兼容、快速引入、精准部署、弹性可塑、安全可控、持续优化的发展趋势和特点。

从持续跟踪与专业分析看，在可预见的2019 年，将是推动高端技术领域持续发展的一年，将是国防采办加快适应性改革的一年，也将是适应数字时代发展细化落实政策的一年，国防科技管理领域会出现以下趋势：

科技创新上，美国将在时隔12年之后恢复发布《国防科技战略》，全面实施各类战略规划，如《人工智能战略》等，第三代人工智能、国家量子科技等重大计划将启动实施；俄罗斯将于2019年中期发布人工智能发展路线。

政策法规上，美国将重新修订国防部指示5000.02《国防采办系统的运行》，继续减化程序适应快速引入；美国国防部将重新制定知识产权规则和软件研发策略。

体制机制上，结合国防科技与采办管理改革动向，2019年，美国将重点梳理国防部研究与工程体系，统筹协调军种科学与技术机构、国防部实验室、DARPA、战略能力办公室以及国防创新小组的项目，并捋顺这些机构之间的关系，并有望在2021年底前完成这项工作。俄罗斯“纪元”大型科技园将探索创新引入新模式，美、法等国将实施原型化策略，加快新能力引入。

（军事科学院军事科学信息研究中心　李洁　陈健苹　张代平）

2018 年战略威慑与打击领域科技发展综述

2018 年，国际安全形势发生了重大变化，美国对核政策做出了重大调整，更加凸显核武器作为国家安全战略基石的地位。俄罗斯、英国、法国等国家也发布了新型核武器或进一步加强核力量建设，大力推进核武器及运载工具现代化。主要核国家积极开发核材料生产新工艺和储存方法，发展和建设新型海军核动力装备，为深空探测和载人航天积极发展空间核动力技术。国际社会对核安全愈加重视，积极探索新的防扩散技术；美俄博弈，双边核裁军逐渐进入僵持状态。美国、俄罗斯、法国、印度等国家出台政策并大力支持先进核能技术发展。

一、国际核态势发生重要变化，美俄进一步加强核威慑力量建设

2018 年，美国新版《核态势评估报告》大幅调整核战略与政策，俄罗斯总统在年度国情咨文中也强调了核武器使用政策。国际核态势发生了重要变化。

与 2010 年版报告相比，美国特朗普政府发布的新版《核态势评估》报

告在安全环境判定、核威慑战略、核武器运用政策、核力量发展政策等方面都有重大变化，将对世界核态势产生重大而深远影响。报告认为，国际安全环境急剧恶化，美国面临的威胁更复杂多变，将俄中列为第一类威胁来源；在核武器地位与作用上，提出核力量在慑止核与非核攻击、给盟国提供延伸威慑等四个方面发挥重要作用，强调核力量在国家安全中的重要性和独特性；在威慑战略上，采取定制战略应对不同威胁，提高战略的灵活性、多样性、适应性；在核力量建设上，对现有核力量延寿升级，同时全面推进“三位一体”核力量更新换代，扩大核力量和核武器基础设施投资；在打击核恐怖主义与核军控上，继续打击核恐怖主义，在国际核军控上态度消极，可参加安全且可核查、可执行的军控协议。

作为对美国核战略将俄罗斯作为核威慑主要对象的回应，2018 年3 月，俄罗斯总统普京发布国情咨文，重申了俄罗斯的核武器使用政策，即俄罗斯有权使用核武器，用于应对针对俄罗斯和其盟友的核攻击，大规模杀伤性武器攻击以及威胁国家存亡的常规侵略；任何对俄罗斯及盟国使用核武器，无论威胁大小，都会被视为核攻击，并将立即遭受报复性打击，同时强调俄罗斯开发新型战略武器系统是对美国单方面退出《反弹道导弹条约》并建立全球反导系统的回应，反制意图明显。普京在国情咨文中总结了俄罗斯过去几年在内政、外交、国防等领域的成绩，并对未来发展提出了一系列新的目标和规划。自 1993 年以来，俄罗斯总统发布国情咨文是惯例，但 2018 年格外引人关注，主要原因是它用了较大较大篇幅，并配合视频，阐述了核武器等装备的现代化进展，着重展示了正在研制的6 种最新战略武器装备，其中至少4 种是核武器装备（核动力巡航导弹、可携带核弹头的核动力无人潜航器、重型洲际弹道导弹“萨尔马特”和核常兼备的高超声速导弹）。

二、国外主要核武器国家大力推动核武器现代化建设

2018年，美国、俄罗斯、英国、法国等主要核武器国家进一步加强核武器现代化建设，研发新型核弹头与战略弹道导弹。美国核武库全面现代化计划顺利推进，核武器安全、安保、可靠性持续加强，并且未来将研制两种新型低当量核武器，意在提高核力量的多样性和灵活性。俄罗斯继续加强以生存和突防为牵引的核力量现代化与更新换代，并且高调宣布正在研制具有强大突防能力的5种新型战略核武器。

（一）美国加大投入推动核力量现代化，发展新型低威力核武器

美国正在实施一系列核弹头现代化工作，核武器综合性能不断提升。核弹头现代化可以延长武库寿命，提高武库的安全和安保性，满足新的军事需求。美国2018财年加大了支持力度，用于核力量维护与现代化的经费总额超过296亿美元，比2017财年增加21亿美元，其中核武库经费增加14亿美元。其中，为核弹头的现代化升级投入17.4亿美元，比2017财年增长30%，主要用于B61－12核航弹延寿计划、潜射弹道导弹弹头W88改型370项目、潜射弹道导弹弹头W76－I延寿计划和空射巡航导弹弹头W80－4延寿计划。2018年9月，B61－12延寿计划通过系统最终设计评审，标志着炸弹设计最终定型，后续将进行首件产品的生产授权。预计该计划将在2019财年进入6.5试生产阶段，2020年3月完成首件产品的生产。W80－4延寿计划完成了从可行性研究和方案筛选阶段向成本分析阶段的过渡，且随着研制工程阶段的临近（预计在2019财年），年度拨款额度逐渐攀升，已从2017财年的2.2亿美元上升至2018财年、2019财年的4.0亿美元和6.6亿美元。W76－1延寿计划的批生产接近尾声，至2018年已完成95%，

工作重点开始转向战斗部列装军方的相关准备活动（包括生产监测试验替换部件、采购备件和零部件等）。W88 改型 370 计划通过了最终设计评审，并提前获得了部分零件的生产授权。

为了满足新的战略需求，美国将进一步多元化核选项，发展新型低威力核武器，防范未来由于地缘政治变化和技术突破引起的各种不确定性，增强核力量的灵活性和响应性。美国将研制和部署两种新型低当量核武器，近期将启动研制一种低当量潜射弹道导弹弹头，其 2019 财年的研制经费已经落实。低当量潜射弹道导弹弹头的研制任务，即 W76－2 改型计划将在 2019 财年启动，即将开展的工作包括：制定该计划研制阶段及其后续所有阶段的成本概算和年度安排，分析延期对计划成本和进度的影响，详细讨论相关军事需求以及估算 W76－2 弹头的长期维护成本。远期计划发展的低当量海基巡航导弹还没有形成确定性方案。2018 年 2 月，国防部副助理部长索弗声称，海基核巡航导弹系统可能会基于空军目前正在研发的远程防区外打击项目，也可能会基于在 2011 年就已全部退役的核“战斧”巡航导弹。

（二）俄罗斯重点保障核威慑力量发展，新型号弹头继续增加

2018 年，战略核力量的发展建设仍将是俄罗斯军队的绝对优先方向。目前，俄罗斯正在大规模装备现代化的新型弹头及战略导弹。新版武器装备计划已于 2018 年初开始正式实施，俄罗斯未来 10 年将继续重点保障核威慑力量的发展。

核武库规模保持稳定并略有增加。截至 2018 年 9 月，俄罗斯共部署战略轰炸机、陆基洲际导弹、潜射弹道导弹 527 枚（架），部署战略核弹头 1444 枚，均已满足新《削减战略武器条约》（START）要求。另外，根据美国科学家联合会（FAS）估计，2018 年初俄罗斯现役武库中约有 4350 枚弹头，比2017年初增加约50枚。弹头数量增加的主要原因是俄罗斯正在用多弹头的“亚尔斯”（可携带4枚弹头）替换单弹头的“白杨”导弹，并且在2017年已替换了2个导弹团（18枚导弹）。

新型号弹头数量不断增加，核武库现代化水平不断提升。截至2018年初，已有80枚新型洲际导弹“亚尔斯”进入军方服役，这些导弹都携带了俄罗斯在冷战结束后研发的新型弹头。新弹头采用先进的设计方法，最大程度上减少了来自内部的辐射，并且通过采用特殊结构和表面材料吸收了飞行途中的热量和雷达辐射，再加上重型诱饵的保护，隐身和突防能力较强。2018年6月，俄罗斯国防部对“亚尔斯”导弹进行了一次成功的全系统飞行试验，进一步验证了其可靠性。

（三）英国继续与美国合作推动弹头现代化与替换工作

目前，英国核武库仍然保持不超过225枚“三叉戟”弹头，其中作战部署弹头不超过120枚。2018年，英国继续斥巨资推进现役“三叉戟”导弹与弹头的现代化、下一代核弹头的替换方案研究。英国正在进行现役“三叉戟”导弹的Mk4再入体上引入美国Mk4A的解保、引信与点火（AF&F）系统，新系统可使弹头自动调节引爆高度和位置，从而提高打击精度，增加摧毁加固目标的有效性。现役“三叉戟”弹头将服役至21世纪30年代，议会将在2020年前确定弹头的替换方案。英国政府表示，弹头替换工作的一个重要部分是英美合作，合作有助于维持英国核武器综合体的发展能力，并降低未来方案的技术、成本和进度风险。

（四）法国强调核威慑力量关键地位，全面推进海基及空基核弹头的现代化计划

法国继续保持“两位一体”核力量，核弹头总数仍然为不超过300枚。其中，海基核力量由4艘“凯旋”级战略核潜艇组成，每艘潜艇携带16枚潜射弹道导弹，每枚导弹携带4～6枚弹头；空基核力量由约40架“幻影”2000N和“阵风”MF3战斗机组成，约有54枚“ASMP－A”空射巡航导弹及弹头。

2018年，法国有序推进核力量现代化的各项工作。马克龙总统更加强调核威慑力量的重要性，认为核威慑能力不论过去、现在还是未来，都将在法国国防战略中占据关键地位，因此未来几年法国将大幅增加国防预算，加快推进核力量的更新换代。法国所有空射巡航导弹配备新型核弹头TNA的升级工作即将完成。今后将陆续改造剩余的3艘潜艇，使其配备目前在研的新型导弹（M51.3计划于2025年开始服役）和TNO弹头。TNA和TNO是在禁核试条件下通过模拟认证的核弹头，在可靠性和安全性方面都有较大改进，随着新弹头的陆续入库，核威慑能力得到持续加强。

三、美俄等国加快推进核武器投送平台技术研发，推进核武器实战部署

2018年以来，美国和俄罗斯等有核国家竞相开展新型核运载技术开发，研制新型战略核潜艇，发展高超武器，研制或提高战术核武器的能力。为验证在研或新列装的新型导弹战技术性能，2018年相关国家频繁进行导弹试射。

（一）美国加快空基核力量实战能力开发，积极发展高超声速武器

为推进核武器实战部署，美国加快了核武器与投送平台的一体化结合。2018年6月9日，美国用B－2A“幽灵”轰炸机成功投放两枚B61－12核炸弹，完成了质量鉴定测试，检验了该型炸弹的非核能力及飞机运载能力。8月16日，美国桑迪亚国家实验室公布了美军F－15战斗机测试投放B61－12的全

程视频影像，此次 F－15 战斗机分别从高空和距地面 250 米的低空进行了投掷试验。B61－12 是美国近年来全力发展的首枚制导型核重力炸弹，即将完成定型进入小批量生产阶段。美国还计划将 B61－12 整合到F－35战斗机，为美军提供更广泛的精确核攻击选项。4 月，德国向美国提出“台风”战斗机装备 B61－12 核弹头的要求，希望以此更新战术核武器的部署。

美国继续推动高超声速武器技术发展。美国国防部筹划建立高超声速导弹联合项目办公室，计划分别围绕高超声速导弹和人工智能技术，统一协调各机构的相关工作，以加速原型化产品的开发。美国政府在 2018 年 7 月向国会提交的申请中，明确支持“常规快速打击”（CPS）项目滑翔飞行器改进，并集成到“高超声速常规打击武器”（HCSW）上，且开展优化设计和原型机制造。美国国防高级研究计划局（DARPA）正在探索新型海基空射型高超声速导弹技术，这种潜在的新式超声速空射巡航导弹是高超声速吸气式武器概念（HAWC）的海基改进型。DARPA 和空军预计在 2019 财年联合研制出飞行原型样机。

（二）俄罗斯重视战略潜艇计划，加速高超声速武器技术研发

俄罗斯改进型战略核潜艇项目已列入国家武备计划。“北风之神”－B 级战略核潜艇设计研发工作于 2018 年开始，计划从 2023 年开始批量建造，2026 年试航并移交俄罗斯海军。“北风之神”－B 继续使用“北风之神”级核潜艇的艇体，将使用新型推进系统，噪声水平将大幅降低。

俄罗斯积极发展高超声导弹技术，意图取得在导弹技术领域的战略优势。俄罗斯“萨尔玛特”导弹采用“先锋”高超声速助推滑翔系统，“匕首”为空射高超声速弹道导弹，可全程机动。2018 年 2 月至 7 月，俄罗斯开展“匕首”空射弹道导弹技术试验验证，携载“匕首”空射弹道导弹的米格－31K 战斗机开始在里海空域进行战斗值班，完成 4 次作战运用演练，并在7月19日进行了米格-31K战斗机与图-22M3战略轰炸机携载“匕首”导弹打击地面、海上目标联合演习。通过一系列试验，证明俄罗斯核武库中又增添了一款“杀手锏”武器。

（三）印度加快研发核运载技术，海基核力量正式形成

印度“歼敌者”号核潜艇与K-15导弹形成“弹艇合一”的作战能力。2018年8月11日和12日，印度运用国产核潜艇“歼敌者”号发射3枚K-15潜射弹道导弹，并取得“巨大成功”。其中，8月11日进行了两次成功测试，12日的第三次测试以全作战模式进行。印度声称，“歼敌者”号从水下20米发射导弹，“以接近零圆概率误差的精度命中目标”。K-15导弹可携带核弹头，打击距离约700千米。“歼敌者”号核潜艇于2016年开始服役，是印度海军核动力潜艇舰队的首艇。这次验收试验意味着印度海基核力量正式形成。

印度成功试射了“烈火”-5导弹，测试惯性导航系统和精确微导航等多项新技术。2018年，印度成功进行“烈火”-5导弹的多次试射，测试了基于环形激光陀螺仪的惯性导航系统和最先进的精确微导航系统等多个新技术。“烈火”-5是印度国产射程最远的弹道导弹，据印度公布的官方数据，导弹长17米，直径2米，发射质量50吨，弹头1.5吨，射程5000千米。连续两次成功试射，说明印度“烈火”-5导弹向实战化靠近了一步。

四、核材料与核动力是美俄核军工开发重点

（一）美国使用新核材料生产途径、工艺并提升核材料储存能力的方法以支持核军工

能源部允许国家核军工管理局继续转变能源部库存高浓铀的用途，以

支持美国核军工。2018 年 8 月，美国能源部国家核军工管理局和田纳西峡谷管理局宣布，将 20 吨高浓铀“稀释”为低浓铀用以生产氚。这些高浓铀也可用于核武器和海军反应堆。7 月中旬，美国国家核军工管理局正式公布洛斯阿拉莫斯国家实验室增加钚存量的环境评估结果，结果允许洛斯阿拉莫斯国家实验室一栋建筑的容许放射性“危险物质”库存从 38.6 克“钚等效材料”增至 400 克，该设施随之从“辐射设施”转变为“Ⅲ类危害核设施”。国家核军工管理局称，提高该建筑的容许放射性“危险物质存量是确保美国国家核军工管理局维护和管理国家核储备能力所必需的”。

（二）美国持续推动空间核动力技术发展，已解决空间反应堆电源开发的可靠性、经济性问题

2018 年 5 月，美国航空航天局宣布成功对新型 Kilopower 空间反应堆电源样机进行热试。这次测试是美国推进空间核反应堆电源应用、提升太空任务能力走出的实质性一步。Kilopower 空间反应堆电源代表了空间反应堆电源设计的新方向，具有结构简单紧凑、安全可靠性高、功率可缩放、开发成本低等特点，技术突破后可应用于各种军事任务，还可用于深海、深远内陆等。

2018 年 6 月，美国 BWX 技术公司与美国航空航天局签订概念设计合同，为前往火星的宇宙飞船设计核反应堆。BWX 技术公司的反应堆设计基于低浓铀燃料，比基于化学物质的设计更具优势，能量利用效率更高，且功率密度更大，将有助于缩短太空航行时间，降低宇航员受到的宇宙辐射。

（三）俄罗斯成功验证下一代核潜艇用“永久”反应堆

2018 年 8 月，俄罗斯原子能国家公司（Rostom）下属阿夫里坎托夫设计局表示，已经开发并成功测试了一种“永久”反应堆，可为俄罗斯最新核潜艇的整个寿期中提供动力。阿夫里坎托设计局已对“活性区”（反应堆的核心）的新设计进行了测试，这种设计使反应堆效率提高，新型反应堆将不再需要换料和大修。

五、美俄核军控博弈进入僵持阶段

2018 年 2 月，俄罗斯对美国是否遵守新《削减战略武器条约》提出质疑，并警告称美国政府的新核战略会降低使用核武器的门槛。俄罗斯认为，美国的新版《核态势评估》报告是建立在对俄罗斯意图的错误假设上，并包含了令人担忧的核武器现代化计划。5 月，美国众议院军事委员会称已经采取措施，准备废除与俄罗斯签署的为期 30 年的《中导条约》，并支持特朗普总统废除该协议。一旦证实俄罗斯没有完全遵守该条约，美国将不再考虑条约的约束力。

六、结束语

2018 年，世界核态势发生重大变化，美国新版核态势报告基于“美国优先”思想，进一步强调了核武器在国家安全中的基石地位。俄罗斯对应发布新型战略核武器，显示出国际安全格局重回大国竞争，有核武器国家纷纷加大核力量建设投入，重视并推动核武库全面现代化。此外，核大国更加注重突出核力量的威慑与导弹武器实战化运用，举行战略核力量演习，充分检验核力量的作战准备态势。结合近年来的发展态势，预计未来核大国仍将延续核武器装备“保持规模，提升质量”的发展思路，不断推进新一代核武器装备的研发部署。

（中国核科技信息与经济研究院　孙晓飞　张莉）

（中国工程物理研究院科技信息中心　王希珍）

（96658 部队　李梅）

2018 年陆战领域科技发展综述

2018 年，世界陆战领域科技发展创新不断，主要军事国家从战略高度规划能力建设；系统开展颠覆性技术/前沿技术研究；创新发展悬挂、减震、动力、防护等技术带动车辆性能全面提升；发展仿生技术推动机器人技术进步；积极研发弹药领域的控制、动力、增程等新技术；不断扩展增材制造技术在含能材料制备方面的应用。

一、美军从顶层推动能力建设并采取相应措施促进相关技术发展

2018 年，美国陆军发布《陆军战略》和《美国陆军多域作战 2028》，指导未来 10 年陆军的建设和发展，并指出：陆军 2022 年前的首要任务是重建战备能力，重点发展远程精确火力、下一代战车、未来垂直起降飞行器、陆军网络、防空反导、士兵杀伤力 6 个现代化优先项目；全面改革现有采办体制，加快创新和技术发展。而多域作战是陆军建立对敌优势的基础概念，陆军将利用多域作战概念推动能力建设和兵力设计，建立更具杀伤力、更强大的地面作战部队。

美国陆军部负责采购、后勤与技术的部长助理发起“远征技术搜索”竞赛，鼓励企业资助的研究团体、小企业以及其他不是传统国防承包商的企业为陆军武器装备现代化提供技术和方案，支持陆军6个现代化优先项目的开展。该竞赛分4个阶段开展，逐步从概念、技术等方面筛选参赛方案，每个阶段的获胜者都能获得一定数额的奖金并晋级下一阶段，进入最终阶段的方案将进行概念演示验证。

美国陆军在“远征技术搜索”竞赛中关注的技术领域是：远程精确火力项目方面，能提高导弹射程的推进剂、增程火炮、制导与导航技术、先进含能材料，能替代集束弹药的先进战斗部，下一代雷达等；下一代战车项目方面，战车设计，车辆对先进威胁的防护能力，先进的发电设备，先进材料，有效的有人—无人机编队概念，人工智能、机器学习与自主化等；未来垂直起降飞行器项目方面，平台研发与演示、下一代无人机系统技术、航空防护与飞机生存能力、改进的态势感知能力、一体化任务系统、先进的动力系统等；机动通信指挥网络项目方面，安全的战术通信，互通性硬件、软件与信息系统，网络电磁活动，可靠的定位、导航与授时，持久情报、监视与侦察等；一体化防空反导项目方面，机动性近程防空，体型更小、成本更低的导弹，高能激光，基于火炮的反战术与小型无人机能力，先进导引头等；士兵杀伤项目方面，先进的杀伤与防护能力、训练、改进的士兵防护装备、改进的态势感知与通信能力、人体增强、不对称视觉与快速决策技术、持久战场医疗等。

二、积极探索改变陆战游戏规则和变革战车设计的颠覆性技术

美国陆军研究实验室发布《改变2050年陆战游戏规则的潜在科学技

术》报告，提出 8 项未来有可能改变陆战游戏规则的科学技术，分别为人造细胞、计算合成孔径成像、小型多功能量子红外传感器、量子信息、未来弹性战术网络、智能团队、嵌入式人工智能和预测失败的复杂性科学。这些技术对 2050 年及以后的陆战，尤其在后勤保障、态势感知、战场信息化网络化、人—机协作及装备智能化等方面具有颠覆性影响。

美国陆军研究实验室公布 2018 年度十大科技进展。这 10 项技术分别为同核异能态的电子俘获诱导核激发、“人在回路”机器学习技术、BODN 炸药、跳跃机器人超强动力理论、铜钽纳米晶二元合金、新型热障涂层、燃气轮机燃料雾化过程 X 射线成像、利用类脑计算进行整数分解、里德堡量子传感器、以最小失真传输量子信息。这些技术是为支持未来陆军能力发展而开展的基础性、前瞻性研究，对未来武器装备与军事技术创新将产生重要影响。

美国国防高级研究计划局展示“地面 X 车辆”项目开展的 6 项创新性车辆技术。这 6 项技术分别为轮—履转换行走技术、轮毂驱动技术、大行程悬挂技术、装甲透视技术、虚拟透视交互技术和自主驾驶技术。这些技术将支撑陆军下一代装甲装备研制，大幅提升未来战车的机动性、态势感知能力、生存力、可操控性、智能化水平。

以色列推出“梅卡瓦”Mk4“巴拉克”主战坦克。该坦克采用人工智能、虚拟现实及升级型传感器等先进技术，是首款装备智能任务计算机的主战坦克，能更加准确地定位和打击目标。

三、动力与行动系统新技术发展活跃，提升车辆机动性

美国液体活塞公司在国防高级研究计划局支持下，开发功率为 30 千瓦

的0.75升新型高效混合循环转子发动机。该发动机单位质量功率为1.62千瓦/千克，热效率有潜力达到45%，质量和体积比同功率范围传统活塞式柴油发动机小一个数量级，能提高平台的机动性、有效载荷和执行任务的持久性。

美国车轴技术公司推出的5000系列电动独立悬挂，功率范围为200～500千瓦，车轮行程为330毫米，离地间隙为496毫米，具有强大的再生制动能力，能向车轮传输最大转矩；美国阿里逊公司展出的3000系列变速箱，最大额定功率为336千瓦，采用第五代电子控制器，提升操控和故障预测能力，可广泛应用于军用战术车、后勤车等多种车辆。

荷兰科尼公司瞄准装甲车辆市场扩大了减振器的产品种类，公司最新的93型圈式减振器速率达12米/秒，抗拉强度为200千牛，能够承受50千牛的压力，应用于芬兰帕特里亚公司的新型6×6装甲人员输送车。

四、防护技术和概念不断创新，着力提升地面平台生存力

德国ADS公司完成微秒级安全型主动防护系统的设计、研发和系统测试，推出世界上首个达到IEC61508二级安全标准（IEC61508是由国际电子技术委员出版的关于电气、电子、可编程电子安全相关系统的功能安全性标准）的主动防护系统。该系统主要由两组独立的传感器和各种拦截弹组成，具有安全性高、系统反应时间短、附带毁伤小等特点，采用模块化设计，未来可用于多种陆战平台。

德国IBD戴森罗斯公司展出“灵巧”模块化车辆防护系统。该系统克服了当前爆炸反应装甲和主动防护系统的技术缺陷，能有效抵御串联聚能破甲战斗部，可安装在主战坦克、步兵战车等多种平台上。模块的形状、

尺寸以及对抗装置的数量视炮塔、车体、轮站等不同位置而定，单个模块被击中后更换方便。

乌克兰透明装甲公司研制的“陆战平台现代化组件”在 T－64 主战坦克上完成作战试验。该组件是集“观、瞄、打”功能于一体的装甲透视系统，能大幅提升装甲装备态势感知、火力打击、战场生存力，改变乘员操控与车体装甲防护整体结构设计，有望带来装甲装备新变革。

五、控制、增程等技术发展，提升弹药打击效能

美国陆军研究实验室采用“随机蕨”算法完成计算机视觉技术用于炮弹制导的可行性验证。验证工作通过半实物仿真和系留试验进行，试验证实制导系统的命中精度小于 1 米，目标识别频率约 25 赫，达到目标识别精度和帧速的设计要求，可在炮弹飞行过程中有效识别目标。这项技术与光电或红外导引头配合使用，可在未来多域对抗环境下赋予制导炮弹自主识别和协同攻击的能力，推动弹药智能化发展。

美国陆军研究实验室公布了在研的炮弹滑翔增程技术，旨在通过优化炮弹气动布局来实现增程的目标。陆军研究实验室提出了一个配装有尾翼、弹翼和鸭舵的气动稳定炮弹概念，并以此为基础研究炮弹气动布局与增程效果之间的关系。在陆军研究实验室的设想中，这种炮弹将以高射角发射，以高飞弹道飞行，尾翼会在炮弹发射后立刻展开，而弹翼和鸭舵会在炮弹飞至最高点时展开，并将弹体俯仰角调整至最优，以实现滑翔增程。

德国 TDW 公司推出一种具备电磁脉冲攻击能力的反坦克战斗部样机，用于对付现代坦克装备的主动防护系统。新的战斗部配装有天线、高频无

线电波源和电容器，能够将装药起爆产生的能量转换为高能电磁脉冲，干扰和瘫痪坦克主动防护系统的传感器和电子器件，使其无法探测和拦截反坦克导弹。之后，战斗部的常规破甲装药将摧毁坦克目标。

六、机器人技术发展注重结构与功能仿生，灵活性和自主能力不断提高

受章鱼和其他无脊椎动物的启发，美国陆军研究实验室与明尼苏达大学合作研发出一种灵活的软体机器人。用于制作机器人的材料无需烘干、加热和组装，也不需要对使用人员进行培训，因此，士兵可以在任何需要的时间、地点3D打印制作并使用。这种机器人具备自主意识、自主感知能力，能根据各种内外部条件变化实时调整形态和属性。

美国幽灵机器人公司推出“视觉”系列新型腿式机器人，用于执行侦察监视、态势感知或利用袋式装置来运送无人机系统等任务。其中的中型四腿机器人重20千克，长60～65厘米，可携带7千克有效载荷，电池使用时间约为3.5小时，速度为3.6千米/小时。公司还在开发长75厘米，能搭载无人机系统的四腿机器人，其自带的无线充电装置能给自己和无人机系统充电。

意大利理工学院以四腿机器人为基础，加上两个用于拾取和操纵物体的拟人手臂开发出“半人马座”机器人。该机器人高1.5米，重93千克，结构坚固，在恶劣环境下仍保持灵活性和稳定性。操作人员通过远程呈现和半自主预测系统，直接控制机器人及其肢体运动。

以色列特拉维夫大学研究人员利用蝙蝠的超声波测距原理，研发出一款“机器蝙蝠”机器人，该机器人能够依靠自然激发的声纳在环境中自

主导航。这是第一个完全自主、类似蝙蝠的仿生机器人，能在全新环境中移动，可根据回声信息绘制地图，描绘出障碍物的边界和其间的自由路径。

七、高张力键能释放材料制备取得突破，增材制造技术在含能材料制备中获得应用

美国陆军研究实验室联合华盛顿州立大学开发出一种新型高能炸药——一氧化碳—氮气聚合物晶体。该物质的理论密度为3.983克/厘米^3，能量是奥克托今的3倍，其成功制备标志着高张力键能释放类高能炸药的探索研究取得重大进展，为制备常温常压下稳定的高张力键能释放材料奠定了基础。

美国普渡大学利用双喷嘴活性喷墨打印技术实现了纳米铝热剂等含能材料的安全制备。研究人员采用4遍打印方法，先用纳米铝胶状悬浮液打印A、D两个子层，而后迅速用纳米氧化铜悬浮液打印B、C两个子层，重复操作制得所需层数的纳米铝热剂。该技术无需预混含能组分，不会发生危险化学反应，有利于提高含能材料的制备安全性。

印度科学研究院采用增材制造技术成功制得内孔形状不同的高氯酸铵/端羟基聚丁二烯/铝粉高能复合固体推进剂。通过依次打印不同能量密度的推进剂浆料，或调整孔隙内填充物的种类和密度，使推进剂药柱能量延轴向递变，实现燃速可控或燃速渐变。制备过程无需使用模芯，不受药柱内孔形状限制，克服了现有工艺难以制备复杂内孔形状推进剂药柱的局限。

美国雷声公司发明固体推进剂增材制造方法，将部分固化的推进剂浆

料加入到喷嘴中，通过喷嘴挤出、沉积到基体上；将温度提高到固化温度或以上，使沉积的推进剂固化，该固化过程时间较短。采用该方法可快速生产任意尺寸、任意形状固体推进剂，制备过程中可在推进剂内部嵌入点火器等部件，制备安全性好。

（中国兵器工业集团第二一〇研究所　王磊）

2018年海战领域科技发展综述

在新一轮科技革命和军事革命的双重推动下，世界主要国家海军纷纷基于本国国情，瞄准新的作战需求，出台系列战略或规划，积极谋划和发展海战科技，力求通过取得或保持军事技术优势，夺取海战场主动权。2018年，舰艇平台技术、动力能源技术、信息技术、武器技术、无人系统等海战领域科技不断取得新进展。

一、主要国家出台系列战略与规划，顶层筹划海军装备技术发展

2018年，美国、俄罗斯、日本、印度等世界主要国家基于国家战略需求，纷纷出台战略与规划，持续加强海军装备技术发展谋划，引领国防前沿技术发展，提升海战领域核心能力。

（一）美国出台系列战略与规划推动装备科技发展

2018年，美国国防部和海军积极谋划装备技术发展。2018年初，美国发布《国防战略》，提出对八大关键能力进行现代化，包括核力量、太空与网络空间、C^4ISR、导弹防御、对抗环境中的联合杀伤、前线部队机动与稳定部

署、先进自主系统、稳固而敏捷的后勤。2018 年 1 月，美国海军陆战队发布《2018 年海军陆战队航空兵规划》，提出将继续投资研发模块化武器系统，实现武器系统轻量化和通用化；通过提高目标识别和打击精度，增加每个飞行架次的杀伤力，推进 C^4I 系统升级换代，实现海军陆战队、联合部队及之间的信息融合与共享，提高态势感知能力，缩短杀伤链。8 月，美国国防部公布了《2017—2042 财年无人系统综合路线图》，这是美国自 2001 年以来发布的第 8 版无人机/无人系统综合路线图，强调未来无人系统应重点针对全部作战域，而非特定作战域，明确了互操作性、自主性、网络安全以及人机协同四大关键技术。该综合路线图将指导美军无人机、无人潜航器、无人水面艇、无人地面车辆等无人系统的全面发展，进一步提升无人作战能力。12 月 17 日，美国海军作战部长约翰·理查德森发布《保持海上优势规划 2.0 版》。报告指出，为应对不断变化的战略环境，美国海军提出“加强海上力量”“实现快速高效产出”“加强海军队伍建设”“扩大和加强合作伙伴网络”四条工作主线。工作重点包括：加强水下战略威慑力量，提前部署“哥伦比亚”级战略核潜艇，加快无人机、无人潜航器等无人系统发展，开发并部署攻击型高超声速武器和舰载激光武器；在 2019 年前使美国海军第二舰队具备完全作战能力，并将分别成立第三舰队西部能力发展中心（DEVGRUWEST）和第二舰队东部概念发展中心（DEVGRUEAST）；完善“分布式作战”概念及其他关键的支持性概念；在岸上和海上部署后勤能力，实现舰队在全球范围内可持续性高效作战。

（二）俄罗斯、印度等发布装备规划和技术路线图

俄罗斯、印度等国积极从顶层谋划装备技术发展。2018 年 2 月，俄罗斯总统普京签署《2018—2028 年国家武器装备计划》，该计划预算为 19 万亿卢布，重点在战略核力量、高精度制导武器和军用信息侦察系统三大领

域进行投入，其中俄罗斯海军2028年前将以发展装备高精度武器的舰船和多用途核潜艇为重点。6月，欧洲防务局指导委员会签署了《2018年能力发展计划》，并批准了《欧盟能力发展优先事项》，提出将重点加强网络响应能力、天基信息与通信服务、制信息权、地面作战能力、增强型后勤与医疗保障能力、海军机动性，水下控制、制空权、空中机动、整合军事空中能力、跨域能力等。2月，印度国防部发布新版《技术展望与能力路线图》，提出了印军未来10年装备技术发展规划，包括建造1艘航空母舰和5~10艘下一代新型驱护舰等。其中，印度海军将重点加强水下战和远征支援能力，包括为潜艇采购10套综合作战系统、5套控制系统、10套动力系统、10套锂离子电池，以及至少150枚533毫米鱼雷和至少5艘210米长的舰队支援舰与20~25艘海上补给舰等。12月，日本发布第6版《防卫计划大纲》，指导未来10年军力发展。新大纲提出将重点发展太空、网络空间、电磁频谱领域作战能力，遂行跨域作战；同时，进一步加强传统领域作战能力，巩固后勤保障，以构建“多域统合防卫力”等。特别是日本海上自卫队将对“出云”级直升机航空母舰进行改装，能够搭载F-35B固定翼战斗机，成为真正意义上的航空母舰。

二、主战舰艇平台技术发展平稳，常规潜艇AIP化趋势明显

舰艇平台是海军作战能力的载体，继续保持活跃发展态势，其中俄罗斯、法国等国下一代航空母舰将采用更为先进的技术，法国还推出了新一代战略核潜艇概念，更多新型常规潜艇广泛采用“不依赖空气推进装置”（AIP）技术。

（一）俄罗斯、法国等国下一代主战舰艇将采用更为先进的技术

继美国“福特”级航空母舰、英国“伊丽莎白女王”级航空母舰分别

采用电磁弹射、先进阻拦和全电力推进、双舰岛设计等先进技术之后，俄罗斯克里洛夫国家研究中心于2018年8月展示了具有创新性的双体常规航空母舰设计方案。该方案最大的特色是其水下部分采用了半双体船设计，其优势在于减少排水量的同时可使航空母舰获得更大面积的飞行甲板。尽管该型航空母舰满载排水量仅为44000吨，远低于俄罗斯现役近6万吨的“库兹涅佐夫”号航空母舰，但载机数量为46架，接近“库兹涅佐夫”号航空母舰。法国海军也紧跟技术发展潮流，计划在下一代航空母舰上采用电磁弹射技术，还推出了新一代战略核潜艇概念，艇体比“凯旋”级战略核潜艇大，将采用X尾舵、泵喷推进和新型核反应堆。

（二）新型常规潜艇广泛采用AIP技术

2018年10月4日，世界上第一艘采用锂离子电池的日本“凰龙”号潜艇下水。该艇是日本第十一艘“苍龙”级，采用能量密度更大的锂离子电池，使得潜艇在同等体积的情况下，既减轻了重量又增加了总能量，更适合在远海活动。韩国海军于2018年1月19日接收第七艘214型AIP潜艇“洪范图”号，而且第一艘国产3000吨级“张保皋Ⅲ”级AIP潜艇“安昌浩”号于2018年9月14日下水，这两型潜艇均采用“氢能—高分子电解质膜燃料电池”AIP系统。新加坡海军第二批两艘218SG型潜艇于2018年1月12日开始建造，也将采用燃料电池AIP系统。另外，印度、马来西亚等国海军未来都将采购安装AIP系统的先进常规潜艇。

三、舰船电力技术取得较大进展，无人平台动力能源技术发展迅速

动力系统是作战平台的心脏，备受各国海军的重视和发展。2018年，

美国、俄罗斯等国在舰船电力系统关键技术研发方面取得较大进展，海上无人系统动力能源技术依旧是探索发展的热点。

（一）美国、俄罗斯等国舰船电力技术取得较大进展

2018 年 1 月，美国通用原子电磁系统公司研发出一种可在高温、高压下工作的新型电容器，能够在超过 1000 伏的电压和极限温度范围内稳定工作。其结构更加紧凑，尤其适用于高温高频脉冲功率环境，抑制易损坏半导体开关的电压波峰。此前，通用原子电磁系统公司为美国海军的电磁导轨炮提供了脉冲电源用的电容器设备。俄罗斯先期研究基金会研发出使用第二代高温超导体的电动机样机。该高温超导电动机采用多种新材料和技术，具有紧凑轻便、密度大、功率高等特点，有望用于地面、水上和空中平台。

（二）无人平台动力能源技术多点探索发展

美国海军正在组织开展无人潜航器进行水下充电技术研究。2018 年 8 月，泰莱达能源系统公司在“先进海军技术演习”中完成“水下悬浮充电节点”样机水下验证，发电功率为 16 千瓦，是目前输出功率最大、功能集成度最高的水下充电站样机，实用后可有效解决无人潜航器长期部署与隐蔽作战面临的能源补给和信息传输问题，显著提升无人潜航器实战能力。4 月，塞勒拉机器人公司获得加拿大无人潜航器燃料电池研发合同，用于提高无人潜航器水下续航力。6 月，美国海军与巴拉德动力系统集团普罗托内克斯公司签署采购 13 套无人机新型燃料电池推进系统的合同，新型推进系统将使无人机能够在各种环境甚至高海拔地区工作，延长飞行时间和距离，降低噪声。9 月，美国海军水下战中心与应用物理科学公司签署继续支持“蓝狼”项目的合同，支持其研发能够使无人潜航器快速、高效航行的蓄电池样机。

四、相控阵雷达仍是信息领域发展热点，海上信息传输取得新进展

信息系统是形成体系作战能力的重要支撑，担负着预警、情报、监视、侦察、通信、指挥控制、电子战等任务。2018 年，电子信息技术发展继续受到各国海军的重视，相控阵雷达技术和海上信息传输技术均取得新进展。

（一）相控阵雷达技术仍然是发展重点

雷达是海战的主要信息来源，相控阵雷达仍是技术发展热点。2018 年，美国海军未来 AN/SPY－6（V）雷达在太平洋导弹靶场成功探测、获取并跟踪多个目标，演示验证了多目标跟踪能力。与 SPY－1D（V）相比，SPY－6（V）探测距离更远、精度更高、抗干扰能力更强、可靠性和维护性更好。2018 年初，萨博公司推出了最新型号的采用固定阵的“海上长颈鹿”有源相控阵雷达。由于性能好、重量轻、灵活性高，该型雷达能够满足更多国家海军海上作战需求。10 月，泰勒斯公司推出 NS50 相控阵对空/对海监视雷达。作为一款 4D 有源相控阵雷达，该型雷达不仅可提供目标方位、距离和高度信息，还能深度分析目标多普勒及其他特征。

（二）美国积极探索海上信息传输新方式

通信作为探测网与交战网之间的信息纽带，2018 年继续取得新进展。8 月，美国麻省理工学院公布了被称为“声转射频”（TARF）的跨介质通信技术原理验证结果，即用空中雷达检测声纳信号在水面引起的波动，将水声信号转变为射频信号，实现水下与空中的跨介质通信。但

这种通信目前仅限于几米的通信距离，未来实装还需要很长的路要走。8 月，美国海军陆战队成功进行了新型自由空间光学系统的试验。该系统通过高度安全的红外激光实现数据的传输，传输速率更高，单网络用户更多，可传输更大的文件、图像信息。此外，美国还验证了窄光束水下激光通信技术，其水池试验结果表明，收发终端可在 1 秒内完成精确波束指向和快速连接，通信速率为数兆比特/秒到数吉比特/秒，通信距离为数十米到数百米。

五、海军导弹武器技术发展稳定，新概念武器技术研发加速

海军武器决定着海战的成败，而技术水平决定着武器系统的性能。2018 年，以导弹武器为代表的舰载武器技术继续保持平稳发展，电磁导轨炮、激光武器等新概念武器实用化进程加快。

（一）多国稳步推进导弹技术发展

导弹是各国海军重点发展的海上攻防武器，2018 年保持平稳发展。雷声公司继续推动“战斧”导弹技术升级，重点加强反舰攻击能力，同时推动美国海军“下一代对陆攻击导弹”（NGLAW）技术研发，未来该型导弹也将具备反舰攻击能力。7 月，美国海军完成“改进型海麻雀”Block 2 型舰空导弹的首次制导飞行试验。该型导弹采用了新型主动/半主动双模雷达导引头，能够应对更复杂的海上威胁，计划 2020 年具备初始作战能力。美国新一代智能化“远程反舰导弹”（LRASM）在 B－1B 轰炸机上成功进行第二次双弹发射试验，即将具备初始作战能力。该型导弹射程可达 900 千米，是美军首型智能化导弹，采用集超大规模集成电路红外成像与毫米波雷达成像、传感器集成、自动目标识别

算法等智能化制导技术，可在战场信息网络被切断的情况下，在战场上空自主飞行寻的远程精确打击目标。俄罗斯首次使用“北风”级战略核潜艇在20秒内成功完成了4枚“布拉瓦”潜射弹道导弹连射，验证了俄罗斯潜射弹道导弹齐射攻击能力。印度连续3次完成K－15弹道导弹用户鉴定试验，实现了“艇弹合一”，初步形成潜射弹道导弹打击能力。瑞典萨博公司发布了RBS15下一代反舰导弹系统。相对于上一代，该导弹增加了射程，改进了导引头，并采用惯性＋GPS＋主动雷达的综合制导方式，可打击移动式海上目标和固定式陆上目标，具有适应高海情的掠海飞行、全天候作战、再攻击、末端高机动突防、多导弹同时攻击同一目标、数据链传输和先进电子防护能力。

（二）美国、日本等国加快新概念武器研发

新概念武器突破传统思维，技术含量高，破坏力和杀伤力巨大，是各海军强国发展的重点。电磁导轨炮方面，美国尽管在2017年试验遭受挫折，但海军仍在继续推进电磁导轨炮项目，下一步目标是将电磁导轨炮的能量增加到32兆焦，射程达到177千米。2018年7月31日，日本防卫省首次发布了电磁导轨炮样机，以及用于研制电磁导轨炮的实验设备的视频片段。据悉，日本在新一代驱逐舰发展规划中，预留了包括电磁导轨炮、高能激光武器的空间。激光武器方面，美国海军为舰载激光武器项目申请约3亿美元的研发经费，将采购4套舰载激光武器系统，其中一套将安装在美国海军现役“阿利·伯克”级驱逐舰。而且，美国海军已选定“波特兰”号两栖船坞运输舰作为高能激光武器技术的试验舰。2018年3月1日，俄罗斯国防部宣布新一代高能激光武器系统研发取得重要成果，并发布了新型机动型高能激光武器系统的影像资料。

六、舰船新材料研发取得重大进展，无人系统技术持续快速发展

2018 年，海战领域前沿技术发展较快，特别是舰船新材料领域，同时无人潜航器和无人水面艇保持活跃发展势头，实用化进程加快。

（一）美国、澳大利亚等国积极推进舰船新材料研发

舰船新材料具有高特性、高功能等优势，能够对舰船性能得到重大提升，受到了各国的高度重视。2018 年 4 月，美国杜克大学研究人员研发出创新性的超材料声波控制装置。这种超材料结构采用 3D 打印塑料制成，利用其特殊形状控制声波，能够缩放和修改几乎任何波长的声波，实现对声波的重新定向和反射。9 月，美国德雷塞尔工程学院研究人员采用喷涂工艺，制造出二维金属材料天线，使天线更小、更轻，而且更加坚固。10 月，澳大利亚研究人员在抗腐蚀技术研发方面取得重要进展，其研发的防腐涂层材料可使舰船藻类和藤壶附着量减少 1/2，能够提高舰船的快速性、耐久性和安全性，同时可大幅降低维护和修理成本。

（二）无人潜航器和无人水面艇发展活跃

美国、俄罗斯两国引领无人潜航器的发展。2018 年 6 月，美国海军“刀鱼”水下猎雷无人潜航器成功通过海上验收试验。该无人潜航器采用了“金枪鱼” –21 深水无人潜航器的部分技术，具备在高杂波环境中检测、分类并识别水雷的能力。而且，美国海军还获得 3018 万美元经费，用于超大型无人潜航器（XLUUV）的研制。美国海军计划 2022 年能成功从超大型潜航器上发射水下武器及非致命有效载荷，以支持情报、监视与侦察和打击任务。俄罗斯展示了“波塞冬”核动力无人潜航器视频，并进行了海上测试。该型潜航器采用核动力系统，最大潜深 1000 米，航程 10000 千米，可

携带 1 枚 200 万吨级的核弹头，威力巨大，主要用于摧毁航母编队和重要近岸设施。无人水面艇方面，DARPA 成功完成“海上猎手”反潜战持续跟踪无人水面艇（ACTUV）项目，并正式移交给美国海军研究办公室；新加坡海军公布了正在研发的三型无人水面艇，将用于执行巡逻、水雷探测及灭雷等任务。此外，美国海军在 2018 年先进海军技术演习（ANTX）中成功验证了无人潜航器、无人水面艇和无人机间的端到端多域连接能力，可实现无人系统协同反水雷。

（海军研究院　李红军）

2018 年空战领域科技发展综述

2018 年，主要国家继续探索空战新概念航空平台，加速创新技术研发，持续提升航空装备的作战能力。

一、发布战略规划，促进航空科技发展

美国空军规划作战飞机发展。2018 年初，美国空军全球打击司令部发布《轰炸机发展指南》，提出利用新技术改造空军轰炸机机队，寻求扩大轰炸机机队规模，并为 B－21 轰炸机 2025 年左右服役及现役轰炸机逐步退役规划路线。美国空军 2018 年还完成了新版《战斗机路线图》文件制定。

美国国防部发布数字工程、无人系统发展有关战略性文件。2018 年 7 月，美国国防部发布《国防部数字工程战略》，进一步推进基于模型的系统工程。目前，美国国防部已实施数字系统模型、数字线索、飞行器机体数字孪生等多个数字工程转型计划，国防部内各军种和部门将在该战略下统筹协调有关工作。8 月，美国国防部发布《2017—2042 年无人系统综合路线图》，梳理了无人系统相关支撑技术、面临的挑战和关键技术，表明美

军无人系统发展正进入提升谱系能力、推进概念技术融合和推动装备更新拓展的新时期。

英国发布空战战略。2018 年 7 月，英国国防部发布新版空战战略，强调空战领域对英国保持军事能力、维持工业基础和科技发展的重要性，提出英国未来空中力量发展愿景。

二、持续推动作战飞机能力升级

（一）多国推动下一代战斗机研发

美、俄持续推进“六代机”研究。美国空军 2019 财年为“下一代空中主宰”项目申请 5.04 亿美元预算，并计划 2019—2023 财年申请预算 99 多亿美元，显示出美国空军下一代战斗机研发工作将全面铺开。2018 年 7 月，俄罗斯国家杜马国防工业综合体组织发展法制保障委员会主席表示，俄罗斯第六代战斗机将采用人工智能技术，并能以无人驾驶模式运行。

法、德推进下一代战斗机合作。2018 年 6 月，法、德两国签署新战斗机合作协议，法国达索航空公司与空客公司将联合开发“新一代战斗机”（NGF），以取代德国“台风”战斗机和法国“阵风”战斗机。10 月，达索航空公司展出了双发、无垂尾设计的 NGF 缩比模型。

英国推出下一代战斗机模型。2018 年 7 月，英国国防大臣在范堡罗航展公布“暴风”新一代战机概念模型。该机设计为单座、双发、双垂尾隐身布局，采用有人/无人驾驶可选模式。

（二）美、俄持续推进下一代轰炸机研制

目前，美、俄正在开展下一代轰炸机的研制工作。2018 年 12 月，美国 B-21“空袭者”轰炸机通过关键设计审查；5 月，美国空军初步确定得克

萨斯州戴耶斯空军基地、南达科他州埃尔斯沃斯空军基地、密苏里州怀特曼空军基地作为 B-21 驻扎基地。10 月，俄罗斯国家采购网发布 PAK DA 下一代远程轰炸机发动机实验设计工作招标，该机计划在试飞结束后于 2025—2030 年交付。

（三）美、俄即将完成新型战斗机研制工作

美国 F-35 战斗机结束研制试验，开始参与实战。2018 年 4 月，美国军方宣布 F-35 战斗机研制阶段飞行试验结束。F-35 研制飞行试验持续 11 年，累计完成 9200 架次、17000 飞行小时，飞行试验过程中没有发生飞行员受伤或死亡，也没有损失飞机。12 月，该机进入初始作战试验与评价（IOT&E）阶段，为 2019 年进入全速生产打下基础。9 月，美国海军 F-35B 战斗机参与阿富汗实战，标志美军 F-35 战斗机首次投入实战。另外，意大利、英国、以色列、日本、韩国、土耳其、比利时、澳大利亚等合作伙伴国陆续接收订购的 F-35 战斗机，并在为飞机投入使用做准备。

俄罗斯苏-57 战斗机即将装备部队。2018 年，苏-57 战斗机继续开展装“产品”-30 发动机的试飞；7 月，俄罗斯国防部签署 12 架苏-57 战斗机采购合同，并确认明年正式服役。

三、发展无人机新技术能力

（一）启动新型无人机研制

美国海军启动无人加油机研制。2018 年 8 月底，美国海军授予波音公司 8.05 亿美元的 MQ-25A“黄貂鱼”航空母舰舰载无人加油机工程与制造发展合同，项目将研制出第一种无人加油机，为大型无人机融入航空母舰作战体系奠定基础。

俄罗斯启动高速无人机研制。2018 年初，俄罗斯国防部授予西姆诺夫设计局合同，研制未来高速无人机，该无人机将采用涡喷发动机，预计飞行速度 750 ~ 950 千米/小时，重 4 ~ 5 吨。

（二）先进无人机技术研发取得进展

美国国防高级研究计划局（DARPA）正开展多项无人机蜂群技术研发项目。相比传统高性能战机，无人机蜂群拥有较强态势感知和压制或摧毁敌防空系统能力，以及抗毁能力强、作战灵活性强等特点。DARPA“小精灵”项目旨在发展小型无人机集群的空中发射和回收等关键技术，探索集群作战概念。2018 年 4 月，美国戴奈蒂克公司获得“小精灵”无人机项目第三阶段合同，将完成无人机制造及飞行验证。2018 年，项目开展了“小精灵”无人机模型从 C－130 运输机投放的飞行试验。“拒止环境协同作战”（CODE）项目旨在拓展美军现役无人机能力，CODE 无人机蜂群可基于已建立的作战规则遂行寻找、跟踪、识别和攻击任务。11 月，项目进行了多架真实与虚拟的 CODE 无人机按任务指令进行协同导航、搜索、定位和交战的飞行试验。“进攻蜂群战术”（OFFSET）项目设想未来在复杂城市环境中使用 250 个或更多的小型无人机系统和/或小型无人地面车执行作战任务，2018 年，项目开展了数次“蜂群冲刺”验证活动，试验了无人机蜂群作战概念。

“欧洲中空长航时无人机”研究取得进展，2018 年 1 月，项目完成系统需求审查，4 月在柏林航展上展出全尺寸模型。

俄罗斯“猎人”重型无人机进行地面试验。2018 年 7 月，该 20 吨级攻击型无人机完成首次滑行试验，之后该机进行了地面试验，为首飞做准备。

（三）美、欧推进有人—无人编队技术研究

有人—无人编队技术核心是实现空中有人平台、无人机系统、地面部队和远距离指挥控制中心间的信息共享，提升协同作战能力。2018 年 4 月，空客直升机公司成功完成其 H－145M 直升机与奥地利西贝尔（Schiebel）公司 S－100 无人机系统的编队试飞，实现直升机机上人员从起飞到着陆对无人机的指挥控制。8 月，德事隆公司验证有人—无人编队能力，研究团队将多域控制与协作软件集成到“蝎子”轻型攻击机，模拟了有人机操控无人机。L3 技术公司正在将“阿帕奇”直升机与“影子”和 MQ－1C“灰鹰”无人机组成编队，实现在侦察任务中扩展有人机平台的信息收集能力。9 月底，空客集团开展了有人—无人编队验证试验，有人机上的任务指挥官成功控制 5 架 Do－DT25 靶机。

四、发展高超声速飞机及机载高超声速导弹

（一）美国发展高超声速飞机

波音公司正在开展高速/高超声速飞机技术研究，于 2018 年 1 月和 7 月公开了高超声速飞机概念方案与高超声速客机概念方案。其高超声速飞机方案采用大后掠双三角翼无平尾加双垂尾布局，使用常规涡轮发动机和亚燃/超燃双模态冲压发动机组合的涡轮基冲压组合（TBCC）发动机，应为无人驾驶，将用作未来高速打击和侦察飞机。波音高超声速客机概念方案的设计布局与前者近似，大小介于远程公务机和波音 737 之间，飞机巡航速度为马赫数 5。之前，美国洛克希德·马丁公司提出了 SR－72 高超声速飞机概念方案。两家公司的方案在飞机布局、发动机选择、任务定位等方面很接近，表明美国军机巨头已高度关注高超声速飞机这一发展方向。另外，DARPA 正在开展马赫数 5 级涡轮基冲压组合发动机地面验证项目，10 月，完成了新型亚燃/超燃双模态冲压发动机在美国航空航天局（NASA）兰利

2.4 米高温风洞的自由射流试验。美国相关技术储备已基本具备了不久后开展高超声速飞机集成验证的条件。

（二）美、俄发展机载高超声速导弹

美军加速发展可装备常规作战飞机的高超声速导弹。2018 年 4 月，美国空军授予洛克希德·马丁公司“高超声速常规打击武器”（HCSW）研制合同，将研制一型固体火箭助推、GPS 制导的战术级空射高超声速导弹，可装备现役战斗机和轰炸机，要求 2022 财年形成早期作战能力。8 月，美国空军授予洛克希德·马丁公司“空射快速响应武器”（ARRW）高超声速导弹研制合同，赋予该导弹编号 AGM－183A。该弹为空射型高超声速助推滑翔导弹，计划 2021 年形成早期作战能力。

俄罗斯高超声速空射弹道导弹服役。2018 年 3 月，俄罗斯总统普京称俄新研发的“匕首”（Kinzhal）空射高超声速导弹已从 2017 年 12 月开始服役，该弹由米格－31 战斗机投放，最大飞行速度约为马赫数 10。

五、加强航空关键技术研发与应用

（一）注重发展下一代航空发动机技术

美、欧开展下一代作战飞机用发动机技术研发。2018 年 4 月，德国 MTU 航空发动机公司宣布，正在为法、德“新一代战斗机”开发“下一代欧洲战斗机发动机”。6 月和 9 月，美国国防部分别向通用电气公司、普拉特·惠特尼公司授予合同，开展面向下一代战斗机的自适应发动机技术预先研究。9 月至 12 月，美国空军分别授予普拉特·惠特尼、航空喷气、罗尔斯·罗伊斯、通用电气、威廉姆斯和佛罗里达涡轮技术等公司“支持经济可承受任务能力的先进涡轮技术”（ATTAM）阶段 I 合同，研发下一代

涡轴和战斗机发动机技术。

（二）先进机载武器技术研发取得重要进展

在常规机载武器方面，国外正聚焦发展高精度、远程新型机载武器技术。2018 年，美国雷声公司小直径炸弹Ⅱ（SDB Ⅱ）“风暴突击者”进入作战试验。该弹为全球首款采用三模末制导技术的机载武器，其导引头将毫米波雷达、红外成像和半主动激光传感器与全球定位系统（GPS）/惯性导航系统（INS）集成到一起，可实现恶劣天气下防区外精确打击。俄罗斯 R－37M 超远程空空导弹进入最后试验，该弹射程 300 千米，用于打击高价值目标，飞行最后阶段速度可达马赫数 6，将装备苏－57 战斗机。10 月，印度完成“阿斯特拉”空空导弹研发试验，该弹为印度自主研制的全天候超视距空空导弹，用于夺取制空权。

（三）新技术显著提升雷达性能和适用性

机载雷达是空战平台的重要电子装备，新型雷达技术的发展将显著提升雷达性能和适用性。2018 年 7 月，俄罗斯无线电工程和信息系统集团宣布，将研制机载无线电光子雷达，并计划安装在俄罗斯第六代战斗机上。无线电光子雷达通过转换光子晶体激光能量产生无线电信号，具有更小的重量和尺寸以及更低的功耗，较常规雷达探测距离更远，且能够构建真实的目标图像，并可实现自动识别。俄罗斯已经开始相关激光器的生产工作。9 月，美国诺思罗普·格鲁曼公司推出“先锋”（Vanguard）雷达解决方案。该雷达采用开放的多功能体系结构，可扩展、应用于多个任务及平台，还可同时执行通信、电子支援和信号情报等其他任务。首个“先锋”系统的主要任务是空地监视，具有合成孔径雷达和地面移动目标指示器模式。诺思罗普·格鲁曼公司已进行 10 余次飞行测试，测试了地面动目标指示、合成孔径雷达成像等功能。

（四）新型飞控与机电技术为新一代空战平台发挥作战效力提供支撑

飞控与机电系统是飞机完成飞行动作和飞行任务的支撑系统，新型飞控与机电技术将在保障任务执行能力的同时，改善飞机性能、提升作战效能。2018 年 4 月，英国 BAE 系统公司完成集成射流飞控技术的固定翼无人机样机研制。8 月，北约发布了采用射流飞控技术的小型无人机飞行试验的视频，该无人机机翼后缘的射流装置可取代襟副翼，完成飞行控制。射流飞控技术利用柯恩达效应原理，即气体流过曲面时受流体与曲面间的黏性力作用，发生弯折进而产生偏转力矩，实现飞机姿态控制。采用射流飞控技术的飞机无需传统气动控制面，通过控制射流流量与发动机排气方向改变飞机飞行姿态和航向，可降低飞机阻力、提升隐身性能。2018 年 10 月，美国空军研究实验室启动“电力、能量、热、综合和控制”计划（PETIC 计划）招标，开展机电作动/电静液作动和液压作动系统、军用平台与定向能武器系统的 PETIC 相关子系统综合概念、先进导体和热科学、锂离子/锂空气电池和燃料电池材料的合成与特性、电力生成/处理和使用技术、综合动力与热管理架构等研究，将为未来作战飞机使用定向能武器、发展高超声速飞机等提供技术支撑。

（五）新型材料技术为航空产品性能提升奠定基础

材料是航空装备发挥效力的基础，当前航空新材料技术发展正朝着不断突破性能边界、实现新功能迈进。2018 年 3 月，美国空军研究实验室成功利用 3D 打印技术制造出目前最耐高温的增强树脂基复合材料零件，这些零件可承受大于 300℃的环境温度，在航空发动机上有潜在应用，可减轻重量、改善红外隐身性能。2018 年 6 月，美国威斯康星大学麦迪逊分校开发出一种超薄红外隐身薄片，该薄片具有极强的中、长波吸收能力，可使红外探测器很难探测到被遮挡的物体或人体，隐身能力较其他热屏蔽技术有显著提升，对单兵、装甲车和无人机系统有很好的军事应用前景。2018 年 8 月，NASA 研究团队利用形状记忆合金（SMA）实现一架 F－18 飞机全尺寸机翼翼段的折叠。NASA 使用新研镍钛铪高温 SMA 万向轴管作动器，通过电加热和冷却，精确控制翼段的偏转。利用 SMA 实现机翼形状改变，克服了以往机械装置笨重和机构复杂的缺点，以更轻和更简洁的硬件实现机翼折叠，在飞行中提升飞机性能、优化飞机控制。

六、结束语

2018 年，航空强国加强了下一代战斗机、高超声速飞机、无人机等平台技术研发，继续推进发动机技术、机载武器技术的发展，并在先进制造技术、先进材料技术方面不断取得新突破。发展创新型空战平台及技术、构建新型空中作战样式，将成为未来发展方向。

（中国航空工业发展研究中心　吴蔚　张洋　黄涛　廖孟豪　袁成）

2018年航天领域科技发展综述

2018年，航天科技发展势头依然高涨。在可重复使用运载技术、低轨小卫星星座、新型有效载荷、先进太空攻防技术等领域取得多项进展，持续推动航天装备性能和作战效能提升。

一、战略政策

2018年，美国、俄罗斯、欧洲、日本等世界主要航天国家或地区制定和完善航天战略政策，通过积极规划、加大投资力度等举措引领和促进航天科技发展。

（一）美国发布航天战略与作战条令，支撑体系转型和作战能力建设

美国于2018年3月发布首部《国家航天战略》战略要点，提出维持美国太空技术的领先优势，推进军事航天体系弹性转型发展，强化太空威慑和作战手段。4月发布的《太空作战条令》强调将直接对抗作为重要的太空作战内容，并明确将主动防护、快速恢复作为太空防御的手段。这将牵引航天科技发展支撑航天系统向弹性方向转型，并提升快速恢复、威慑、直

接对抗等能力。

（二）俄罗斯发布武器装备规划，重点保障新一代系统建设

俄罗斯于 2018 年 2 月批准《2018—2027 年国家武器装备计划》，强调保障前沿技术的研发投入，将分阶段完成天基预警“统一航天系统”和新型太空监视系统的构建，基本具备覆盖全球的天基预警能力、主要轨道范围内太空目标监视能力，以及完成现代军事卫星的集群部署，推动军用卫星向新一代系统过渡。

（三）欧洲制定多年投资规划，促进各类航天能力提升

欧盟委员会于 2018 年 5 月发布《2021—2027 年多年期财政框架》提案，提议面向航天领域投资 160 亿欧元，比上轮计划增加 50%，进一步提升航天领先优势。欧盟 2020 年后航天发展目标和方向主要包括导航卫星计划、对地观测卫星计划、太空态势感知能力和自主性、安全可靠和低成本卫星通信、低成本可靠地进入太空等方面。法国国家航天研究中心也于 2018 年 5 月发布《太空精神》文件，明确提出军民航天未来发展重点，主要内容包括：推进可重复使用等先进技术应用，发展重点运载火箭型号；发展高速宽带和电推进技术，开发新一代地球静止轨道卫星平台；研制甚高通量卫星、军事通信卫星；实施超高分辨率光学对地观测项目，验证主动光学技术，用于下一代对地观测卫星系统。

（四）日本发布新版防卫大纲和航天规划，为全面建设军事航天能力铺路

日本于 2018 年 12 月发布新版《防卫计划大纲》，推进太空、网络、电磁等新兴作战域与陆、海、空等传统作战域深度融合，优先对太空领域投资；强化情报/监视/侦察能力；发展导航卫星、静止轨道光学监视卫星和微小卫星。日本于 2018 年 3 月发布《日本宇宙航空研究开发机构（JAXA）中长期发展规划》，提出重点发展包括新一代运载火箭、导航和侦察星座、

导弹预警红外传感器、高精度光学传感器、高容量高保密高速通信技术、卫星抗干扰技术，加强太空安全保障能力建设，评估航天系统脆弱性，研发太空碎片观测、在轨逼近和防碰撞技术等。日本已将太空域视为重要作战域，对太空攻防作战相关技术重视程度空前高涨，未来将从导航、侦察、通信、太空态势感知和太空攻防等各个方面，全面提升军事航天能力。

二、进入太空技术

2018 年，进入太空领域从采用可重复使用技术、一体化设计、先进制造技术等方面寻求突破，以降低发射成本，提升运载能力和快速灵活响应能力。

（一）垂直起降部分可重复使用运载火箭技术逐渐成熟，深刻影响低成本进入太空途径

2018 年，以美国“猎鹰”9 火箭为代表的垂直起降重复使用火箭技术已逐渐成熟，再次证明该技术是降低进入太空成本的有效途径，将引领并带动其他国家竞相开展此项技术研究。

2018 年，美国 SpaceX 公司“猎鹰”9 火箭成功开展 12 次复用火箭发射，并在 12 月实现了火箭一子级三次复用，现役运力最强的“猎鹰重型”运载火箭也在2 月成功发射，并成功实现捆绑助推器回收。该公司利用这两型火箭不断推进火箭子级垂直起降、陆/海回收和重复使用等技术发展，对低成本进入太空产生重大影响。

JAXA 研制的重复使用技术验证机 RV – X 的液氢/液氧发动机在 2018 年9 月至 10 月期间进行多次地面点火试验，验证了关键性能指标。RV – X 为单级火箭助推器，可通过发动机反推结合着陆腿实现软着陆，以验证高

精度制导导航、箭体姿态控制、发动机重启等垂直起降关键技术。所验证技术将用于研制重复使用火箭一子级和新型小火箭，以大幅降低发射成本。

（二）小型火箭和升力体式可重复使用运载器技术陆续试验，有望提升快速灵活组网补网能力

2018 年，美国不断推动商业力量研发新型小火箭实现装备升级换代，满足近期快速响应发射需求；同时，寻求利用升力体式两级入轨重复使用运载器满足远期更低成本、更灵活、更快响应的进入太空能力。

2018 年，美国多型商业小火箭取得技术进展：火箭实验室公司的“电子”小型火箭成功进行第三次发射，开始服役；美国维珍轨道公司的“发射者”一号空射火箭完成了首次挂载飞行试验，将在 2019 年进行空中点火试验；平流层发射公司成功进行火箭发动机 PGA 的预燃室首次点火试验，计划用于多型空射火箭。三型火箭有望从 2020 年起逐渐替代美国现役快速响应火箭型号。

美国国防高级研究计划局（DARPA）在 2018 年 6 月底至 7 月初成功对“试验型航天飞机” –1 （XS –1）升力体式两级入轨重复使用运载器的 AR –22发动机进行 10 次连续点火试验。该运载器通过采用可重复使用液氢/液氧 AR –22 火箭发动机、耐久性热防护系统等技术，显著减少后勤维修需求。XS –1 目标是在 10 天内飞行 10 次，以传统运载器 10% 的发射成本向低地球轨道发射重 400 ~ 1350 千克的有效载荷，将极大提升快速响应运载能力。

（三）一体化上面级、增材制造等创新设计和制造技术应用，促进运载火箭性能水平不断提升

目前，火箭上面级辅助动力分系统均单独设计，难以通过单独改进大幅提升性能和延长寿命。美国联合发射联盟研发的“一体化火箭流体系统”

在2017年底至2018年开展集成系统地面试验，并于2018年8月获得NASA合同，将开展系统级在轨验证。该系统是世界首个一体化上面级辅助动力系统，集成了多种火箭上面级系统功能，有助于降低发射和测试等成本，运载能力提升效果与火箭增加一枚捆绑固体助推器相当。

随着增材制造技术不断发展，其在航天领域的应用越来越多。欧洲新一代“阿里安”-6火箭的第一级主发动机“火神”2.1以及捆绑固体助推器P120C分别于2018年1月和7月进行地面点火试车，标志着发动机已进入整机全面试验阶段。该发动机采用增材制造技术生产燃气发生器、喷管等部件，极大简化了生产流程、降低制造成本。

三、利用太空技术

2018年，利用太空技术在低轨微小卫星星座、模块化卫星平台、先进有效载荷技术、先进数据处理等领域取得进展，将对天基信息支援装备性能、体系弹性、任务支持模式等产生重要影响。

（一）新型低轨微小卫星星座和超低轨推进技术分别开始方案征集和试验，打造低成本快速响应体系

随着高性能和小型化有效载荷技术、大规模星座组网技术、超低轨推进技术等的不断发展，微小卫星星座将广泛用于低轨低成本、快速响应、高性能侦察和通信任务。

DARPA于2018年4月发布“黑杰克”低地球轨道星座系统项目征询书。其卫星平台可搭载一个或多个光学、射频军用载荷，支持过顶持续导弹预警、导航定位、战术通信等任务，且装有自主处理模块，可通过改变星上软件等方式改变载荷功能。该星座能实现全球连续覆盖，成本远低于

现役军事卫星，且可通过与商业星座“共生”增强系统抗毁性。

JAXA研制的“超低高度试验卫星”在2018年进行飞行试验，主要用于验证超低轨道高度卫星系统、研究高密度原子氧等对卫星的影响等。卫星运行在180~268千米高度轨道，装有氙离子推进系统用于超低轨道高度保持和轨道机动。欧洲航天局（ESA）于3月首次在地面模拟轨道环境下开展基于霍尔效应推力器的“吸气式电推进系统”样机点火试验。该系统可在150~200多千米轨道高度吸入稀薄大气作为工质并排出产生推力，无需携带工质入轨，有望使低轨航天器寿命突破工质携带量限制，实现超长时运行，显著降低部署与维护成本。随着轨道日益拥挤，200千米以下的超低轨成为微小卫星拓展运行范围、提升任务能力的新选择，以上推进系统等关键技术突破将加速微小卫星星座超低轨应用进程。

（二）模块化可重构航天器开展在轨试验，有望变革航天器设计与运用模式

模块化可重构航天器平台由多个外形和尺寸相同、可被替换的模块按任务需求组装而成，可通过软件或硬件方式在轨重组改变构型和能力。

DARPA通过“凤凰”计划资助诺瓦沃克斯公司研制的两个“细胞星”模块化可重构航天器分别在2018年3月和12月发射入轨开展在轨试验。前者寄宿在一颗通信卫星内部发射，用于在轨验证由“细胞星”模块组成的卫星平台补充新“细胞星”模块的可行性，并提供试验数据。后者重点验证可重构平台的构型重组和支持有效载荷等能力。两次试验将推动模块化可重构航天器迈向工程应用。

“细胞星”模块化可重构航天器目前主要在地面或在国际空间站由航天员装配，模块自主对接装配将成为模块化可重构航天器的新装配形式。美国航空航天公司于2018年2月宣布正在研究“蜂巢”在轨自主装配模块化航天器平台概念的可行性。“蜂巢”平台由批量生产的、小型、智能单元模块在轨自行组装和重构而成，遇到威胁时能解体实现自我保护。

以上模块化可重构航天器可实现快速升级、维修，将提升紧急任务响应速度、降低成本，并增强航天器抗毁性，有望推动航天器设计、制造、部署和运用模式的重大变革。

（三）光通信和高频通信技术开展多次在轨试验，促进通信卫星向小型化、高速率方向发展

卫星光通信和高频通信技术向小型化应用发展，将进一步拓展微小卫星的通信应用领域，提升数据传输速率和信息安全性。

国外首次完成基于小型卫星的星地激光通信试验，同时开始探索用于卫星分系统间信息传输的光通信技术。美国航空航天公司于 2018 年 8 月宣布“光学通信和传感器验证”立方星完成下行激光通信技术验证，数据传输速率达 100 兆比特/秒，是同等大小传统通信卫星的 50 倍。在欧盟“地平线 2020”项目支持下，空中客车公司 3 月启动“光子有效载荷技术”项目，利用光纤进行通信卫星内部信息传输，以研制出质量更轻、信息传输效率更高的卫星，从而改变未来通信卫星的设计思路。该技术最早将于 2020 年进行在轨验证。

随着宽带多媒体卫星通信需求不断增长，C、Ku、Ka 等频段卫星频率资源日益紧张，国外开始研究更高频段在卫星通信中的应用。2018 年 6 月，芬兰国家技术研究中心宣布将在 2019 年发射 W－Cube 纳卫星在轨验证 W 频段通信技术。11 月，印度发射的“地球静止轨道卫星”－29 卫星搭载了 Q/V 频段的试验载荷，将开展在轨验证，为印度探索高频段通信奠定基础。

（四）全数字导航载荷、光钟、X 射线脉冲星等技术启动研制或试验，推动导航系统升级和创新发展

新一代 GPS 卫星及其地面系统稳步发展，技术性能和系统安全性得到提高。一些新型导航系统和载荷技术不断突破。

在对抗和竞争日趋激烈的背景下，灵活性和安全性成为新一代导航卫星技术发展重点。美国空军于 2018 年 9 月向洛克希德·马丁公司授出合同，用于建造 22 颗 GPS－3F 卫星。GPS－3F 卫星装有新设计的全数字“任务数据单元”导航载荷，采用在轨重编程技术、弹性和模块化设计，可灵活按需在轨升级和在生产过程中嵌入新技术。美国雷声公司于 9 月成功完成 GPS 新一代地面系统“运行控制段”监测站接收机的质量测试，该地面系统采用了创新的多层次安全控制，能有效改善网络安全性。

当前星载原子钟主要为微波钟，其性能受微波频率限制。与微波钟相比，光钟具有更高的频率，有望突破星载原子钟性能瓶颈。德国麦隆系统公司曾于 2015 年和 2016 年完成两次光钟探空飞行试验。2018 年 5 月，德国麦隆系统公司再次对光钟进行探空飞行试验。该光钟由全自动双频梳系统和碘稳频激光器两个单元组成，并同时使用两个光梳来表征碘基准的绝对频率。该光钟相比前两年试验的光钟在尺寸和性能方面都得到了改进。光钟有望取代微波段铯原子钟为卫星定位、导航、通信等提供新一代时频标准。

继 NASA 通过“X 射线授时与导航技术探索者”任务成功验证 X 射线脉冲星导航技术后，美国史密森天体物理天文台 5 月宣布，将利用“X 立方”立方星任务演示 X 射线脉冲星导航技术，在实际任务背景下进行首次工程验证。该卫星将通过搭载的小型 X 射线望远镜接收“X 射线授时与导航技术探索者”任务中毫秒脉冲星发送的授时数据，通过在轨算法确定自身位置。X 射线脉冲星导航技术具有极高的可靠性和稳定性，除拓展深空探索空间外，还可降低导航系统对地面测控系统的依赖，提升自主性和生存性。

（五）敏捷红外成像、激光雷达和智能数据处理技术正在研发或开始应用，提升遥感数据获取和分析能力

国外积极推动低轨敏捷红外成像、激光雷达、人工智能等技术在侦察和对地观测卫星中的发展和应用，其中，基于人工智能的数据自主处理技术更是受到广泛关注。

美国空军研究实验室于2018年9月宣布授出“敏捷小卫星试验性望远镜”合同，开发小型、轻质、低成本红外望远镜。该望远镜采用中波红外波段光学系统，孔径30厘米，视场角超过3°，将使低轨小卫星星座实现持续和可调视场的天基遥感能力。

2018年，NASA和ESA分别首次实现微脉冲多波束光子计数激光雷达技术和多普勒测风激光雷达技术的在轨应用。前者用于测量海冰变化和地表三维信息等，单光子往返地球时间可精确到十亿分之一秒，后者用于高精度立体观测全球风场轮廓，探高范围0～30千米，测风精度1～3米/秒。

人工智能技术将被越来越多地用于卫星成像和视频数据自主处理分析。美国国家地理空间情报局2018年发布《商业地理空间情报战略》，提出将利用人工智能等技术提高情报分析和生产能力，完成所有对地观测图像处理。美国情报高级研究计划局已选择6个承研单位开发相关机器视觉技术，以实现自动检测威胁并快速定位攻击。ESA旨在实现人工智能星上原位数据处理，计划2019年发射搭载英特尔人工智能视觉处理器的“脑星”（BrainSat）。在大数据时代，人工智能技术的应用将大幅提升天基遥感情报分析能力。

四、控制太空技术

2018 年，多传感器集成的太空态势感知系统、综合性太空作战指控系统成为太空控制领域的发展重点之一。同时，无人在轨服务技术、高能激光武器技术、网络攻防技术等的兴起，带动了太空对抗技术进一步发展。

（一）先进太空态势感知集成技术启动立项，提升太空监视响应速度和准确性

美国多年以来一直将太空态势感知视为重要太空作战能力，为此投入大量资源开发相关技术并不断创新。

美国空军太空司令部发布“天基太空监视后继”任务——“沉默的巴克”系统发射服务招标书。该系统将集成太空传感器搜索、探测和跟踪技术，及时进行数据保存和事件搜索，计划 2019 年进行系统初步评审。

DARPA 于 7 月启动“太空环境开发”项目，希望准确预测 72 小时内近地太空环境干扰情况。该项目将整合现有地基和天基数据发展太空环境预测能力，同时也将开发非传统传感器和概念，并引入机器学习方法。相关技术研发成功后将为美国提供及时、精准的太空环境预测信息支援。

（二）多种无人在轨服务技术进入在轨试验阶段，具有太空对抗应用潜力

无人太空碎片移除、推进剂在轨加注技术陆续进入在轨试验阶段，先进高效的辅助变轨技术不断发展。这些无人在轨服务技术具有显著的军民两用前景。

2018 年 9 月，英国萨里航天中心联合多家机构等研制的“太空碎片移除”试验卫星成功开展世界首次飞网抓捕太空碎片技术在轨验证。试验中，模拟太空碎片的立方星从试验卫星弹出并飞离后，“飞网”装置也随后弹出，在抵近立方星后收紧缆绳将其捕获。

NASA“机器人在轨加注任务”-3 项目的试验装置于 2018 年 12 月被发送至空间站。该任务主要研究针对无专用加注接口航天器的机器人在轨加注技术，与针对设有专用加注接口的技术相比，该技术涉及的机械臂切割和拆除等操作精度和复杂度更高，通用性更强，更适合转化为进攻性太空对抗技术。DARPA“地球同步轨道卫星机器人服务”项目也于 7 月完成有效载荷初始设计评审，将进一步推进基于机械臂的在轨服务技术发展。

原轨道 ATK 公司在 2018 年 3 月宣布研发“任务机器人飞行器”。该飞行器携带 12 个“任务扩展吊舱”电推进系统模块或其他有效载荷，利用机械臂为推进剂耗尽或推进系统发生故障的地球同步轨道航天器安装独立的推进系统等模块，可接连服务多个目标。相关技术也可用于操作和破坏对手航天器。

（三）新型激光反卫、电子战及网络攻防等技术处于设计研制阶段，增强太空软杀伤与防护能力

2018 年，俄罗斯在前期开展项目和现役型号已储备技术的基础上，研发新一代激光反卫武器和电子战反卫武器技术，并为重要卫星系统制定网络防护方案。

俄罗斯空基和地基激光反卫技术均有进展。俄罗斯曾于 2009 年宣布重启机载激光反卫项目，通过密集能量激光脉冲暂时干扰或破坏低地球轨道侦察或导弹预警卫星。据悉俄罗斯已于 2018 年 2 月完成新型机载激光武器研发工作；于 6 月提出正在研究地基激光武器，计划将阿勒泰光学激光中心的望远镜改造为激光发射装置；还完成了一种新型电子战飞机“伐木人”-2 的概念设计，用于取代现役型号“伐木人”电子战飞机。该型电子战飞机将集成一种全新的机载设备，可对导航与通信卫星等目标进行电子抑制。

此外，为保护“球体”卫星系统免遭黑客攻击，俄罗斯航天系统公司研发并制定了多种方案，如加密保护技术、升级通信网络认证和加密算法，并通过系统架构方案使其在多颗卫星失效等情况下运行。

（四）太空作战综合指控系统软件即将启动新一阶段研发，有望提高指控决策效率

太空作战支撑联合和跨域作战的战略需求日益凸显，同时，太空环境复杂性日益增加对太空军事行动的实时指控提出了更高需求。DARPA 于 2018 年 1 月召开“标记”项目第二阶段研讨会，寻求进一步研发新型太空“作战管理、指挥和控制工具与能力”软件；随后在 5 月授予查理斯河分析公司合同，先行为项目第二阶段开发数据分析工具；将于 2019 年正式启动第二阶段工作。该软件具有自动生成与评估作战过程、可视化复杂动态信息等功能，将帮助太空作战指挥官有效应对复杂、多源态势感知信息，极大加速认知和决策过程。

（中国航天系统科学与工程研究院　贾平　李云　刘博　王聪
梁晓莉　姚保寅　刘海印　孙红俊　陈建光）

2018年网络空间领域科技发展综述

2018年，各国纷纷发布自己的网络安全战略，并以网络安全战略为指导，全方位提升本国的网络安全水平。同时，以美国为首的西方国家也加大对网络攻击能力的舆论造势以及网络对抗演习的针对性，目标直指中国、俄罗斯等国。相对于海、陆、空、天等传统作战领域，美国在网络空间这个新作战域的投入力度非常大。2018年，美国在装备系统、新技术研发、人员及训练等都采取了一系列的动作，使网络空间的攻防能力再上新台阶。人工智能、区块链等各种新技术也逐渐开始落地，为网络攻防提供新的能力。此外，物联网、关键基础设施等也面临越来越严重的网络攻击威胁，给人们的日常生活以及社会稳定带来极大的隐患。

一、美国发布一系列文件明确网络作战发展思路

2018年，美国先后发布了一系列战略文件，明确了网络安全、网络攻击、网络防御、网络威慑、网络能力建设等多方面的发展思路。

（一）国土安全部成为联邦网络安全的领导部门

美国国土安全部最初的任务重点是防止恐怖主义袭击，网络安全只是

一个“次要的关注对象和责任”，后来逐渐发展演变成美国联邦政府网络安全的领导职能机构。2018 年 5 月 15 日，美国国土安全部发布《网络安全战略》，明确网络安全事关国家安全，是国土安全部的核心任务之一，并由国土安全部来统一、协调联邦及非联邦机构网络安全工作，包括增强政府网络与关键基础设施安全性与弹性，打造更加安全可靠的网络生态系统等措施。此外，2018 年 9 月发布的国家网络战略也体现了由国土安全部领导联邦机构的网络安全工作的政府意见。

（二）国家网络战略凸显美国利益优先的霸权主义

自特朗普成为美国总统以后，美国利益优先成为其最主要的执政理念，这一点也反映在网络空间层面。2018 年 9 月，美国总统特朗普签发了《美国国家网络战略》，这是自 2003 年以来，美国第二次系统、全面阐述其国家层面的网络战略。2018 年的国家网络战略明确提出由国土安全部集中管控联邦民用网络安全，并出于网络安全目的，有权查看各机构的服务和基础设施。

此外，新版国家网络战略坚持在网络力量建设与展示方面，由美国主导制定行为规范，以美国利益为优先，致力于实现网络威慑。同时，战略还明确表示其他国家也应遵守美国制定的规范，且美国将以此规范作为发起网络威慑反击与报复的基础，凸显了以美国利益优先的霸权主义。

（三）国防部网络战略为网络作战能力发展指明方向

如果国土安全部或白宫发布的网络战略文件更多是从政府机构的角度来阐述，那么美国国防部在 2018 年 8 月发布的《网络战略（概要）》则是从军方的角度出发，提出国防部在网络空间作战的目标及实施方案。美国国防部的网络战略对进攻性网络能力进行了强调，明确在网络空间内采取行动是国防部的日常工作，并通过网络空间作战收集情报并准备军事能力，采取先发制人的方式主动将针对美国关键基础设施的威胁扼杀在萌芽中；同时，联合部队将采用攻击性网络能力和创新概念确保在冲突的全过程中都能实施网络作战行动。

网络空间的攻防双方本来就处于失衡状态，攻击方可以掌握更多的主动权，国防部的网络战略为美军的网络作战能力指明了方向，那就是攻击性网络能力，将主动攻击作为威慑对方以及化解威胁的有效手段。

（四）网络空间作战条令为网络军事行动奠定基础

美国在2009年就成立了网络司令部，2017年，该司令部升级为一级司令部，成为美国第10个联合作战司令部，地位与美国中央司令部等主要作战司令部持平。美军早在2013年就发布了网络空间作战条令，但由于当时对网络司令部的定位和职能还不明确，因此在网络司令部升级为一级司令部、原来仍存在争议的地方已经尘埃落定之后，2018年6月8日，美国适时地对5年前发布的网络作战条令进行了大幅度修改，并首次明确了各网络任务部队的职责及其与其他机构之间的关系，使网络空间的攻击、防御、利用、安全等各项活动变得有法可依、有理有据。与此同时，美军通过发布第2版网络空间作战条令，明确了网络作战的能力要素、要求、预期和描述，以及作战单元、流程、想定、指挥控制等方面内容，建立起网络空间作战的顶层架构，为网络空间的军事行动奠定基础。

二、新技术/设备助力网络空间攻防能力发展

网络空间的攻防能力离不开新技术、新设备，近年来，以人工智能、区块链、物联网为代表的技术及设备越来越多地用于网络空间的攻防能力，使得攻防双方处于交替上升的胶着状态。

（一）人工智能、区块链技术逐渐用于网络攻防

就目前技术水平而言，人工智能技术的主要任务是替代操作人员进行一些重复性的劳动，使其有更多时间和精力来完成有创造性的任务，这一点在需要投入大量时间成本的漏洞挖掘表现得尤为明显。对网络空间作战而言，漏洞即武器，掌握的漏洞越多，作战时可使用的武器就越多。

美国国防高级研究计划局（DARPA）作为美军技术创新的领军机构，很早就开始探索网络攻防的新技术，而人工智能技术在近年来取得了突飞猛进的发展，自然也成为 DARPA 重点关注的技术，如在 2016 年举行网络挑战赛激励参赛队伍研发自动攻击能力等。2018 年 4 月，DARPA 发布了“人机探索软件安全”（CHESS）项目，利用人工智能技术来发现信息系统的漏洞，这些漏洞既可以用于及时形成补丁提升网络安全，也可以为网络攻击部队提供情报支援。2018 年 8 月，DARPA 还授予英国 BAE 系统公司“大规模网络狩猎”（CHASE）项目合同，利用计算机自动化、先进算法和新处理标准实时跟踪大量数据，帮助锁定网络攻击，为后续的溯源和反击提供支撑。

人工智能技术除用于漏洞挖掘、大数据处理外，还可与网络攻击的其他方面加以结合和利用，包括：用于观察学习反恶意软件的决策，以开发难以被检测的恶意软件；用于实现更为高级、精准的鱼叉式钓鱼攻击；绕过安全检测的钓鱼网页等。

除人工智能技术外，由于区块链技术在可溯源方面有很大的优势，因此也开始应用于网络安全领域，用以保护网络资产的安全。2018 年 5 月，安全公司 Xage 称其开发出一套基于区块链技术和数字指纹技术的防篡改系统，以保护工业物联网（IIoT）资产。此外，随着 IPv6 的逐渐普及，网络空间中大量的设备将拥有独立的 IP 地址，原来共用 IP 的“集体户口”将逐

渐独立门户变成“个体户口”，这也意味着每个设备都要为自己的行为负责。通过将区块链、IPv6 等技术结合起来，可以实现对网络资产的全面跟踪记录，提升网络安全。

（二）物联网设备成为众多网络攻击者新目标

随着技术及市场的发展，吸引众多公司加入物联网这个大市场，使得物联网设备快速涌入市场各领域；但是这些物联网设备的安全状况不容乐观，大量的物联网终端设备存在漏洞多、攻击门槛低等问题。与此同时，传统的网络安全边界被打破，各种设备使用多种手段，包括蓝牙、WiFi、ZigBee 等进行数据传输，产生出更多的攻击点，从而为攻击多种分布在不同位置的设备，或由多人或多终端合作发起新型内网跳板攻击提供了便利。

2018 年，分布式拒绝服务攻击发展迅猛，其中以物联网设备为反射点的简单服务发现协议（SSDP）反射放大是其重要手段之一。同时，2018 年针对物联网和网络设备的恶意病毒层出不穷，包括 2017 年几乎波及全球的“未来”（Mirai）恶意软件的新变种、首个能在设备重新启动后存活的“捉迷藏”（HNS）物联网僵尸网络恶意病毒、支持启动持久性功能的 VPNFilter 物联网恶意软件等。

可以预见，利用物联网设备构建僵尸网络以实施分布式拒绝服务攻击将在较长的一段时间内是网络攻击的主要手段。未来网络攻击者有可能将僵尸网络与人工智能技术结合起来，构建更加灵活、隐蔽的分布式拒绝服务攻击。

（三）美国打造网络空间作战统一平台

网络空间作战技术及装备发展迅速，但由于缺少网络作战的统一调度平台，使得各种能力和手段难以形成合力，这成为制约网络作战能力有效发挥的瓶颈。为此，美国网络司令部计划通过“统一平台”项目，将各种攻击和防御集成到同一个平台上，实现网络资源统一调度，这是美国网络司令部自成立以来最大规模的一个项目。

为争取“统一平台”项目，洛克希德·马丁公司在2018年3月发布一款名为Henosis（希腊语“统一”）的原型系统，可将网络空间的作战效能集成到各个作战域中。2018年10月，诺斯罗普·格鲁曼公司赢得“统一平台”项目合同，负责该项目的开发、集成、列装和维护工作。

虽然美国官方没有明确“统一平台”项目的具体内容和能力，但外界普遍认为，该平台其实相当于网络空间里的“航空母舰”，里面搭载了用于实施网络攻击和防御的各种能力。从作战的角度看，“统一平台”项目通过为各种能力提供接入、显示、控制的平台，为有效地遂行网络作战任务提供全面的保障能力。

（四）关键基础设施成为网络攻击的高价值目标

网络攻防并不局限于互联网设施，越来越多的基础设施信息系统成为网络攻击的目标，包括水务系统、交通系统、能源系统、金融系统等关系国计民生的关键基础设施。

2017年12月，FireEye公司和Dragos公司发布报告称，发现了一种旨在接管施耐德电气安全设备系统的恶意软件，其目标是造成物理损坏后果，导致正常作业流程关闭。目前，该恶意软件的影响已波及中东，造成石油天然气工厂停运。2018年2月，4台接入欧洲废水处理设施运营技术网络的服务器遭遇恶意软件入侵，致使废水处理设备的中央处理器被拖垮，废水处理服务器瘫痪。2018年4月，加勒比岛屿圣马丁岛的整个政府基础设施、公共服务因遭网络攻击而全部中断。

针对关键基础设施的攻击并不局限于个体行为，而是已经上升到国家层面的行为。2018年3月，美国表示俄罗斯网络黑客正在攻击美国关键基础设施，其中包含能源网、核设施、航空系统以及水处理厂等，这也是美国方面首次公开确认遭到基础设施网络攻击。2018 年 3 月，美国陆军中将在一份书面参议院证词中提到，美国军方计划对敌方基础设施进行网络攻击，并称这是对中国和俄罗斯进行威慑战略的一部分，让其看到美国有关闭或破坏其基础设施的能力，这也是美国首次公开讨论针对外国基础设施的网络攻击能力。关键基础设施已成为网络空间作战的高价目标以及制胜关键。

三、美国从训练、岗位等角度强化网络作战能力

万变不离其宗，诸战皆以人为本，即使人工智能技术取得极大突破，网络作战也依然离不开人的参与，而人员需要接受训练才能熟练掌握各项作战技能，因此，2018 年美国从训练、培养人才、调整岗位等多个维度加强网络作战能力建设。美国国防部官员在 2018 年 5 月宣布网络司令部 133 支网络任务部队已全部实现全面作战能力，提前完成任务，同时，在 2018 年发布的网络空间作战联合条令明确网络任务部队由网络防护部队、网络国家任务部队、网络战斗任务部队三类组成，分别侧重网络空间防护、国防部信息网内的网络作战，以及支援区域战斗司令部司令、职能战斗司令部司令的网络作战等职能。

在训练方面，美国网络司令部通过建设持续网络训练环境（PCTE），将分散在各处的网络训练设施整合起来，使网络作战单位可在不同地面登陆和参与类型广泛的网络攻防训练，并由陆军网络司令部负责该项目的具体采购工作。2018 年 8 月，美国陆军网络司令部授予 ManTech 公司合同，用于开展持续网络训练环境项目的研发。面对日益激增的网络训练需求，

美国空军在加利福尼亚州建设新的网络训练设施，以容纳更多的网络新兵。

为进一步增强网络空间作战能力，美国还通过调整、增加网络作战岗位等措施，扩大网络空间作战的人才队伍。2018 年 3 月初，美国海军陆战队新设立网络战岗位，代号 17 × ×；同时，美国陆军也正将把电子战士兵纳入网络作战部门，此举旨在将网络/电子战人员纳入特种作战部队的范畴，进一步加强网络空间的作战能力。美国海军陆战队为进一步扩大网军力量，放宽招募在年龄和经验方面门槛，让更多人可以加入海军陆战队；同时，在 2018 年预算中增加约 1000 名海军陆战队员的费用，其中有相当大一部分人员将从事网络及电子战任务。

为更好地发动并利用民间网络高手，美国各军兵种还通过积极举办“黑掉国防部”“黑掉海军陆战队”“黑掉空军”“黑掉陆军”等一系列的漏洞挖掘奖赏活动，以提升网络安全能力。

四、英美为将来更多的网络攻击行动造势

网络攻击由于比较敏感，因此英美等国在政府公开文件中鲜有提及，更多的是谈论网络安全和网络防御等，而网络攻击一直犹抱琵琶半遮面。2018 年，英美等国一改常态，开始不断为网络攻击造势。

美国国防部在 2018 年 9 月发布的《网络战略概要》提到，将采取“前沿防御”概念，用主动攻击的方式从源头上破坏或制止针对美国的恶意网络活动。美国在 2018 年的国防授权法案中明确授权国防部可在外国网络空间中采取适当规模的行动以实现扰乱、挫败及威慑等目的。美国联合参谋部也正在研究将权限委托给网络司令部的细节，而且更多地涉及网络攻击的权限。

英国国家通信情报局（GCHQ）局长在 2018 年 4 月对外宣布，已经与英国国防部合作，对 IS 极端恐怖组织发起了重大网络攻击，这是国家通信情报局首次系统而持续地降低对手的网络行动，并成为更广泛军事行动的一部分。

目前，美国已经将网络空间视为作战域，而紧随美国之后，将会有越来越多的国家将其视为独立的作战域，或现代军事行动的重要组成部分，因此，可预见网络攻击行动必将变得更加频繁，这可能与决策流程以及普通民众的认知存在一定的冲突。面对这种局面，以美国为首的国家在一定程度上缓解甚至消除这种冲突，在舆论、法律法规上为网络攻击行动预热造势，为将来更多地采取网络攻击行动奠定基础。

五、网络演习频繁且更加紧贴实战

物理空间的攻防行动很大程度受场地、装备的影响，网络空间的攻防行动既可以悄无声息地进行，也可以更加频繁、更加有针对性地进行。网络空间的演习一方面可以锻炼部队的响应能力，另一方面是国家或组织表明其态度及立场的方式。近年来，美国、北约等不断宣扬俄罗斯、中国的网络攻击能力对其构成严重威胁，于是开展一系列演习行动，以加强网络攻防能力建设。

2018 年 1 月 30 日至 2 月 2 日，北约网络合作防御卓越中心（CCDCOE）在拉脱维亚举行了“2018 十字剑”演习，这是北约第一次在不同的地理位置同时进行多项动能和网络作战。2018 年 2 月，美国驻韩国和太平洋的军队演练发起进攻性网络行动的能力。2018 年 4 月，美国国土安全部举行了“网络风暴 5”演习，重点关注交通运输和关键制造业，同时还融入了模拟的社交媒体平台，用包含软件漏洞报告在内的信息轰炸参与者。

2018 年 4 月，北约网络合作防御卓越中心在爱沙尼亚塔林举行全球最大规模的“2018 锁盾”网络防御演习。此次演习以俄罗斯攻击北约网络目标为背景，重点是保护关键服务和关键基础设施，模拟对电网的数据采集与监控（SCADA）系统和变电站、4G 公共安全网络、军事监控无人机和控制无人机操作的地面站等实施攻击。5 月，美国国民警卫队举行了“2018 网盾演习”，模拟承包运输行业基础设施的私营企业网络系统遭遇黑客入侵。9 月，美国空军网络司令部及美国欧洲司令部与黑山进行网络防御安全协作演习，共同促进网络能力建设，并震慑俄罗斯不要扰乱民主进程。

从各式各样的网络演习来看，虽然基本都是围绕保护关键基础设施及核心服务，但从另一个角度来看，必须要能够模拟攻击才能实现保护任务，而且鉴于关键基础设施存在一定程度的相似性，因此这些网络安全演习也可视为网络攻击行动的预演，以便提升对假想国的网络攻击能力。

（中国电子科技集团公司第三十六研究所　陈柱文）

（中国电子科技集团公司发展战略研究中心　李硕）

2018 年电子战领域科技发展综述

2018 年伊始，在叙利亚的一系列作战行动中，电子战表现活跃，作用突出。电磁频谱成为大国博弈的焦点。

纵观 2018 年全球动向，电子战继续呈现出强劲的发展态势，涌现出大量新的发展动向，并取得了众多实质性进展。电磁频谱作战域的理念得到广泛认同，电磁频谱战概念不断迭代，电磁频谱作战理论逐渐完善。电子战技术孕育重大突破，认知电子战渐近实用，定向能技术日趋成熟，量子对抗技术开始萌芽。电子战装备发展迅速，新装备不断涌现，现役装备持续升级改进。世界主要国家采取多重举措推进电子战力量建设，加强电子战技术装备发展，提升电子战作战能力，电子战加快转型发展。

一、总体态势上，美国开启电磁新冷战，电磁频谱成为大国竞争与对抗的焦点

2018 年，尽管全球依然保持着和平与发展的大势，但局部冲突与争端

日益增多。乌克兰东部、叙利亚、亚太等地区成为大国博弈与对抗的焦点，电磁频谱领域中的交锋持久而激烈。尤其在叙利亚，美俄虽没有直接交火，但在电磁频谱领域展开了激烈的交锋。另外，电子战技术基础领域内的高科技竞争趋于白热化，摩擦不断。

（一）美国调整电子战战略目标，以中俄为主要对手，将电磁频谱战作为应对中俄“反介入/区域拒止”和“灰色地带”行动的重要手段

近年来，美国刻意夸大中俄威胁，指出中俄充分利用技术进步，加大在军事电子领域的投入，电子信息装备发展迅猛，对美军构成巨大威胁，美军拥有的电磁频谱领优势已经消褪，必须加强电子战力量建设，重塑电子战能力优势。

美国认为，当前来自中俄的军事威胁包括“反介入/区域拒止”和“灰色地带”等行动，并据此提出了“第三次抵消战略”“多域战”等新的作战概念作为应对策略。这些新的作战概念大都建立在获得并保持电磁频谱优势的基础上，故更多地体现为电磁频谱域内的战斗。2017 年以来，美军提出要更多地运用电磁频谱战作为应对中国在南海以及俄罗斯在乌克兰和克里米亚“灰色地带”行动的主要举措，并在 2018 年加大了实施力度。电磁频谱内的交锋成为当前军事斗争的重要内容，也是美国挑起全球“新冷战”的主要手段。

（二）俄罗斯高度重视电子战发展，加强电子战装备与部队建设，强调运用电子战手段应对西方军事优势，通过“混合战”打击对手

俄罗斯在经济实力和军事力量衰退的状况下，高度重视利用电子战的手段应对北约国家的军事优势。在电子战发展上采取了不同于西方的战略，突出大功率和大范围电子攻击，破坏敌方的精确制导、感知和联网能力，强调将电子战能力与网络攻击和心理战集成应用，通过“混合战”战略瓦解敌方的斗志，破坏敌方的稳定。

近年来，俄罗斯电子战装备建设和应用进入了一个小高潮，部署了包括“摩尔曼斯克”“克拉苏哈”－4 在内的大量新型电子战装备。2018 年，俄罗斯又列装了“频谱”“撒马尔罕”等新型装备，并策划研制能干扰敌方卫星的电子战飞机。同时，俄罗斯加快电子战部队建设，谋划成立电子战新军种，加强电子战实战应用与训练演习力度。2018 年，俄军在叙利亚采用电子战手段成功挫败了无人机群的攻击，这是首次在实战中使用电子战手段应对无人机群的攻击，开创了电子战作战的新战例。

（三）中东成为当前电磁对抗最激烈的地区，电磁环境复杂多变，多方力量展开电磁交锋

中东地区局势错综复杂，战事不断。在叙利亚，美国、俄罗斯、以色列、伊朗、叙利亚政府及反政府武装等多方势力不断角逐，电磁环境空前复杂。俄罗斯部署了“克拉苏哈”－4 和“希比内”等先进电子战系统，继续将叙利亚作为电子战装备的试验场，多次对美国地面部队、作战飞机、无人机实施干扰，并成功应用电子战手段挫败了无人机群的攻击。西方评论指出，俄罗斯在叙利亚取得了电磁频谱域的胜利。与此同时，美国及其盟国也多次派出电子侦察飞机，对俄罗斯的 S－400 等先进武器系统实施侦察。

此外，以色列在中东地区拥有最强大的电子战能力，多次与叙利亚和伊朗展开电磁频谱交锋。沙特、阿联酋等海湾合作委员会国家大多装备有引进的先进机载自卫系统，也具备一定的电子情报搜集能力，但总体上电子战作战能力较弱，且高度依赖于西方国家。2018 年年底，美国宣布将从叙利亚撤军之后，中东局势将更加复杂，电磁斗争将伴随着各种冲突的不断升级而更加激烈。

（四）欧洲国家高度关注俄罗斯威胁，加快推进电子战建设，强调弥补电子战能力缺口，部分电子战技术处于全球领先地位

欧洲国家由于近年来投资不足，电子战发展迟缓且存在能力短板。随着俄罗斯在乌克兰和克里米亚的军事行动，欧洲国家强烈意识到其电子战能力不足以应对与俄罗斯的冲突和未来的战争，高度重视弥补其电子战能力缺口。

2018 年，欧洲国家纷纷加快电子战发展，电子战技术装备有了较大发展。英国“狂风”战斗机正式装备“亮云”诱饵，瑞典对“鹰狮”E 战斗机进行了重大改进，其机载多功能电子战系统代表了欧洲研发的机载电子战装备的最高水平。在电子侦察领域，欧洲国家具有传统技术优势和装备优势，捷克不断改进“新型维拉”无源探测系统，法国计划采购新型电子情报飞机，英国开始列装新型舰载通信电子支援措施系统。在单兵电子战装备上，欧洲国家发展迅速，技术和装备水平位于全球先进地位。2018 年，西班牙推出了单兵便携式电子侦察装备，丹麦推出了世界首套穿戴式反无人机系统。

（五）亚太地区电子战军备竞赛加剧，日本、印度加快列装电子战新装备，澳大利亚成为亚太地区一支重要的电子战力量

随着美国实施重返亚太战略，美国加大了在亚太地区的电子战装备部署，并多次在南中国海和朝鲜半岛实施电子战活动，亚太地区局势变得更加错综复杂，电磁军备竞赛更加激烈。

2018 年，日本、印度、韩国、澳大利亚等国家纷纷加大了电子战装备建设力度，加快了新装备列装。日本在 2018 年 12 月发布的《防卫计划大纲》明确提出要利用电磁波加强对敌方的干扰。在国防规划中高度重视电子战，强调要提升电子战和网络战能力。2018 年列装了 RC－2 ELINT 飞机，并首次在演习中展示了车载“网络电子战系统”，同时计划从美国采购 EA-18G 或自行研制电子攻击飞机。印度发布了《2018 技术展望与能力路线图》，明确了陆、海、空三军的电子战需求。在装备上，印度为其国产战斗机选定了以色列产的 ELL-8222 电子战系统，并升级了米-17 和卡-31 直升机上的电子战系统，空中电子战能力得到提升。澳大利亚从美国采购的 12 架 EA-18G 电子战飞机已全部到位，成为全球第二个装备 EA-18G 的国家，同时多次参加美国组织的军事演习，成为亚太地区一支重要的电子战力量。

二、发展战略上，电磁频谱独立作战域的地位得到广泛认同，电磁频谱作战理论不断迭代完善

当前，电磁频谱独立作战域的理念在全球范围内得到高度认可，电磁频谱作战域的确定势必成为未来电子战发展最有力的战略牵引。美国在继续推进将电磁频谱正式确定为独立作战域的同时，持续完善电子战顶层规划，不断迭代电磁频谱作战与电磁频谱战概念和理论，多方位促进电子战发展。美国各军种结合本军种特色，深入细化国防部的电子战发展战略，大力推动军种电子战建设。俄罗斯的电子战采用不同于西方的发展战略，在装备发展、部队建设、作战应用上独具特点，在全球电子战中占据重要一极。

（一）美国发布新版《国防战略》，确定电磁频谱在未来大国对抗中的核心地位

2018 年 1 月，美国国防部发布新版《国防战略》，该战略中最重要的一个思路就是将美军关注的重点从打击恐怖主义与叛乱分子转移到针对中国和俄罗斯这样水平相当的竞争对手身上，明确了美国未来电子战发展的目

标与需求。美国新版《国防战略》进一步确立了电磁频谱域在未来大国对抗中的核心地位，为电子战以及更广泛的电磁频谱作战提供了重要的战略指南，确定了未来相当长的一段时间内美军制定电子战规划与需求的基调。

（二）美国通过《2019 年国防授权法案》，以中俄为对手推动电子战发展

2018 年 8 月，美国总统签署发布了《2019 年国防授权法案》。该法案将中俄作为主要的战略对手，要求对中国和俄罗斯的电子战能力以及未来发展进行全面评估，同时要求改进美国电子战和电磁频谱作战的相关战略、项目和条令，更新国防部《电子战战略》，补充发展路线图，在国防部内指定副部长级的高级官员负责电子战事务并成立电子战跨部门职能小组，在重要的作战司令部内设立联合电磁频谱作战分队，从战略、人员、机构等多方面推动电子战发展。另外，该法案要求为电磁战斗管理、信号情报和定向能武器的发展提供充足的资金。

（三）美国陆军发布电子战战略文件，大力发展军种电子战

随着美军将作战重点从反恐转向大国对抗，陆军开始面向未来潜在的重大作战行动和更为复杂的作战场景备战电子战。2018 年 1 月，美国陆军还发布了《网络空间与电子战作战构想 2025—2040》，提出了应对未来作战环境挑战的电子战行动解决方案。8 月，美国陆军发布了《电子战战略》文件。该战略指出，电子战必须在多个作战域和整个战场进行深度整合与同步，以适应快速变化的多域作战环境。美国陆军电子战战略目标是将电子战能力实战化，重点关注兵力建设、作战行动、能力发展、教育和培训、伙伴关系五个领域。

（四）美国海军发布《电磁作战空间》指令，将电磁频谱确定为独立的作战域

2018 年 10 月，美国海军发布了第 2400.3 号《电磁作战空间》指令，明确将电磁频谱认定为与陆、海、空、天和网络同等的作战域。美国海军将电磁频谱环境视为独立的作战域，旨在确保海军在电磁作战空间的优势。该指令强调军方使用的所有电磁辐射都属于电磁作战空间，明确了电磁作战空间项目、政策、流程在开发、实施、管理和评估环节上海军相关人员的角色与责任。在美国各军种中，美国海军第一个将电磁频谱确定为独立的作战域，具有标志性意义。

（五）美国空军积极推进未来空中电子攻击体系研究，穿透型电子攻击概念逐渐明晰

美国空军针对未来联合空中作战，在《2030 空中优势飞行计划》中提出全新的穿透型制空作战理论。2017 年 12 月底，美国空军成立了电子战体系能力协同小组，开展穿透型制空概念中的电子战能力研究。该小组负责对国防部发布的《电子战战略》提供支持和补充，综合规划美国空军的电子战能力，确认关键能力差距并量化需求，促进相关条令、机构、装备、领导、人员、设施和政策的落实。2018 年 1 月 5 日，该小组就未来电子战能力征求工业界的建议。2018 年年底，该小组完成空军新的电子战作战概念研究。美国空军此项研究将决定未来二三十年内美国机载电子战的发展方向，也是隐身作战条件下空中电子攻击的重要战略指导，具有十分重大的意义。

三、技术研发上，认知电子战技术进入平台应用阶段，量子对抗等新兴领域开始布局

纵观 2018 年的发展，人工智能和大数据成为推动电子战技术发展最重要的因素，电子战技术在智能化、分布式和多功能等方向不断深化

发展。

（一）认知电子战技术研究不断深化，初期成果即将实现平台应用

美国近年来开展了包括“自适应雷达对抗”（ARC）和“基于行为学习的自适应电子战”（BLADE）等多个认知电子战研究项目，并且取得了阶段性成果。2018 年 4 月，美国海军授予诺斯罗普·格鲁曼公司一项合同，为 EA－18G 电子战飞机开发机器学习算法，通过引入人工智能，提升其电子战作战能力，首批改进后的 EA－18G 电子战飞机有望在 2019 年交付。5 月，美国海军航空司令部选定将雷多斯公司研发的“自适应雷达对抗”技术用于 F/A－18“超级大黄蜂”战斗机，通过机器学习算法实现对未知雷达的实时探测与干扰。认知电子战在即将进入实战应用阶段的同时，相关研究也更加深入广泛。2018 年，美国陆军开展了“人工智能和机器学习技术、算法和能力”项目，DARPA 进行了“射频机器学习系统”（RFMLS）项目研究，以开发新的由数据驱动的机器学习算法，有望将对射频频谱的理解提升到一个新的水平。

（二）量子技术快速发展，美国布局量子对抗研究

在应用需求牵引下，量子技术发展不断取得突破，在通信和雷达领域得到初步应用。2018 年，美军对量子技术在雷达、保密通信、感知、导航和精确制导武器中的应用及影响进行了评估，指出虽然目前技术成熟度还较低，但必须开始研究如何应用量子技术推动电子战技术的发展，使电子战系统能与威胁系统保持同步发展，能探测、发现、应对潜在敌方的量子系统。美国陆军开展了“军事威胁应用的量子技术”项目，研究当前和未来量子技术的发展状况以及未来将采用量子技术的典型威胁系统，为开发相应的对抗措施做准备。

（三）美国国防部针对未来重大技术挑战，确定电子战技术未来投资方向

利益共同体（COI）是美国国防部建立的一种跨部门协作与合作机制。2018年，电子战利益共同体通过整合美国政府、工业部门、院校以及国际上的研究力量，确定了未来电子战科技投资战略，提出了未来电子战技术发展需要解决的六大技术挑战：①认知、自适应能力，研发能有效领先于敌方决策与技术选择的能力；②分布式/协同能力，针对密集复杂的威胁环境，实现空域和时域的多样化响应；③抢先式/主动响应能力，阻止或破坏对手发现、识别、跟踪、瞄准己方部队并实施交战的能力；④宽带/多谱系统，控制尽可能宽的电磁频谱；⑤互操作与兼容能力，针对快速变化的环境，及时部署或插入先进的电子战能力，使对己方能力的影响最小化；⑥先进电子防护能力，在日益拥塞的电磁频谱环境中，对己方或敌方用频活动进行防护，保障己方行动不受影响。

（四）美国空军面向未来穿透型电子攻击，加强隐身作战条件下的机载电子战技术研发

2018年，美国空军指出，应围绕正在形成的穿透型电子攻击概念进行未来电子战技术研发，重点是针对敌方综合防空系统的防区内/防区外非动能作战，涉及从射频到光谱的全频谱电子战，包括下一代平台的电子战技术、空间电子战、网络电子战、电磁战斗管理等。其中通过特定频率实施进攻性网络行动的能力、对所有电子战/电磁频谱装备进行近实时指挥控制的电磁战斗管理系统级技术、用于反太空任务的电子战/电磁频谱能力等将成为未来的重大发展方向。

（五）美国海军聚焦未来舰载电子战技术需求，提出四大重点关注领域

2018年10月，美国海军研究办公室发布了电子战发明创造项目公告，

探索电子战领域的技术发明创造，关注能够为美国海军电子战能力带来帮助的科学技术创新活动。公告指出将重点关注四大领域：①寻求利用机器学习算法来解决电子战中遇到的信号处理难题；②小型高效的灵巧波束发射机；③开发先进的多谱激光技术，提供更强的分布式电子战作战能力；④适用于分布式电子战的新型技术。

（六）美国陆军完善多域作战概念，研发针对大国对抗的电子战技术

2018 年，美国陆军从多方面加快推动其主导的多域作战概念向实战化发展，加强电子战技术研发，弥补多域作战概念中电子战能力空白，以应对未来大国之间的对抗。其发展的主要技术包括多频段电子攻击、电子战支持、测向以及定位技术，对多域电子战战略具有独特性和支持作用的电子战技术，加强电子战在直升机和中小型无人机上的应用。此外，美国陆军在网络电磁行动的战略框架下，加大了网络与电子战融合应用的技术发展。

四、装备发展上，俄罗斯推出一系列电子战新装备，美军加快装备升级改进

2018 年，电子战装备在全球范围内得到强劲的发展，多个国家列装了新型电子战装备，尤其是俄罗斯推出了一系列电子战新系统，成为全球电子战装备发展的焦点。美国不断进行电子战装备的升级改进，电子战能力稳步提升。

（一）电子战飞机稳步发展，美国对 EA－18G 和 EC－130 进行重大升级，俄罗斯研制新型电子战飞机，多国寻求列装电子战飞机

2018 年，电子战飞机的发展备受关注。美国海军对 EA－18G“咆哮

者”电子战飞机进行重大升级改造，为该机增加基于人工智能的认知电子战能力，并启动了 EA－18G 未来核心载荷“下一代干扰机”的低波段干扰能力的研制工作。美国空军积极推进 EC－130H 电子战飞机的载机替换工作，从 2018 年开始将 EC－130H 电子战飞机上的电子系统移植到新的 EC－37B 平台上。

2018 年，俄罗斯宣布正在开发一种新型电子战飞机，可以对卫星实施干扰，并指出该项目目前已经完成概念论证，即将进入开发设计阶段。

日本近年来大力发展电子战飞机。2018 年 2 月，日本航空自卫队新型 RC－2 ELINT 飞机进行了首飞，同时日本还积极谋求从美国购买先进的 EA－18G 电子攻击飞机。法国宣布将采购 3 架“美食家”（Epicure） ELINT 飞机以替代老化的 C－160G 侦察飞机。

（二）机载电子战装备持续升级，四代机电子战系统加速改进，空射诱饵成为发展热点，雷达告警接收机性能不断完善

2018 年，机载电子战装备持续升级，性能不断提升。为应对快速变化的威胁环境，各国空军都加快了四代机电子战的升级改进。2018 年，美国海军对 F/A－18 的电子战系统进行了重大升级，订购了 94 部综合防御电子对抗系统。瑞典对“鹰狮”E 战斗机的电子战系统进行了改进，其“多功能电子战系统”代表了当前欧洲机载电子战的最高水平。8 月，俄罗斯宣布将为 Su－30SM 战斗机装备 SAP－518 电子干扰吊舱，以大幅提高 Su－30SM 战斗机在面对敌方防空系统时的生存能力。

空射诱饵取得重大进展，成为机载电子战发展的一个热点。8 月 23 日，美国 MALD 系列中最新的 MALD－X 完成了一系列电子战技术飞行演示。美国空军授出价值 9600 万美元的合同，继续采购 MALD－J。欧洲国家大力发展“亮云”诱饵，计划用于“狂风”“台风”和“鹰狮”等战斗机。5 月，英国皇家空军正式批准将“亮云”诱饵装备到“狂风”战斗机上。

在机载电子侦察领域，雷达告警接收机加快朝全数字化方向发展。2018 年 3 月，美国空军确定未来将采购 779 套 AN/ALR－69A（V）全数字化雷达告警接收机，用于装备战术飞机和大型飞机，同时还签订了对外军售合同向日本提供 ALR－69A（V）。

（三）地面电子战蓬勃发展，俄罗斯引领全球陆基电子战装备发展，美俄列装多型地面电子战新装备

2018 年，俄罗斯继续引领全球地面电子战装备的发展。美国则在地面电子战能力建设方面取得了重大进展，是其地面电子战装备近年来发展最快的一年。

2018 年，俄罗斯列装并部署了“季夫诺莫里耶”战略电子战系统、“频谱”车载电子战系统、“撒马尔罕”电子战系统等新型地基电子战装备，并在多种作战和演习中得以应用。与此同时，美国陆军开始研制面向未来潜在重大作战行动，适应更为复杂作战场景的电子战装备，列装了新型电子战战术车，这是美国陆军旅级电子战分队自成立以来首次具备电子干扰能力。美国陆军还加大了对“电子战规划与管理工具”的应用，其中“能力投放”1 型已部署于欧洲战场，“能力投放”4 型系统开始研制。其他国家也高度重视地面电子战装备的研发，在 6 月份主办的欧洲防务展上，法国、捷克、西班牙、芬兰、丹麦等多个欧洲国家都展示了先进的地面电子战装备。此外，日本在“富士火力”军演中首次展示并应用了新型车载“网络电子战系统”。

（四）舰载电子战装备发展有序推进，美国海军 SLQ－32 持续升级、水下电子战获得重视，欧洲多国列装舰载电子战新装备

2018 年，美国海军稳步推进海上电子战装备建设，SLQ－32 系列持续改进，第一批两套水面电子战升级项目（SEWIP）BLOCK 2 电子战系统列装。该系统是 AN/SLQ－32（V）6 的可扩展、低成本版本，系统型号为 AN/SLQ－32（V）6C。AN/ALQ－248“先进舷外电子战”项目顺利通过关键设计评审，AN/BLQ－10 潜艇电子战系统完成升级。

英国等国家在舰载电子战装备上取得较大发展。2018 年，英国皇家海军在“卫士”号 45 型驱逐舰上首次安装了 AN/SSQ－130（V）“舰船信号利用设备”“增量 F”通信电子支援措施系统，并开始实施海上电子战项目第二阶段的工作。加拿大升级 AN/SLQ－503 舰载电子对抗系统，并计划为 12 艘护卫舰购置和安装“多弹药软杀伤系统”诱饵发射器。法国泰利斯公司推出了新型“殿下”－H 通信电子支援措施/通信情报系统。

（五）无人机电子战迅猛发展，多型无人机电子战载荷面世，电子战反无人机装备稳步发展

2018 年，世界各国都加大了无人机载电子战系统的研发和应用。8 月，美国陆军计划为 MQ－1C“灰鹰”无人机装备“空中多功能电子战”系统。MQ－9B 无人机则集成了“圣贤”电子战监视系统。俄罗斯近年来也发展了多型电子战无人机，并在乌克兰和叙利亚战场上得到了应用。2018 年 4 月，俄罗斯宣布将对其最先进的 Korsar 无人机进行升级，配备电子战系统和其他侦察设备。以色列正在为无人机开发新的电子战载荷。土耳其也在大力发展“安卡”－I 信号情报无人机。

近年来，反无人机成为引人关注的新领域。利用电子战手段反无人机也得到快速发展。2018 年，全球多个国家都推出或完善了反无人机电子战装备。

五、结束语

随着电子战发展成为平战结合、攻防兼备、多维一体、具备战略威慑能力与战术进攻能力的新型作战力量，电磁频谱空间已成为大国博弈的重要战场。展望未来，电子战将加速转型发展，涌现出更多具有颠覆性的新技术和新装备，成为军事斗争的制胜力量。

（中国电子科技集团公司第二十九研究所　朱松　王燕　常晋聃　王晓东）

2018 年信息系统领域科技发展综述

信息系统是信息化战场的“耳目”“神经”和“大脑”，主导和支配着所有战场力量与作战行动，是保障全域作战、联合作战能力的关键。信息系统领域也是前沿科技发展的高地，受到世界各国高度重视。美国国防部在 2018 年 1 月发布的新版《国防战略》报告摘要中将先进计算、大数据分析、自主性等技术发展列为影响国家安全的关键因素，指出要对 C^4ISR、网络防御等领域持续进行投资。根据新版《国防战略》，美国政府、各军兵种从作战概念、国防预算、系统建设、技术应用等多方面制定发展规划，旨在提升国防信息系统作战能力、维持美军作战优势。除美国外，俄罗斯、欧洲、日本等国家和地区也在积极推动量子信息、人工智能、太赫兹等前沿技术的发展与军事应用。在作战需求牵引与先进技术推动下，国防信息系统进一步向数字化、网络化、智能化方向发展。

一、战略规划计划频繁出台，布局信息系统未来发展

（一）顶层战略文件明确发展方向

2018 年 1 月，美国国防部发布新版《国防战略》，对美国当前面临的战

略环境、国防部的目标以及战略措施进行了阐释，其中提到：发展从战术到战略层面的弹性、网络化、高可靠的 C^4ISR 系统；优先投资网络防御能力，实现网络与全面军事行动的集成；广泛投资自主系统、人工智能、机器学习在军事中的应用。新版《国防战略》为美国军事电子发展指出了重点方向，在随后发布的《2019 财年国防授权法案》以及各军兵种战略文件中都体现了该战略的指导思想。

美国总统 2018 年 8 月签署的《2019 财年国防授权法案》大幅增加了人工智能、定向能等领域的经费投资，并提出：要高度重视网络空间安全，制定网络战和网络威慑政策，改革国防部网络安全机制，发展网络安全相关技术；将人工智能、机器学习、量子信息科学及定向能等列为优先技术领域，采取建设专职机构、部署重点项目等措施推动这些前沿技术发展和军事应用。

在军兵种层面，美国陆军 2018 年 12 月发布《2028 多域作战中的美国陆军》文件，进一步完善了 2017 年发布的“多域战”概念，将多域作战行动从战斗、战术拓展到战役和战略层，旨在从更广范围内实现陆、海、空、天、网跨域协同以及电磁频谱、信息环境和认知维度等领域密切协同；美国陆军 6 月还发布了《2028 年陆军愿景》文件，提出了陆军未来 10 年的军事力量发展设想，将指挥控制网络、新型防空反导系统列入六大现代化优先事项，并强调开发试验自主系统、人工智能和机器人技术；美国特种作战司令部在 5 月举行的特种作战部队工业展上发布了十大技术需求，其中包括通信保障、远程 ISR、信号管理、定位导航授时等电子信息技术，这也是为响应新版《国防战略》提出的应对大国冲突的要求，发展高精尖关键技术、推动特种作战能力提升所需要的。

（二）密集推出各领域战略与计划

指挥控制、情报侦察、预警探测、通信、定位导航授时等是构成国防信息系统的基本要素，2018 年美国在这些专业领域的发展上也进行了新的布局或指出了重点方向。

2018 年 6 月，美军发布新版《JP 3 – 32 联合海上作战的指挥与控制》，对合成作战、特定海上作战的指挥与控制以及关于海上作战域感知相关条令进行了修改，更加重视各类海上力量的联合，反映了美国海军在联合海上作战的指挥与控制方面新的考量。

2018 年 7 月，美国陆军签署了新的《信号情报战略》，该战略从物资、组织和理论角度将信号情报、电子战和网络进行整合，旨在大幅改善陆军信号情报部队的能力。8 月，美国空军发布《下一代情报、监视与侦察（ISR）优势飞行计划》，按照新版《国防战略》的要求，通过调整目标、方式，以及评估从人力密集型宽松环境转型至均势对手威胁环境下的人机编队方法，重新定位了 ISR 体系。9 月，美国陆军发布新版《ADP 2 – 0》情报条令，为“多域作战”背景下的情报支援提供了通用架构，更加强调联合与协作。

2018 年 7 月，美国陆军公布了《任务指挥网络现代化实施计划》摘要，基于美国陆军当前和未来作战场景以及陆军任务指挥网络面临的挑战，确立了美国陆军网络关键作战需求和实现这些需求的网络现代化战略。

2018 年 12 月，美国总统签署《国家授时弹性和安全法案》，要求建立 GPS 的地面备用授时系统，确保该系统在 GPS 信号不可靠或不可用的情况下，能够继续为军事和民用用户提供可靠的授时信号。

（三）加紧布局前沿技术发展与应用

在人工智能、无人系统、量子信息、区块链等前沿技术领域，美国、俄罗斯、欧洲等国家和地区加紧布局，积极推动前沿技术在信息系统领域的应用。

在人工智能领域，美国国防部2018年6月成立联合人工智能中心（JAIC），旨在统筹管理相关项目，加速技术验证和应用，建立国防部通用的人工智能标准、工具、共享数据、可复用技术和专业知识，同时还计划成立人工智能和机器学习政策与监督委员会，在国防部层面推动相关研究、创新和采办工作。作为JAIC的支撑，美国陆军10月成立人工智能工作组，负责领导陆军的人工智能工作并支持国防部人工智能项目，推进机器学习、深度学习、数据科学和人工智能硬件在陆军网络中的应用；美国空军11月成立人工智能跨职能部门团队，重点研究人工智能相关规划，从法律、人员到后勤保障等领域对人工智能应用的理解，以及与情报行动和全范围作战有关的内容。2018年9月，美国国防高级研究计划局（DARPA）宣布实施“下一代人工智能”计划，未来5年投入超20亿美元资金，推动第三次人工智能技术浪潮，当年启动了“机器常识”（MCS）、“少标记学习”（LwLL）、“物理人工智能”（PAI）等一系列项目，开展相关研究。英国国防部2018年5月宣布在国防科学技术实验室（DSTL）中设立人工智能旗舰实验室，聚焦人工智能、机器学习和国防数据科学，旨在增强英国将人工智能技术用于国防和安全挑战方面的能力。

在无人系统领域，美国国防部和美国海军2018年均发布了新版路线图。2018年8月，美国国防部发布《2017—2042年无人系统综合路线图》，这是上一版路线图发布4年后的更新版，确定了无人系统发展的4个纲领性主题，即互操作性、自主性、网络安全和人机协作，并特别强调人工智能在无人系统发展中的重要性。3月，美国海军完成《海军部无人系统战略路线图》，为无人系统纳入海军作战的各个方面提供指南，阐释了海军无人系统愿景、运用概念、体系目标等，并甄别出无人系统运用在政策、操作员信任度、条令、兵力结构、采办、技术开发等方面的障碍，指出只有克服这些障碍才能真正推动有人—无人编队的发展。

量子信息技术代表了未来信息技术发展的战略方向，已经成为世界主要国家和军队进行高新技术竞争的重要领域，各国积极在该领域进行顶层规划和技术布局，以抢占竞争高地。2018 年 12 月，美国总统签署《国家量子计划法案》，计划未来 10 年内向量子研究注入 12 亿美元资金，由美国能源部、商务部和国家科学基金会配合联邦政府共同落实量子计划项目。11 月，欧盟推出量子技术旗舰计划，并发布了报告《基于地平线 2020 框架的量子技术支持》，提出“要统一部署建立服务于量子技术的基础设施，包括量子通信地面网络和量子卫星”，目标是建设覆盖全球的量子互联网。

区块链技术具有数据可靠、去中心、去信任等特性，在战场安全通信、自主安全指挥控制等国防领域显现出巨大应用潜力，受到世界主要军事强国的高度关注。近年来，美国在区块链技术军事应用方面布局了一系列研究项目。2018 年 7 月，俄罗斯国防部也宣布组建区块链研究实验室，探索开发以区块链技术为基础的智能系统，用于网络攻击识别与关键基础设施保护。

二、前沿技术应用愈广愈深，引导信息系统能力变革

（一）体系集成技术助力联合作战能力形成

未来战争中，体系对抗将是联合作战的主要表现形式。基于信息系统的作战体系将侦察、探测、通信、干扰、打击、评估等各种作战单元进行无缝链接，使其释放出更大的作战效能，极大增强整体作战能力。美国近年开展了多个体系集成相关研究项目，2018 年取得了较大进展。

2018 年 7 月，DARPA 和洛克希德·马丁公司臭鼬工厂共同完成了“体系集成技术与试验”（SoSITE）项目一系列飞行试验，演示了地面站、飞行试验台、C－12 飞机和试验飞机之间的互操作性，验证了使用“缝合”（Stitches）技术在这些系统之间传输数据的能力。SoSITE 项目旨在通过分布式空战体系架构研究，发展能够将任务系统/模块快速集成到体系的技术，研究验证体系对抗的有效性以及体系架构的稳定性。此次试验成功验证了多个系统之间自动组合、实时互联、信息融合的能力。SoSITE 项目开发的体系集成技术将成为支撑未来战场环境中跨域作战行动和维持作战优势的重要基础。

此外，DARPA 还开展了“分布式作战管理”（DBM）和“跨域海上监视和瞄准系统”（CDMAST）项目，探索空战和海战中的体系集成技术。2018 年 2 月，BAE 系统公司披露 DBM 项目飞行试验情况，验证了作战辅助决策系统在空中编队协同作战中的应用；4 月，雷声公司获得合同开展 CDMAST 项目第二阶段研究，将对海上分布式作战体系结构进行试验，演示验证作战效能与可靠性。

（二）量子信息技术推动计算、传感、导航能力颠覆式提升

量子信息技术是当前最具颠覆性的前沿技术之一，为计算、传感、导航等诸多领域带来新的机遇，并为世界新军事变革提供强大动力。

量子计算的强大算力可在战场规划、组织决策、后勤保障等方面发挥巨大作用，2018 年“量子霸权”（即量子计算设备解决传统计算机不能解决的问题的潜在能力）争夺依然激烈。1 月，英特尔公司展示了 49 量子位的超导量子芯片；3 月，谷歌公司发布了 72 量子位的量子处理器“狐尾松”；3 月，Rigetti 公司公布了可用于云访问的 19 量子比特芯片。

量子雷达是基于量子力学基本原理、主要通过收发量子信号实现目标探测的一种新型雷达，具有探测距离远、可识别和分辨隐身平台及武器系统等特点。2018 年 4 月，加拿大沃特卢大学研究人员宣布开发量子雷达技术，可穿透强背景噪声将包括隐身飞机和导弹在内的目标以极高的精度识别出来；9 月，英国约克大学研究人员在第 15 届欧洲雷达会议上宣布开发出量子雷达样机；11 月，俄罗斯无线电技术与信息系统联合企业对采用量子无线电技术的试验雷达进行测试，成功完成探测与跟踪空中目标的任务。

量子导航是利用基于量子精密测量的陀螺及惯性导航系统来进行导航，具有高精准、抗干扰等优势。2018 年 11 月，英国帝国理工大学在国防部支持下研发出世界首款量子导航设备，通过量子加速计测量物体速度随时间的变化，结合物体起点数据来计算所处的新位置。该设备完全独立于基于卫星的导航系统，不依赖任何外部信号即可实现导航功能。

（三）智能技术融入辅助决策系统，支撑作战指挥智能化发展

智能技术赋予辅助决策系统以快速融合、正确判断与精准执行的能力，让决策指挥效能成百上千倍地提升，并拥有极大的发展潜力。

2018 年 1 月，美国空军研究实验室启动“用于数字企业的多源利用助手”（MEADE）项目，旨在开发一种虚拟助手来帮助分析人员处理大量复杂情报数据。该虚拟助手不仅能基于已有信息源回答基于事实的问题，还能以对话形式为分析人员提供信息。4 月，DARPA 发布“罗盘”（COMPASS）项目公告（BAA），旨在开发一种应对“灰区”威胁的决策支持系统，帮助战区级联合作战司令部指挥官识别对手真正意图、进行正确高效决策；5 月，美国国防部 Maven 人工智能项目启动满 1 年，所开发的算法已在中东及非洲多地投入使用，从“扫描鹰”“死神”无人机搜集的海量数据中识别关键目标，将原始数据转化为可供指挥官做出作战决策的情报。

（四）太赫兹技术为雷达、通信等领域赋予新能力

太赫兹波是指电磁频谱中介于微波和红外之间的电磁波，既具有微波频段的云雾透视性，又有红外波段的高分辨率和成像速度，具有优于红外的环境适应性和优于微波的工作性能。太赫兹一度是人类对电磁频谱研究的空白区域，但随着技术的发展，太赫兹在雷达、通信、材料科学等领域的优越性逐渐显现。太赫兹技术在军事领域也具有广阔的应用前景，将为战场侦察、精确制导、反隐身、军事通信、电子对抗等提供新手段、赋予新能力。

DARPA 牵头开发的 ViSAR 太赫兹雷达在 2018 年 4 月举行的 IEEE 国际雷达会议上进行更为详细的展示。ViSAR 工作在 235 吉赫频段，研制的主要目的是解决烟雾、沙尘等恶劣战场环境下空地支援作战面临的信息不连续、不清晰问题。ViSAR 在多次飞行试验中都显示了良好的地面动目标指示能力，生成了优异的 SAR 图像，验证了该频段的作战和射频性能。ViSAR 进入部署应用后，将显著提高有人机和无人机对地打击实时战术态势感知能力。

太赫兹通信方面，2018 年，泰克公司联合法国电子、微电子及纳米技术研究院（IEMN）演示了通过单载波无线链路实现 100 吉比特/秒的数据传输速率。演示采用了先进的数据编码、太赫兹光子学及宽带设备和线性设备，根据最新发布的 IEEE 802. 15. 3d 标准，在 252 ~ 325 吉赫频段实现了超快速无线连接。

（五）定位导航授时技术推陈出新，为深空、室内导航提供解决方案

传统卫星导航系统作为定位导航授时（PNT）体系的核心，2018 年在系统建设与应用方面继续推进。但卫星导航系统具有易受物理遮蔽和信号脆弱等弱点，在室内、地下、隧道、水下、高山或城市峡谷等环境中应用受限。2018 年，各国加强研发新型定位导航授时技术，在天文导航、视觉导航方面取得突破，为深空探索、室内飞行等任务提供时空信息保障。

2018 年，美国航空航天局（NASA）在空间环境中成功开展多次“空间站 X 射线授时及导航技术探测器”（SEXTANT）项目演示，验证了可使用毫秒脉冲星精确确定以每小时数千千米速度运动的物体位置。该技术将大大提升 NASA 未来非载人航天器对太阳系及以外太空进行探测的能力，为未来深空探测任务提供关键保障。

2018 年 7 月，DARPA“快速轻量自主”（FLA）项目成功完成第二阶段飞行测试，该项目开发的视觉辅助导航技术可使小型无人机在不依赖 GPS 导航以及外部操作员或传感器通信的情况下自主执行任务，在城市户外和室内自主飞行场景下都取得了重要进展。美国陆军航空导弹研发工程中心（AMRDEC）和雷多斯公司（Leidos）在 MQ－1C“灰鹰”无人机上对基于视觉的导航技术（VBN）进行了飞行测试，结果表明视觉导航生成的位置测量是精确的，具有极高的置信度。雷多斯公司在美国陆军坦克自动化研发中心（TARDEC）支持下，还在开发视觉综合空间评估器（VISE），这种导航系统能够充分利用可用信息源，在 GPS 拒止条件下，为地面平台提供高精度的位置信息。

（中国电子科技集团公司发展战略研究中心　方芳　彭玉婷）

2018 年后勤保障领域科技发展综述

为适应军事后勤转型发展，实现后勤转型预测精准、反应快捷、保障高效目标的需要，世界主要军事强国除在理论创新和体制机制上进行大刀阔斧的改革外，始终将国防先进技术视为提升各自国家后勤保障能力的重要途径和主要抓手，采取有效措施科学布局，精心规划、引领和推动前沿技术发展，取得了多项创新性成果，为保持和提升各自的后勤保障能力提供了重要技术支撑。

一、运用人工智能技术实现精准快速，凸显后勤保障高效性

人工智能技术具有广泛的军事后勤应用前景。2018 年，主要国家军队持续关注人工智能技术发展，通过调整优化人工智能技术发展管理机构、探索人工智能技术应用领域范围及效能、发布项目的需求信息等形式，加速推进人工智能技术在军事后勤领域的应用步伐。

一是调整优化人工智能技术发展管理机构。为促进人工智能技术健康有序发展，建立机构管理顺畅、机制运行灵活高效的技术发展管理体制，

以美国为代表的主要国家不断优化调整技术发展管理体制，以确保和推进人工智能技术研发和应用向纵深发展。2018 年 6 月，美国国防部成立了由新任首席信息官牵头的联合人工智能中心，通过并启动了一系列国家级人工智能项目。中心的主要任务和目标是，优化整合国防部人工智能研究力量，加快人工智能技术的研发和应用，保持并扩大美国在这一领域的优势。同月，英国国防部召开首届英美国防创新委员会会议，会上宣布启动人工智能实验室建设项目。启动人工智能实验室建设项目的主要目的是借助这一平台开展人工智能、机器学习和国防数据科学方面的研究。8 月，根据美国《2019 年国防授权法》，批准设立了人工智能国家安全委员会。该委员会的主要职能：科学谋划，精心布局，采取必要的手段和方法，推进美国人工智能、机器学习和相关技术的发展，以满足美国国家安全和国防需要；在进行全面审查、分析人工智能技术及系统研究和应用现状的基础上，在 6 个月内为国会和美国政府编写人工智能报告，提出发展建议。

二是探索人工智能技术应用领域范围和效能。人工智能技术广泛应用于军事后勤领域。随着人们对人工智能技术应用研究的不断深化和军事后勤转型的现实需要，美国等主要军事强国持续加大对人工智能技术应用的研究力度，将研究重点聚焦装备维修保障领域，探索人工智能技术在维修保障领域的应用范围及效能，取得了多项成果。

利用人工智能技术进行维修保障需求预测。为适应美军全球作战的需要，美军已建成陆军全球作战保障系统。该系统可向用户提供可视化能力和可操作的决策信息，避免了重要物资的重复申领，不仅可以大大减少预先运入战区的物资规模，节省保障费用，而且还可以提高物资补给的即时性和精确性。2018 年，为满足美军陆航部队对后勤信息的需求和共享，美军陆航部队已与陆军全球作战保障系统实现联网。为使陆航部队的后勤保障信息与全军实现共享，陆航部队的作战平台均安装了机身疲劳传感技术、预测和诊断技术，配备了智能组件。作战平台可凭借这些智能化技术进行自我感知，并适时监控可能发生的故障，为作战保障系统提供维修保障信息和数据。陆军装备司令部的项目和物资主管根据这些信息可以预测维修保障需求，进而调整优化需要采购、存储和维修的物资规模，从而使陆军能够以更少的零部件库存来满足全球保障需要。利用全球作战保障系统，平台主管可获知整个机队的运行状况，使管理人员做出更加科学的维修决策，以满足用户的维修保障预测需求。

借助机器学习技术进行装备故障诊断。随着机器学习技术在后勤保障领域应用范围的不断拓展，美军及时将机器学习技术引入装备维修保障领域，逐步扩展应用范围，加大研发和应用力度，加速推进机器学习技术的应用发展。2018 年 6 月，美国陆军与工业人工智能公司签订了一份价值 100 万美元的合同，借助机器学习软件对 M2A3 “布雷德利” 步兵战车部件的故障进行了预测和诊断，列出了故障代码、故障描述、严重程度和以往维修档案，从而对装备的故障做出了预判，装备可用率明显提升。工作原理是在步兵战车主要部件上加装传感器，传感器将数据传输到云端，预测软件可以对这些数据和车辆运行模式进行分析，从中预判和诊断战车的故障。

除了借助机器学习软件对装备故障进行诊断外，外军还采用超级计算机及其人工智能算法对装备故障进行预判和诊断，可使装备不再需要定期维护，减少用户对零备件的需求，压缩库存规模，优化供应链流程，从而最终降低后勤保障成本。

凭借增强现实技术，提升装备现场维修能力。增强现实技术就是以信息技术为载体，将无形的数字、信息和有形的人植入现实环境中，形成动感画面用以提高现场人员的实操能力。增强现实技术可以将数字和信息融入现实环境中，从而提供单一通用的实时界面，用于决策相关的关键信息，并提供执行功能，进而提升装备现场维修能力。鉴于此，美军加大了增强现实技术在后勤领域的应用力度。2018 年，美国国防部公布了增强现实技术在国防后勤局采购、后勤和分发过程中的潜在应用领域及其优势，从而消除没有价值的业务活动，提高增强现实技术在后勤领域应用的有效性和针对性。

三是美国陆军合同管理司令部发布项目信息需求。2018 年 5 月，为促进人工智能技术项目及时落地，满足科研主体对项目的信息需求，美国陆军合同管理司令部在对陆军的人工智能技术研究现状进行调查的基础上，发布了“人工智能与机器学习的技术、算法和能力”项目的信息需求，开展用于电子战、网络战、信号情报和大数据分析的人工智能技术的研究。

二、运用新能源技术满足战场需求，凸显后勤保障适应性

能源技术是确保和提升武器装备性能的关键技术，对保证武器装备发挥应有效能、达成战役目标具有重要意义。2018 年，世界主要军事强国以解决制约武器装备研发的瓶颈问题为牵引，着眼未来武器装备的发展和现代复杂战场的现实需要，重点并持续加大对以氢燃料电池、质子交换膜电池、固体氧化物电池等多种电池技术为代表的新型能源技术的研制和应用力度，研发了多项新技术和新产品，满足了复杂战场作战的需要，增强了武器装备能源保障的应用性。

一是将燃料电池作为地面装备动力电源，可以满足未来战场需求，实现静音供电、低热辐射和灵活燃料制备的目标。燃料电池作为坦克和装甲车辆的替代动力电源，可逐步取代现有的柴油发动机，从而推动装备驱动方式的变革。与传统动力电源相比，燃料电池新技术可大幅减少战车行驶

噪声，降低红外辐射程度，提高燃料制备的灵活性。采用这种新技术后可大大提升战车的隐蔽性，从而提高装备战场的生存能力。因此，外军持续加大对该技术的研发和应用力度，取得了新的进展。

美国军民合力研发氢燃料电池新技术。2018 年 10 月，美国能源部燃料电池技术办公室与美国陆军坦克与车辆研究开发与工程中心签署了一项谅解备忘录，双方将合作研发军民两用氢能和燃料电池技术，共同开展战术用途燃料电池车辆的研制工作。

美军氢燃料电池越野车参加实战演练。2018 年 1 月，美军的新型氢燃料电池车——雪弗兰科罗拉多 ZH2 高性能越野车参加了美军第 25 步兵师在夏威夷举行的实战演练。参训部队在丛林地形中对该新型氢燃料电池车进行了实战演练，测试证明车辆噪声减小，热源辐射降低，具有很好的隐身效果，有效满足了复杂战场对武器装备的适应性需求，达到了设计预期。

美国空军珍珠港—希卡姆联合基地展示氢燃料电池新技术。2018 年 2 月,美国空军在夏威夷的珍珠港—希卡姆联合基地进行了氢燃料电池车技术的展示和操作示范。展示结果显示，该车采用氢燃料电池新技术不仅环保而且还节能。有资料显示，该基地到 2045 年有望在美国首先实现可再生能源 100% 的目标。

二是将混合能源作为武器装备的动力电源，可以满足未来战场高机动、高能耗的需要，实现低排放、噪声小、无烟尘的目标。空天武器平台高机动、高能耗的特点要求其必须采用新的能源技术取代传统的柴油发动机，从而实现低排放、噪声小、无烟尘的目标。为解决这一制约武器装备发展的瓶颈问题，美军加强了对这一技术的研究，取得了新的突破和进展。

美国空军实机安装和测试混合动力发电机。所谓混合动力是指发电机以燃料电池和传统柴油作为燃料，共同为传统战机和第五代战机提供动力电源。2018 年 3 月，美国空军在埃德华兹空军基地对采用了新型混合动力发动机的 C－17 飞机进行了飞行测试，测试结果令人满意。这种新型混合动力发动机与传统以单一燃料为动力源的发动机相比，噪声小，无烟尘，低排放，在很大程度上改善了飞机维护人员的工作环境。该项新技术有望在美国空军推广使用。

三是将燃料电池作为潜艇和深远海装备的动力电源，可以满足未来战场需要，在高压、高寒环境下，实现安全可靠，持续供电和填补能源补给空白的目标。2018 年，新型电池技术在水下武器装备电源领域的研发和创新步伐明显加快，取得了开拓性的技术成果。研究表明，新型电池技术，特别是氢燃料电池技术是未来常规潜艇“不依赖空气推进装置”（AIP）系统最先进、最安全的技术方案之一。燃料电池技术在潜艇和深远海平台上的使用，必将改进和优化装备动力系统的体积、质量和效率，提高作战平台的航程和续航力，填补外军在深远海的电源补给空白。

美国海军提出并验证了“不受限制的海底动力”概念。2018 年，美国海军纽皮特海底战争中心委托美国特里尼能源系统公司，提出了一个“不受限制的海底动力”概念及其具体技术方案。概念的基本框架是，以特里尼公司的质子交换膜燃料电池技术为主导，形成一个由燃料电池喷射驱动泵、燃料站和对接站等部分组成，能够同时容纳4 个水下无人潜航器的海底能源补给站。补给站的储电量为 200 千瓦·时，工作深度可达 3000 米，其他旋翼平台或水面舰艇也可将各自的子系统接入补给站，进行自主对接、充电和重新启动。该系统能为中小型无人潜航器提供超过 1 万个工作小时的电源保障。8 月，该方案和样机已在美国海军高级技术演练中进行了测试验证，初步获得成功。

三、运用信息技术研发改造装备，凸显装备保障高效性

信息技术是提高保障装备性能，提升后勤保障力的倍增器。在现有装备基础上采用信息技术加以横向升级改造，使其具有横向协同性和联动性，从而大幅提升保障装备的整体效能是外军装备技术研发和改造的惯常做法。2018 年，外军始终将信息技术作为提升装备保障效能的重要抓手，不断拓展信息技术在装备保障领域的应用范围，相继推出一些新成果。

一是升级改造原有装备，提高战场态势感知能力。2018 年，外军以形成体系保障能力为目标，着力发展维修保障车辆技术。例如，美国通用动力公司研制的 LAV6.0 家族的新型抢修车和德国的“山猫”系列履带车中的装甲抢救车，除了具有防护能力强、机动性能好、模块化设计先进等优点外，重点升级加装了新的信息系统。LAV6.0 型抢修车采用了以网络化为中心的信息技术，加装了成套的车际信息系统和 GPS，具有很高的战场态势感知能力，可以满足现代战争和反恐行动的需要。“山猫”系列车辆配装了高性能计算机、车长周视观瞄镜、车载战斗管理系统，加装了先进的数字化甚高频、高频电台，能够与其他坦克、装甲车、上级指挥机关、友邻部队实现信息共享。这些信息技术的应用极大地提升了装备的战场态势感知能力，进而提高了装备的保障效能和效率。

二是利用信息技术研发脑机接口，提高战场伤病员处置水平。外军不断拓展信息技术在卫勤保障领域的应用范围，将研发的触角延伸到非手术神经技术领域，进一步提升了信息技术在卫勤保障领域中的应用水准，取得了新的突破。2018 年，美国国防高级研究计划局（DAPRA）进行了下一代非手术神经技术研究。该技术旨在通过无创或微创的途径建立大脑与肌

肉的接口，可在10毫秒内从1米^{3}的组织内读取高保真信息，并在大脑与肌肉间传输，且无须在使用者头部放入植入物。应用该技术有望通过大脑信号操作，指挥完成伤病员处置任务。

三是借助信息技术研发可穿戴装备，提高战场单兵减负和生存能力。可穿戴装备起源于20世纪60年代，完善成熟于信息时代，是可接穿戴或整合到服装或其他配件中，且可以通过软件和云端进行数据信息交互的新型智能化装备。随着信息技术在可穿戴装备上的大量运用，世界军事强国从提高作战人员态势感知、数据读取、通信联络、维持生命和减负增效的能力出发，强化信息技术在可穿戴装备研发上的应用力度，先后推出了信息化程度更高的可穿戴装备，有效保障了战场单兵整体战斗力的提升。例如，俄军的“勇士”-3未来士兵系统，配有一个带有电动机和动力电池的主动外骨骼，由现代化防弹护甲、附带士兵生理状态监控器的防弹头盔、防毒面具、通信系统与特制耳机、背包、水过滤器和医疗设备等数十个子系统与零部件组成。士兵休克后，头盔能自动产生电流用来刺激士兵大脑，使其恢复意识，大大提高士兵战场态势感知、通信联络、生命维持和减负增效的能力。

四、运用交叉融合技术研发新装备，凸显装备设计前瞻性

交叉融合技术就是根据科研目标的需要将与研究客体相关的技术聚合在一起，形成交叉融合的技术群，以满足对研究客体的技术需求。交叉融合技术具有技术门类多，彼此关联性强，在解决制约装备研发设计瓶颈上集中发力的特点，对确保装备设计理念的先进性、推动装备研发高质量发展具有重要的意义。鉴于此，外军着眼于复杂战场作战的需要，采用由控

制技术、仿生技术、生物医学技术、新材料技术、机器人技术以及3D打印技术构成的交叉融合技术，对新型外骨骼装备与4D打印技术进行了重点研发和测试，取得了多项进展。例如，2018年，美国国防高级研究计划局设计了一种脑控外骨骼，亦称有感知假肢。研发的主要目的是为脑控外骨骼设计一个灵巧控制上肢假肢的完全植入式的、模块化、可重塑的神经接口。俄罗斯也在加快研制新一代“单兵外骨骼”，有望在2020年装备部队。2018年，美国哈佛大学生物启发工程研究所与应用科学学院展示了新一代移动式多关节机器人外骨骼。该骨骼由穿在脚部、大腿和小腿上的防护服部件组成，通过优化穿在脚部附近的移动驱动系统并整合到军用帆布背包中，机械力借助电线传递，通过外衣的软组件引导到踝关节和髋关节，使机械护甲增加了脚踝和臀部的力量，以协助步行中的脚步运动。目前已与美国陆军研究实验室合作对该装备进行了实地测试。又如，2018年，美国陆军已开始启动4D打印技术的研发工作。4D打印技术在延续了以往3D打印技术特点的基础上增加了物体的变形维度。未来利用4D打印技术，研发者有望开发出轻薄小巧的防弹衣，既便于储存和携带，又可以自由伸展，并提供全面防护。4D打印出的半成品具有更强的可塑造能力和环境适应能力，可减少装备器材的种类和库存量，提高后勤保障效率。

这种将多种技术集于一身的装备研发设计理念先进，研发成本低、成效佳、效率好，是当前和今后一个时期外军后勤技术研发的主要发展方向。

（军事科学院系统工程研究院后勤科学与技术研究所　王毅）

2018年精确制导武器领域科技发展综述

各类精确制导武器已成为战场目标打击的主要装备，其相关技术的发展受到世界各国高度重视。制导、电子对抗、动力、引战等技术的进一步突破，使得导弹性能获得显著提升，战场适应性和多目标打击能力大幅提高，使用模式更加灵活。

一、大力发展高速或超长航时的先进弹用发动机

随着现代战争向海、陆、空、天、潜全方位发展，对导弹动力装置的性能提出了更高要求，主要军事国家重点研发高速或超长航时的先进发动机，并通过增材制造等技术创新设计思路、缩短研制周期。

（一）利用吸气式核涡轮喷气发动机技术可发展近乎无限射程的亚声速巡航导弹

2018年3月1日，俄罗斯总统普京向俄联邦议会发表年度国情咨文时表示，俄罗斯于2017年底在新地岛成功试射了“海燕”核动力巡航导弹，并通过视频动画对其飞行画面进行了展示。在飞行试验中，导弹的动力装

置达到了预期能力。“海燕”核动力巡航导弹是一种亚声速巡航导弹，推断该型导弹采用了吸气式核涡轮喷气发动机，采用核反应堆衰变放热，将空气加热至几千摄氏度，推动涡扇发动机转子产生推力。使用这种动力形式的导弹巡航速度为亚声速（推测“海燕”的飞行马赫数 0.6 ~ 0.9），巡航时间将会提高数十倍，可对全球任何地点的任意目标实施打击，并可规划复杂飞行路线绕过防空系统。

（二）改进冲压发动机技术高速飞行性能

冲压发动机以空气为氧化剂，具有重量轻、推重比大的优点，是发展超声速空空导弹、地空导弹和对陆攻击导弹的关键技术。

美国空军研究实验室于 2018 年 6 月 8 日发布了“高速作战系统支撑技术”（ETHOS）项目首个科研合同招标公告。根据公告，美国空军研究实验室计划授出两份总额 1000 万美元的合同，用于完成双模态冲压发动机的详细设计、试制、直联式及自由射流试验。在双模态冲压发动机中，燃烧室内的燃烧方式有亚声速和超声速两种模态，可通过调节燃烧模态实现发动机在马赫数 3 ~ 6 的速度区间内工作。

印度国防研究与发展局于 2018 年 5 月 30 日在奥里萨邦昌迪普尔发射中心完成了固体燃料冲压发动机推进导弹的技术演示飞行试验。这是印度首次进行固体燃料管道冲压发动机试验，成功完成了所有预定目标。印度的固体燃料冲压发动机可能用于未来导弹改型，如“阿斯特拉”空空导弹的超视距改型。

（三）发展推力可变的固体火箭发动机，支撑高超声速武器需求

2018 年，美国陆军和 DARPA 开展的“作战火力”（OpFires）联合项目，旨在开发一种移动式地基高超声速导弹助推系统，采用固体火箭发动机技术，可以根据任务需求在不同射程内发射各种有效载荷。项目第一阶段周期1年，初步开发和验证助推系统的可变推力能力，此阶段将开展包括组件可靠性和系统兼容性战术环境等在内的系列子系统测试。项目第二阶段将通过实时和静态点火测试来改进设计并展示性能，预计将在2020年底进行。项目第三阶段将侧重于武器系统集成，并将于2022年进行端到端发射和飞行测试。航空喷气·洛克达因公司在2018年为“作战火力”项目完成了两次适用于空中发射的模拟极冷和热浸条件下的高级战术助推器热车试验。

（四）增材制造技术加快推进系统燃料及关键部件的生产

增材制造技术应用于动力系统可缩短制造周期，降低生产成本，还可支撑创新型动力系统设计方案。

航空喷气·洛克达因公司于2018年6月成功采用3D打印制造技术制造的新一代RL10发动机推力室成功完成了一系列热燃烧试验。此版RL10发动机推力室使用复杂的拉制不锈钢管阵列，这些管被钎焊在一起形成推力室。将增材制造技术结合到该推力室生产流程中可使交付周期缩短数月，从而降低生产成本。最新测试表明，通过使用增材制造技术系统地打印和组装一款发动机，可以在原先几分之一的时间内以较低成本复制性能经过验证的推力室，并通过子系统测试和验证来探索新的发动机设计方法。

印度科学研究院于2018年6月采用增材制造技术成功制得不同内孔形状的高氯酸铵/端羟基聚丁二烯/铝粉复合固体推进剂。该技术具有独特优势：一是制备过程中无需使用模芯，不受药柱内孔形状限制，打破了现有工艺难以制备复杂内孔形状推进剂的局限；二是通过依次打印不同能量密度的推进剂浆料，可使推进剂药柱能量沿轴向递变，实现燃速可控或燃速渐变；三是可减少单室多推力火箭发动机内绝热层的使用，提高其装药重量比和效能，满足弹药对可控推进的需求。固体推进剂增材制造技术的工艺再现性好，适于放大规模。未来，通过进一步优化推进剂浆料流变性能和挤出喷嘴尺寸、选用合适支撑结构、将浆料直接打印到发动机壳体内并进行原位固化，可以制得大尺寸常规和特殊药型推进剂，更好地实现智能弹药的可控推进。

（五）发展不敏感装药火箭发动机，加强作战安全性

不敏感装药火箭发动机旨在增强作战人员安全性，并减少间接伤害。诺斯罗普·格鲁曼公司的不敏感装药火箭发动机于 2018 年 9 月成功完成飞行试验，后续还将继续投入大量资源，开发符合或超过当前不敏感弹药要求的固体推进剂及发动机技术，包括专为大批量生产和被动热减缓系统设计的不敏感推进剂、低成本复合材料弹体，这些技术可替代或增强传统的火箭发动机系统，且不会影响发动机性能和可靠性。目前，诺斯罗普·格鲁曼公司已获得洛克希德·马丁公司为制导火箭弹提供不敏感装药火箭发动机的批量生产合同，还在研发和试验用于其他军事应用的类似火箭发动机技术。

二、推动多种新型制导技术发展应对复杂战场环境

2018 年，多款多模制导导弹陆续完成研发试验，各国积极在导弹制导领域进行先进技术的应用探索。

（一）多模复合制导技术成熟度不断提升，进一步提高制导武器应对复杂威胁的能力

与单一模式制导方式相比，复合制导技术结合了不同制导技术的优点，更能适应现代战场复杂环境的作战需求。双模、多模复合导引头的应用可以增加导弹武器的探测距离，提高目标识别概率、捕捉概率，并最终提高导弹的命中精度；还能够有效识别目标的伪装和欺骗手段，更有效地对抗

电子干扰，大大提高武器装备的突防能力和生存能力。因此，复合制导技术成为当前精确制导武器的重点发展方向之一，技术成熟度不断提升。

首款采用半主动激光/毫米波雷达/红外成像三模末制导技术的精确制导武器“小直径炸弹Ⅱ”于2018年4月完成了开发试验。通过使用三模末制导技术，“小直径炸弹Ⅱ”可为战术飞机提供打击移动和静止目标能力，还可重新定位目标，并适应各种气象条件，降低附带损伤。

双模制导技术被更多武器型号采用。美国“联合空地导弹”（JAGM）于2018年6月完成工程研制（EMD）阶段开始低速率初始生产（LRIP），该型号在AGM－114R“海尔法”导弹基础上换装了半主动激光/毫米波雷达双模导引头。美国改进型“海麻雀”Block 2中程舰空导弹于7月完成首次制导飞行试验，该型号将原型的半主动雷达导引头改为新型主动/半主动双模雷达导引头。美国与日本于9月合作完成“标准”－3 Block 1B导弹拦截试验，该型号采用改进的双色成像导引头。

（二）发展非卫星导航技术保障强对抗环境下的导航定位能力

国外广泛探索非卫星导航技术，保障飞航导弹在本国卫星被摧毁、卫星信号无法覆盖或被干扰等复杂战场环境下仍然具备有效的导航定位能力。

美国国防高级研究计划局（DARPA）于2018年5月透露，“对抗性环境中的空间、时间和方位信息”（STOIC）项目已进入外场测试阶段。该项目探索使用超低频（VLF）信号在GPS拒止环境中执行导航定位和授时的可能性，已完成概念设计、行业研究、分析、建模、仿真和用于概念验证的数据收集等工作，预计2019年4月至5月完成演示验证。

DARPA于2018年5月向BAE系统公司授出“导引头成本转换”（SEC-TR）项目第二阶段合同，标志着该项目完成了全部的关键技术设计验收评审，性能指标满足精确制导武器作战需求，即将开展从验证到量产转化工作。该项目旨在研制、设计、集成、验证一种可全天候工作的捷联光电/红外导引头，在进入强对抗环境中能够利用成像传感器进行目标识别、定位、瞄准，导引头还需满足尺寸小、重量轻、功耗低、成本低的要求。

（三）机器视觉技术改进光学导引头自主目标识别能力

美国陆军研究实验室（ARL）2018 年 1 月发表论文，透露在基于机器视觉的制导技术方面的研究情况。美国陆军计划为制导炮弹配装光电或红外导引头，使其能够在 GPS 拒止环境下实施精确打击并能够攻击移动目标。不过，制导炮弹无法在发射前锁定目标。为此，美国陆军研究实验室正尝试将计算机视觉方面的技术应用于制导炮弹，使其能够自主识别目标，以提升作战效能。美国陆军研究实验室设想的作战使用方式为：由无人机等前线侦察装备获取目标及其背景的图像，并利用这些图像对制导炮弹配装的目标识别算法进行快速训练，使其掌握目标特征。制导炮弹发射后，目标识别算法会根据导引头捕获的图像识别目标，并配合导引规律，控制炮弹对目标实施精确打击。美国陆军研究实验室在论文中讨论了“随机蕨”和“归一化互相关”两种机器视觉算法在炮弹制导中的应用，并进行了仿真试验。

基于机器视觉的制导技术可以提高制导炮弹、制导迫击炮弹等多种制导弹药的作战自主性，使其具备“发射后不管”能力，提高士兵作战的安全性和灵活性。采用这种制导技术的炮弹能够在 GPS 拒止环境下使用，使美军在与俄罗斯等执行“反介入/区域拒止”策略的国家作战时仍能维持精确打击能力，满足未来作战的需求。此外，这种自主制导技术还将支持弹药协同/集群作战能力的开发。

（四）美国陆军为导弹红外导引头设计新型绝热和隔离振动技术

美国陆军于 2018 年 5 月公布，正在通过“鲁棒性导引头光机械”项目为红外成像导引头设计新型绝热和振动隔离机械结构，新结构将取代成像导引头中原有的移动部件、万向节、复杂透镜等昂贵部件。该项目采用拓扑优化算法计算出独特形状的复合材料结构填充导引头镜头和相机焦平面周围的空间，保持导引头性能不受温度和振动影响。该项目由美国陆军航空和导弹研发中心与材料科学公司合作，初期将设计简单长波红外热像仪的机械绝热结构，以验证这种方案的可行性。

三、电子对抗技术发展增强武器突防能力

防御方防空雷达和电子干扰措施已成为精确制导武器重要威胁，国外重视发展弹用电子对抗能力。

（一）开发可增强精导武器电子战能力的新型三维微型数字射频存储器

2018 年 3 月，美国水星系统公司开发出一种可提升精确制导武器电子防御能力的新型三维微型数字射频存储器。该存储器采用三维堆叠技术制造，具有优化的模拟电路和数字电路结构，可满足在小型智能武器内集成所需的机械完整性和尺寸、重量、功耗要求，更易于集成到精确制导武器中，使其具备对抗敌对电子攻击的自我保护能力。

（二）为巡航导弹加装电子战自卫突防系统

2018 年 11 月，俄罗斯无线电电子技术公司透露其弹载电子战系统已完成所有试验并进入大规模生产阶段，Kh－101/102 等先进巡航导弹正在加装该电子战系统。巡航导弹加装电子战系统可对敌方防空系统进行干扰和欺骗，降低防空系统对巡航导弹的探测概率和拦截成功率，加强巡航导弹突防效能。

四、先进高能材料、引战技术提高精导武器毁伤能力，缩短研发周期

2018 年导弹战斗部技术中，主要通过发展关键技术提升战斗部毁伤能力、提高战斗部生产效率、降低战斗部成本。

（一）发展先进高能含能材料，为先进精确制导武器提升毁伤能力

2018 年 6 月，美国陆军研究实验室宣布和得克萨斯理工大学的研究人员制备出一种由 TNT 和新型纳米铝颗粒组成的新型炸药，可显著提升毁伤效能。

研究人员首先制备出一种新型纳米铝颗粒，并使用六水合碘酸铝取代氧化铝薄膜包覆在纳米氧化铝表层形成核壳结构，六水合碘酸铝薄膜可有效地阻止晶态铝核的氧化，最大限度地避免纳米铝颗粒失活。将上述具有核壳结构的纳米氧化铝添加到 TNT 炸药中即得新型高能炸药。激光诱导空气冲击波试验证实，这种新型混合炸药爆速提升了 30%。这项成果有助于扩大美国陆军武器系统杀伤范围，提升毁伤性能，有望在美国陆军“远程精确火力”精确制导武器现代化项目中发挥重要支撑作用。

（二）为防空导弹研制新型战斗部，使其具备更强的防空能力

2018 年 9 月，美国陆军展示了一款配有新型近炸战斗部的“毒刺”导弹，使其具备更强的反无人机能力。美国陆军完成了新型“毒刺”导弹与 9 架无人机系统的对抗测试。

早期的“毒刺”导弹使用“命中即毁”方式打击目标，需要极高的精度，而无人机的飞行路径难以预测，加大了“毒刺”导弹命中难度。近炸战斗部可有效解决这一问题。目前，美国已经完成了对“毒刺”导弹和近

炸引信战斗部的测试，预计 2019 年 2 月发布测试和评估报告后决定是否采购。

（三）优化钻地战斗部技术，保证精确打击威力的同时降低附带毁伤

钻地战斗部用于毁伤地面加固目标和地下/半地下设施等高价值或防护型目标。目前，国外主要针对钻地战斗部技术进行优化，在一定程度上提升侵彻能力和侵彻深度的同时，对目标实施精确打击并降低附带毁伤。

2018 年 5 月，以色列军事工业系统公司在新加坡航展上首次披露了 MPR 钻地弹战斗部家族，该系列战斗部提高了线性侵彻能力和侵彻深度，装有该类型战斗部的钻地弹对高价值目标实施精确点打击的同时，可降低附带毁伤。MPR 系列钻地弹在构造和重量方面与 MK－80 系列通用炸弹相同，可与多种飞机和制导套件兼容，但 MPR 钻地弹杀伤半径小于 MK－80 系列，而穿透能力增强。以色列军事工业公司称，该钻地弹可增加作战灵活性，并减少非战斗人员风险。以色列军事工业系统公司研发的 MPR－500 钻地弹已服役于以色列空军，并在 2014 年加沙地带的“保护边界行动”中使用。MPR－500 钻地弹重约 227 千克，最大破片杀伤范围为 60～100 米，以 80°攻顶角度打击时可以穿透超过 100 厘米的钢筋混凝土。

（四）研发新构型可扩展破片战斗部，应用增材制造技术缩短研发制造周期

2018 年 3 月和 8 月，诺格创新系统公司（原轨道 ATK 公司）在得克萨斯州沙漠测试了部分组件由 3D 打印制造的高超声速武器战斗部——“杀伤增强武器”（LEO）战斗部，完成了战斗部爆炸试验，验证了该战斗部的可靠性、安全性和破片设计优化效果。3 月的试验是该公司首次对由 3D 打印技术制造的战斗部进行试验。

LEO 战斗部提升了打击区域目标和点目标的综合性能，也增加了侵彻能力并降低附带毁伤，LEO 战斗部设计不含有子弹药，杜绝了残留未爆子弹药的风险，可用于替换即将被淘汰的子母弹战斗部。LEO 战斗部重 22.7 千克，战斗部装药并非像传统弹药那样充满整个战斗部，而是以一层套管的形式套在弹体上，最外层覆盖着预制破片，炸药爆炸后，破片四散飞出，达到杀伤效果。LEO 战斗部最突出的优点是不会占用一个单独的舱段，使导弹内其他设备配置更为灵活。

该战斗部具有非常复杂的外形尺寸，五个主要部件中有三个采用增材制造工艺，该公司在两周内完成了战斗部制造，且有益于降低制造成本。试验结果表明，该战斗部与常规工艺制造的一样可靠。

（中国航天科工集团第三研究院三一〇所　宋怡然）

2018年先进防御领域科技发展综述

随着国防关键技术与前沿技术的不断突破与广泛应用，催生了以先进隐身战机、高超声速飞行器、无人机蜂群为代表的新的现实威胁，使空天攻防作战态势日益激烈。为应对不断升级的威胁，世界军事强国正加速推进先进防御技术发展，以期通过创新技术原理与设计方案等方式，为防御武器发展提供新途径，提高作战效费比，为应对战略竞争制高点提供支撑。

一、动能拦截技术

为应对射程更远、突防能力更强的弹道导弹，美国正致力于对现有动能拦截技术进行升级，一方面研发新型杀伤器提升命中率，另一方面通过改进动力系统提高拦截弹射程。

（一）新型杀伤器姿轨控技术研发取得新进展

为进一步提升反导拦截弹性能，美国持续推进“重新设计杀伤器”“多目标杀伤器”等新型杀伤器研发。目前，“重新设计杀伤器”完成姿轨控系统点火试验，计划2020年开展控制飞行试验，为部署“地基拦截弹”奠定重要基础；“多目标杀伤器”的概念研发合同已授出，正处于降低技术风险工作阶段，计划2030年完成研制。

姿轨控系统是动能武器最关键的分系统之一，直接影响动能武器的机动能力和控制精度。液体姿轨控动力系统具有推力大、比冲高、响应快等特点，适用于天基、地基反导拦截武器。地基拦截弹的双组元液体姿轨控动力系统由航空动力公司研制，采用N_2O_4/MMH推进剂；“多目标杀伤器”或将采用该公司研制的HAN基单组元液体姿轨控动力系统。HAN基单组元推进剂具有高比冲、高密度、低冰点、毒性小等特点，在空间飞行器的推进和姿轨控系统方面具有很高的应用前景，被认为是最有希望满足动力系统简单、安全、可靠、小型、廉价、高性能、环境友好发展需求的液体单组元推进剂，引起以美国为代表的航天强国关注。

（二）双脉冲固体火箭发动机点火技术值得关注

2018年1月，美日联合研制的“标准”-3 2A导弹拦截试验失败引起各界关注，本次试验失败的主要原因为导弹第三级火箭发动机点火失败。“标准”-3 2A导弹的第三级火箭发动机由日本研制，采用双脉冲固体火箭发动机技术，在原第三级MK 136发动机基础上增大了直径，使导弹获得更高的速度。

MK 136双脉冲固体火箭发动机采用了两级独立的装药，按指令两次进行点火，提高了能量管理的灵活性。其两个安全点火装置位于发动机的前端，第一次脉冲点火装置位于在发动机的前裙内侧，第二次脉冲点火装置位于前封头。发动机点火时，安全点火机构接收到电脉冲信号，变为“工作”状态，电发火元件和点火器之间通路接通，并且点火元件点燃点火器，爆炸产生的高温高压燃气传播到主装药位置，并引燃装药。为进一步优化双脉冲固体发动机点火装置结构，实现两次、快速、可靠的点火，多国正致力于研发脉冲发动机一体化结构设计，将两级脉冲点火器和隔离装置集成为一体，有效减小结构尺寸、减轻结构重量，同时也便于弹上电源控制。

二、定向能拦截技术

定向能技术的快速发展为防空反导拦截武器创新提供了可能，100 千瓦级以下的激光器技术已实现武器化，高功率微波技术在军事领域的应用研究范围不断拓宽，一旦部署或将对未来作战产生变革性影响。

（一）战术型固体光纤激光武器技术向 100 千瓦级迈进

光纤激光器以其光学效率高、光束质量好、发热量小、阈值低、易于保障和小型化等优点，成为战术型激光武器技术方案的首选。在防空领域，战术激光武器可部署于战车、舰艇、战机等平台，实现对火箭弹、炮弹、迫击炮弹、巡航导弹、空空导弹、无人机、低空飞行的战机等目标的拦截。

目前，30 千瓦级固体光纤激光武器技术发展趋于成熟。美军已针对该量级的多型激光武器样机进行了测试，成功摧毁了火箭弹、战车、无人机等目标。俄罗斯则宣布其新型“佩列斯韦特”车载高能激光武器系统已经交付部队，进入实战部署。此外，美军正以 100 千瓦级为目标，推进战术激光武器研制部署。美国陆军计划 2019 年将 100 千瓦级“高能激光战术车辆演示验证样机”集成至中型战术车辆上进行测试，2022 年开展全系统测试。美国海军正基于其舰载激光器研制的成功经验，研发 100 ~ 150 千瓦级“激光武器系统验证机”，该技术成熟后将部署“阿利·伯克”级导弹驱逐舰，争取 2025 年具备初始作战能力。美国空军启动 50 千瓦级“机载自卫高能激光武器”测试工作，计划 2021 年部署战斗机上，未来 5 ~ 10 年将功率提高至 100 千瓦级。

100 千瓦级光纤激光器要达到武器的实战化要求还需要解决高功率下的光束质量、光纤器的传输、大口径的发射天线等问题。根据这些问题可以预测，美军光纤激光器未来研发重点将集中在多路光纤激光输出光束合成技术，以及超短脉冲锁模光纤激光器、高功率飞秒量级脉冲光纤激光器、宽带输出并可调谐的光纤激光器等新型光纤激光器技术领域。此外，进一步提高武器平台的适用性、武器系统的可维护性，解决激光武器的光学器件易损性问题，研制更耐用的供能和冷却系统等也是高功率战术激光武器迈向实战化的关键。

（二）高功率微波技术在近程防御领域的应用潜力日益显现

高功率微波武器以其抗击距离远、抗击范围大、火力持续时间长、无需精确跟踪等特点，在近程防御领域展现出极大的应用潜力。

BAE 系统公司在美国海军水面舰艇 2018 年年会上展示了一款新型高功率微波武器系统。该系统主要由微波发射天线和光电搜索设备组成，具备独立搜索目标的能力，且不易受到雨、雾和战场障碍等环境影响，现已完成针对小型船只、无人机以及部分飞机和导弹目标的能力测试。该系统的微波源安装在舰艇甲板下面，发射天线安装在 MK38 近程防御火炮的基座上。MK38 火炮是美军水面舰艇目前装备最普遍的近程防御武器。BAE 系统公司表示，一旦美国海军需要，可将现有 MK38 火炮改装为高功率微波武器。此外，高功率微波武器防御巡航导弹也是近期研究的热点。研究表明，巡航导弹距离越近，高功率微波武器的抗击效果越好，其命中率和毁伤效果不受巡航导弹超低空飞行影响，能有效弥补防空导弹和高炮的不足。

未来，利用多部高功率微波武器进行分布式组网，或将成为一种抗饱和攻击的有效应对方案。多部高功率微波武器的波束可在威胁来袭方向上互相交叠，一方面使微波能量在空间进行功率合成，加强毁伤效果，另一方面可构成覆盖面足够大的防护网，实现更好的毁伤效果。若采用不同频率、不同极化方式的高功率微波武器进行组网，更可加强其在频域、空域和时域的互补性，进一步提高抗击效果。

三、先进目标探测与识别技术

由于现有雷达探测与识别技术已接近元器件物理性能极限，不能满足未来应对先进隐身飞机、高超声速武器的需求，各国纷纷开始探索应用微波光子技术、太赫兹技术、量子技术等原理的新方案，并推动原理样机的试验验证，加快技术应用步伐。

（一）机载微波光子雷达从技术研发转向样机生产

微波光子雷达是将微波光子技术全面应用于雷达收、发系统的一种新体制雷达，其突破了传统微波电子技术瓶颈，为探测低慢小、高快隐目标提供了新方案。世界主要军事强国均开展了微波光子雷达样机研制与试验工作。2018 年 7 月，俄罗斯 RTI 集团展示首条微波光子雷达激光器生产线，计划 2020 年生产机载 X 波段微波光子雷达。该雷达可对超远距离目标成像，快速判别飞机类型，显著提升战机目标识别能力。

微波光子雷达的优势主要体现在：克服了相控阵雷达的波束倾斜、孔径以及栅瓣抑制问题，实现大阵列远程探测、高精度测量和大角度覆盖；其瞬时带宽比传统雷达提升数倍，成像分辨率也随之提升；可实现集探测、跟踪、成像与目标识别等功能于一体，并快速协同反应；具备抗复杂电磁干扰能力，在强对抗电磁环境中具有较高可靠性。

目前，微波光子雷达已在目标探测、识别及电子战领域展现出极大的应用潜力，或将率先实现机载部署。此外，微波光子雷达还可部署天基平台与无人机，用于洲际弹道导弹真假弹头识别、高超声速飞行器探测跟踪与识别、小型无人机/无人机蜂群侦察识别等。

（二）太赫兹成像与合成孔径成像技术结合成为重要方向

太赫兹波兼具毫米波和长波红外波段的特性，具有脉冲宽度窄、穿透性强、传输速率高、抗干扰能力强等特性，可用于侦察、精确制导、探测微小目标、实施精确定位等，欧美国家均开展了太赫兹雷达技术研究，并通过试验对其关键技术进行了验证。在 DARPA“成像雷达先进扫描技术”项目支持下，美国休斯研究实验室开发出一种小型化、低成本新型太赫兹成像雷达，可实现不依赖自身与目标相对运动的高分辨率、高帧率目标成像，标志着下一代成像雷达技术研发取得重要进展。

相比微波/毫米波雷达与光学/红外成像，太赫兹成像技术具有更高分辨率和更快成像速度，且环境适应能力和伪装识别能力更强，性能基本不受恶劣环境影响，在提高对时敏目标的精确打击能力方面具有较大应用潜力。典型产生图像的合成孔径雷达通过在区域内移动平台发送雷达脉冲，编译合成一个高分辨率的图像。逆合成孔径雷达则是基于目标的移动，采用类似的工作原理合成图像。美国休斯研究实验室研发不依赖自身与目标相对运动的雷达意味着成像/波束控制技术的突破。

目前，太赫兹成像技术在机载合成孔径雷达领域的应用变得逐渐清晰。DARPA 围绕该项主题开展了一系列研究，典型项目包括“视频合成孔径雷达”和“成像雷达先进扫描技术”。前者结合了太赫兹波的穿透性、高频率带来的高成像帧速、小孔径天线和合成孔径雷达成像运动补偿简单等优势，可应用于地面目标探测与指示。后者借鉴太赫兹成像技术和微波关联成像技术，利用孔径编码天线改变目标区域太赫兹波空间幅相分布，构造具有显著时间—空间不相关性的辐射场分布形式，并通过计算合成进行成像，可实现不依赖目标运动的高清晰度三维成像。

（三）量子器件的发展为升级现有雷达性能提供新途径

与传统雷达相比，量子雷达通过对光子量子态的探测，实现超高灵敏度，可以探测到更微弱的信号，实现更远的探测距离；量子雷达发射功率低，降低了被截获和侦收的概率，同时，通过对信号进行量子态调制，增强目标和杂波、干扰信号的区分度，从而提升其抗干扰能力；量子雷达具有极高的灵敏度，在保持目标探测能力不变前提下，量子雷达所需的发射功率更低。目前，主要军事国家正致力于利用量子技术对现有雷达进行改造，实现其性能升级。

俄罗斯对首个采用量子无线电技术的试验雷达进行了测试，将“达里亚尔”远程雷达所有电子元件换成量子无线电组件，在不缩小目标探测范围的同时，使雷达站的体积减小、热辐射降低，但识别准确性和信号处理速度显著提高。加拿大滑铁卢大学量子计算研究所和纳米技术研究所启动量子雷达稳健纠缠光子源研发，旨在利用该项研究研制量子雷达，用其取代北美预警系统雷达站的部分雷达，以更准确地探测隐身飞机和导弹等目标。

未来，量子雷达在隐身目标探测和精密探测领域将发挥重要价值。通过将环境对雷达信号的干扰降至最低，对目标进行清晰成像，量子雷达对隐身目标探测将产生重大影响。此外，由于量子成像可将成像光路与探测光路分离，大幅提高探测灵敏度，受雨雪雾霾天气影响较小，将成为未来战场探测设备的主要组成。

四、新威胁防御技术

目前，高超声速武器、蜂群式无人机进攻已成为现实威胁，以美、俄为代表的军事强国正在加快相关技术发展与演示验证，以期尽快形成应对新威胁的解决方案。

（一）反高超声速目标防御技术探索研究全面启动

美军认为，高超声速武器具备“改变游戏规则”的能力，可以对时间敏感目标和其他高优先级目标发动几乎毫无预警的攻击。高超声速武器的飞行速度和机动能力使其能够突破或直接规避现有的导弹防御手段。美军现有的陆基和天基预警传感器组合还无法可靠地跟踪高超声速武器，并且其任何一种现役或在研导弹防御武器都没有能力应对这种威胁。为应对不断发展的高超声速导弹威胁，美国围绕高超声速目标防御的杀伤链、预警探测、拦截武器等技术领域，启动了多项研究项目。

在构建高超声速威胁防御“杀伤链”方面，美国导弹防御局计划未来6年投入7.32亿美元发展高超声速威胁防御能力，并发布“高超声速防御组件技术”“高超声速防御武器系统概念定义”“高过载气动控制”项目，研究早期识别技术、持续传感器技术、低延迟通信和处理技术、高超声速拦截弹的高机动过载气动控制技术以及支持未来武器系统组件的先进技术。在预警系统方面，导弹防御局正努力将其传感器与国家太空安全部门拥有的传感器进行更好的数据融合，以跟踪高超声速导弹威胁目标，并主张在太空建立一层传感器，以填补当前地面传感器的能力空白。在拦截武器方面，DARPA正在推进名为“滑翔破坏者”的拦截器概念，研究一个或多个防御系统所需的各种“组件技术”，重点关注硬杀伤拦截器，以击落快速飞行的高超声速武器。

（二）蜂群式无人机防御技术方案验证不断推进

随着无人机技术的快速发展与扩散，特别是无人机蜂群攻击模式的发展，使用传统导弹、炮弹反无人机的效率和效费比问题越来越突出。目前，各国都在积极验证针对蜂群式无人机进攻的防御策略，推动相关反无人机策略创新发展。

美国陆军在火力卓越中心举行的机动火力综合演习中，利用雷声公司研发的先进高能微波与激光武器拦截了45架无人机。此外，美国陆军计划利用雷声公司的“郊狼”无人机系统和Ku波段射频系统雷达组成武器系统，使用装配导引头和战斗部的“郊狼”无人机对目标进行拦截，形成一种新的廉价高效反无人机蜂群方案。

俄罗斯在叙利亚战争中采用“信火一体”杀伤方式拦截了叙利亚反对派发射的13架无人机蜂群攻击。2018年1月5日，俄军探测到13架小型“蜂群”无人机飞向俄军事基地，其中10架飞向俄罗斯驻叙利亚的赫梅明空军基地，3架飞向俄罗斯在叙利亚的塔尔图斯海军补给基地。随后，俄罗斯无线电部队利用电子战系统控制了其中6架无人机，其中3架降落过程中撞向地面坠毁，3架安全降落，俄罗斯防空部队利用“潘泽尔”-S1弹炮结合系统的高炮摧毁了另外7架无人机。

同时，俄罗斯正在验证利用“铠甲”-S1系统拦截无人机蜂群等低空小目标的能力，并计划将该系统与S-400系统联合，以应对大规模导弹攻击。此外，俄罗斯技术国家集团公司推出了可用于蜂群式无人机防御的新系统“撞锤”与“游隼”。固定式的“撞锤”反无人机武器可以应对较大数量无人机的袭击。当大量无人机来袭时，“撞锤”可以瞬间建立起半径不小于900米的隐身保护层，对企图进入范围内的无人机进行干扰，无人机在判断后会误以为无法穿透，随后便会绕飞。全能移动式的“游隼”反无人机武器不仅可以对抗单一、蜂群无人机，同时可以对无人机进行检测和追踪。如果发现无人机极具破坏性，还会立即把摧毁指令传输给防空火力打击系统。

五、高效费比防御技术

在当前防空作战的经济性面临极大挑战的情况下，欧美国家针对未来防空作战需求，积极推动微小型导弹技术、模块化设计技术、新概念武器技术等研究，创新技术方案，为防空作战提供低成本、多功能、机动灵活的能力。

（一）微小型导弹技术发展将催生战场运用新模式

随着反恐等低烈度军事行动对打击低价值目标需求的增长，微小型导弹技术成为发展的新热点，为防御来自火箭、火炮、迫击炮、无人机等目标提供了具有经济可承受性的方案。

目前，美国“微型直接碰撞杀伤”拦截弹已进入工程研制阶段，未来有望集成于多种作战平台，具备对巡航导弹、无人机、精确制导弹药等更多空中威胁目标甚至是地面、海上目标的战术打击能力。俄罗斯正在为“铠甲”－S1系统研发名为“钉子”的微小型导弹，使原来仅能装一枚大弹的发射筒可装下4枚微小型导弹，将系统载弹量提升至48枚，极大地提高了火力密度。

微小型导弹具有通用化、模块化、低成本等特点，可广泛应用于各军兵种。未来，多平台、多军种通用设计将成为发展重点，以实现单兵、地面固定装置、小型无人机、小型舰艇等多方式发射，为各军种提供快速、便捷、机动、灵活的战术打击能力。

（二）应用模块化技术显著提升导弹作战灵活性

欧美国家正致力于推进模块化防空导弹概念发展，使导弹由战斗部、导引头、动力装置的模块化向全组件模块化发展，提高作战的经济性与灵活性，同时也便于成熟技术的嵌入，快速实现导弹性能升级。

目前，MBDA 公司在防空导弹模块化设计方面取得了诸多引人瞩目的成绩。其研制的三军通用“通用模块化防空导弹”已服役英国海军，陆基型号也进行了首次试射。该型导弹通过零部件模块化、软件通用化达到成本最小化的目的，既降低作战成本，又提高维护效率。此外，MBDA 公司还提出了名为 FlexiS 的导弹设计方案，通过采用完全模块化设计，实现各模块即插即用，根据任务需求和载机所限定载荷进行组装，完成多种空空和空面作战任务，提高导弹使用效率及空间利用率。

模块化是防空导弹发展的重要趋势之一，模块化技术是实现防空导弹通用化的重要基础。采用“一机多型”“一型多用”的发展思路，实现导弹模块化，既可以满足用户的不同需要，又可以缩短研制、生产和建造周期，还可以通过嵌入或更换高技术模块，使现役或在研导弹增强功能，拓宽使用范围，延长寿命周期，提高作战效能。

（三）电磁导轨炮距实战能力生成更近一步

与常规火炮相比，电磁导轨炮与超高速射弹具有速度快、精度高、射程远、威力大等优势，成为各国竞相发展的新概念武器之一，特别是以美国为代表的军事强国，正大力推进电磁导轨炮部署海军舰艇，超高速射弹集成至陆军火炮。

近期，美军在电磁导轨炮与超高速射弹方面的主要进展是：美国陆军推进 10 兆焦电磁导轨炮发射试验；美国海军推进电磁导轨炮部署“朱姆沃尔特”级驱逐舰的上舰工程研究；美国国防部计划开展利用超高速射弹拦截近程弹道导弹的研究。

电磁导轨炮在防空反导领域具有极大应用潜力，可用于舰载和车载防空系统，并存在部署天基反导系统的可能。特别是近期“以量取胜”的饱和式攻击成为空天作战的焦点，使得数量和成本成为未来作战的一项关键因素，世界军事强国纷纷加大了对先进防御技术的研究，力求发展新概念武器，以在未来激烈的攻防对抗中赢得制胜优势。

（中国航天科工集团第二研究院二〇八所　张梦湉）

2018年自主系统领域科技发展综述

2018年，世界主要军事强国高度重视无人自主系统的军事价值，从顶层进行规划布局，加速无人自主系统装备研制进程，并对关键技术开展研究攻关，全面推动无人自主系统快速发展。

一、加强顶层布局，全面推动无人自主系统快速发展

（一）美国发布新版无人系统路线图，同时各军兵种基于自身需求推出相应战略规划

美国于2018年8月正式发布《无人系统综合路线图（2017—2042）》，这是美国自2001年以来发布的第8版《无人系统综合路线图》，旨在指导军用无人机、无人潜航器、无人水面艇、无人地面车辆等无人系统的全面发展。

军兵种层面，2018年3月，美国海军完成了《海军部无人系统战略路线图》，并于5月发布了执行摘要，为无人系统纳入海军作战的各个方面提供指南；12月，美国海军发布《保持海上优势的规划》2.0修订版，文件

要求加快采购多型无人机、无人潜航器和无人水面艇，并发展相关新技术和新作战概念，增加美国海军在高端战争中的优势。11 月，美国陆军发布《利用机器人和自主系统支持多域作战》白皮书，强调机器人和自主系统对联合部队执行多域作战至关重要，未来需要机器人和自主系统充分实践多域作战。

（二）俄罗斯从国家层面指导自主系统发展，并在叙利亚战场进行实战演练

2018 年 2 月，俄罗斯总统普京签署批准了《2018—2027 年国家武备计划》，该计划是俄罗斯实施装备升级换装的国家层面指导文件，其中重点指出发展无人机和作战机器人等自主装备。同时，俄罗斯在叙利亚战场先后部署了“石榴石” –4、“海鹰” –10 及“前哨”侦察无人机和“天王星” –6 无人战车等自主装备，在实战中检验自主系统的作战能力，暴露存在问题并解决迭代，极大促进了自主系统的升级发展。1 月，俄罗斯在驻叙空军基地利用防空系统和电子战系统，成功拦截了 13 架无人机组成的“简易蜂群”，积累了反无人机集群作战的宝贵经验。

（三）欧洲国家通过国际合作加强无人自主系统建设

2018 年 4 月，由欧盟 15 个国家共同开展的“海洋 2020”（OCEAN 2020）项目正式启动，将重点把包括水下无人系统在内的各类无人系统整合到舰队中，提高海上态势感知能力。10 月，包括美国、英国等 13 个北约成员国签署合作意向，在水面和水下无人系统的开发和部署方面进行更密切的合作，以应对俄罗斯潜艇威胁。

（四）日本国防计划重点研发自主系统并通过军贸采购增强无人预警和监控能力

2018 年 5 月，日本发布《2018 年防卫白皮书》，12 月公布新的《防卫计划大纲》和基于其制定的未来5年内日本国防力量调整计划——《中期防卫力整备计划》，其中指出将重点研究无人潜航器等尖端技术和装备，以持续监控偏远岛屿。11月，日本确定购买美国3架“全球鹰”无人机，并有意购买以色列“苍鹭”无人机，以增强预警侦察能力。

二、自主系统研发及改进持续推进，自主能力不断提升

（一）无人车研发和新型机器人探索取得新进展，提高工作效率，提高作战能力

1. 机器人系统工作效率不断提高

2018年4月，日本川崎重工推出了新型协作机器人系统“继承者”，该系统可通过重现工程师的动作实现远程协作；美国的NovarcTechnologies和ABICOR BINZEL公司宣布合作研发出全球首台协同式焊管机器人（SWR），可有效提高生产率、降低成本并改善焊接质量；德国Festo公司推出兼具行走和翻滚移动方式的仿生蜘蛛机器人，可在复杂地形上移动。5月，日本开发出用于组装大规模纳米结构的机器人系统，能够以比人类更快的速度堆叠范德华异质结构的二维材料。6月，BAE系统公司将使用协作机器人装配战斗机。

2. 作战无人车提升任务能力

2018年1月，俄罗斯完成了“战友”（Soratnik）首款无人车的模拟作战环境测试，该无人车可执行侦察、通信、巡逻、区域和关键设施防护任务，以及排雷和清障作业。1月，赛峰电子防务公司从法国武器装备总署获得采购合同，研发“狂怒”自主地面车辆，将发展3种外形尺寸不同的验证型无人平台，可在不同环境下执行建筑物侦察探测、为步兵携带载荷等

多种任务。3 月，HDT 全球公司为美国陆军的“班组多用途装备运输”（SMET）项目提供“猎人”无人车，该无人车可穿越狭窄路径、陡坡和茂密丛林，配装的 JP－8/电动混合动力系统具备“静音驱动”和“静默观察”功能。11 月，美国海军陆战队寻求通过装备新型无人车来减轻海军陆战队队员的载荷。

3. 探索类地面无人系统项目取得新进展

2018 年 10 月，“眼镜蛇”（Kobra）无人车入选 DARPA 的 SubT 地下挑战赛的第一阶段，该挑战赛旨在发展地下作战技术，研究各种绘制、导航和搜索复杂洞穴、城市地下空间、人造隧道系统等地下网络的方法；美国波士顿动力公司研制的机器人 Atlas，基于人工智能算法，完成跨越障碍和三级跳，在动作的连贯性上已经逼近人类的表现。

（二）水下无人潜航器和无人水面舰艇研发力度持续增加，核动力无人潜航器正式亮相

1. 多国推进水下无人潜航器研发部署

2018 年 2 月，美国海军计划研制超大型无人潜航器，重点领域包括发射、通信、指挥控制、导航、续航力、回收、有效载荷可行性以及任务规划和执行等。2 月，法国 ECA 集团发布了新款“A18－M”中型反水雷自主水下航行器（AUV），该 AUV 能够在水深 300 米处进行水雷检测和分类。6 月，英国皇家海军测试首个无人扫雷系统，该系统可用于处理近海现代化水雷。6 月，美国海军“刀鱼”（Knifefish）无人水下航行器，成功完成了海上接收试验，该系统能够在高杂波环境中探测、分类和识别水雷。10 月，俄罗斯先期研究基金会与“青金石”中央设计局开始研制具有强自主性无人潜航器。

2. 核动力无人潜航器正式亮相

2018年3月，俄罗斯正式推出可携带核弹头的核动力无人潜航器“波塞冬”。7月，俄罗斯国防部对“波塞冬”水下无人潜航器展开试验，以确认该装置在实际情况下发射的动态特性，并检查该装置在自动模式下的运动参数。

3. 无人水面系统向前稳步发展

2018年1月，罗尔斯·罗伊斯公司提出了完全无人驾驶概念船，可航行100天不停靠港口。5月，美国海军和佛罗里达大西洋大学启动开发自主式“机器人战舰”，该舰可向空中和海上发射/布放攻击型无人系统。11月，美国海军第一艘反潜战持续跟踪无人艇原型艇“海上猎手”号在珍珠港接受多项测试。

（三）无人机研发项目保持快速发展，自主能力及作战能力取得突破

1. 不断研制及改进无人作战机

2018年1月，极光飞行科学公司继续发展“猎户座”（Orion）无人机系统（UAS）。3月，美国海军航空系统司令部寻求发展海军陆战队远征无人机（MUX），该无人机将提供ISR、电子战、C^4、火力支援等功能支撑，预计2028年部署。6月，德、法两国签署意向书开展“未来作战航空系统”研究，包括“新型战斗机”“下一代武器系统”“欧洲中空长航时”遥控驾驶飞机系统以及未来巡航导弹和蜂群无人机等；俄罗斯已制造出重达7.5吨的“牵牛星”侦察攻击无人机，并宣布即将进入空军服役。7月，通用原子航空系统公司生产的MQ-9B“天空卫士”（SkyGuardian）中空长航时无人机实现首次跨大西洋飞行。8月，美国海军航空系统司令部授予波音公司8亿美元的MQ-25A“黄貂鱼”航空母舰舰载无人加油机工程与制造发展合同；俄罗斯首次在演习中利用“前哨”无人机为“口径”巡航导弹和“宝石”反舰导弹提供目标指示。9 月，美军测试 MQ－9 无人机已具备空对空作战能力，测试中 MQ－9 携带空空导弹成功击中空中无人机目标。11 月，俄罗斯重型“猎人”攻击型无人机进行了首次地面滑行试验，测试中速度为 200 千米/小时，期望 2019 年进行首次飞行试验；欧洲装备采购局向空客防务与空间（德国）公司发布欧洲中空长航时无人机项目方案征询书，启动主承包商投标，预计 2019 年将签署项目合同。12 月，俄罗斯国防部测试用于空中区域侦察、巡航、监视等的“海盗”无人机，并进入量产。

2. 美国提出另一高超声速无人机

2018 年 1 月，继 2017 年洛克希德·马丁公司开展 SR－72 高超声速飞机缩比验证机研制后，波音公司宣布了一款马赫数 5 高超声速察打一体无人机概念模型。该无人机发动机将涡轮喷气发动机和冲压/超燃双模冲压发动机有机结合起来，可在不同速度范围内使用不同的循环模式；气动布局上该无人机与 SR－72 有诸多雷同之处，同是小展弦比高度后掠的无尾三角翼，与 SR－72 不同的为外倾双垂尾。波音公司将分两步进行研制，第一步参照 F－16 制造单发动机缩比验证机，用于验证高超声速气动布局及涡轮基联合循环发动机的可行性；第二步制造一架双发全尺寸原型机。

3. 各种新概念无人机涌现

2018 年 3 月，美国国防部国防创新实验室（DIUx）正在寻求可从水下发射的无人机。该无人机能自我定位，可从水下穿越水层到达水面，可从发射进入飞行状态，借助搭载的传感器可执行 ISR 任务，续航大于 1 小时，航程 48 节，采用 256 位的 AES 加密算法保护通信。5 月，以色列城市航空公司研发创新型垂直起降“鸬鹚”无人机，不同于现有大多数垂直起降无人机的构型，该无人机两副旋翼前后安装于机身内部，在飞行时的外部噪声仅为 70 分贝，比其吨位相当的常规直升机低了 25 分贝。9 月，英国 MB-

DA 公司推出新型“幽灵”作战无人机，旨在为前线地面部队提供及时、低成本、近距离的精确空中支援。该机采用侧旋翼、垂直起降（eVTOL）的电驱动，有 4 个 2 米侧旋翼，每个翼上配有一个旋转组件，当需快速穿越低空复杂地形时能快速切换到前飞模式。“幽灵”无人机既支持单机使用，也支持集群飞行，可在复杂的作战环境中“发现并锁定”视距之外的威胁，还有“观察和等待”模式，使其具备巡飞弹功能，此外，还具有自动导航、人在回路指挥控制、抗干扰 GPS 导航、蜂群协同作战等功能。

三、攻关关键技术，提升无人自主系统作战效能

（一）自主系统协同作战能力极大提升，改变作战模式

1. 有人—无人系统协同技术取得重大进展

2018 年 4 月，美国空军研究实验室（AFRL）和 DARPA 成功演示了基于分布式作战管理（DBM）项目的有人—无人协同空对地作战。8 月，美国空军依托乔治·梅森大学开展“机动式有人—无人分布式杀伤机载网络”（MUDLAN）项目的硬件和软件发展工作。9 月，空中客车公司成功完成了用于未来空战系统的有人—无人编队（MUT）技术试飞，试飞采用 5 架 Do - DT25靶机，验证了利用有人机控制无人系统的多项能力，包括有人机与无人机间的连通性、人机界面和基于任务的管理协同智能的方案等，MUT 的试飞成果将用于未来空战系统项目。

2. 不断探索异构平台的协同作战能力

2018 年 4 月，航空环境公司成功进行“美洲狮—弹簧刀”系统应对群目标的海上演示试验，该系统是无人机和巡飞弹组合系统无缝集成。9 月，美国海军举行 2018 年度“先进海军技术演习”（ANTX 2018），探索单平台

或异构平台在目标探测、定位和追踪方面的应用。泰莱达海洋公司演示了跨域无人系统反水雷作战任务能力。诺斯罗普·格鲁曼公司演示了无人潜航器、无人水面艇和无人机间的端到端多域连接。

（二）无人系统集群加速演示验证，人机交互能力不断提升

2018 年3 月，美国海军陆战队开展了无人机集群携带物资补给演示验证。5 月，DARPA“小精灵”项目进入第三阶段，计划2019 年下半年开展全尺寸验证机的飞行试验。7 月，海军陆战队成功测试可单人操控6 架RQ－11“拉文”无人机集群，其目标是同时控制15 架无人机，并使这些无人机在空中停留数小时。8 月，波音公司利用其新型机载自动命令和控制技术，测试1 名飞行员控制5 架无人机，完成首次无人机协同飞行测试任务。10 月，DARPA 发布“进攻性集群战术”（OFFSET）项目第三波“集群冲刺”的跨部门公告，主要聚焦于人机编队和集群战术的技术开发。3 月，雷声公司正在为OFFSET 项目开发士兵控制无人蜂群的技术。11 月，DARPA 的“拒止环境协同作战”（CODE）项目演示了装备CODE 的无人机系统（UAS）在“反介入/区域拒止”环境下适应和响应意外威胁的能力。

（三）针对不同种类无人自主系统特征，发展对应关键技术

1. 促进无人车灵活性和集成架构发展

2018 年6 月，美国陆军机器人合作技术联盟的主要研究人员举行一系列会议，就无人车和机器人技术领域发展进行研讨，未来将推动无人车感知、智能、人机交互和灵活性发展。美军还在积极发展无人车系统“即插即用”架构，旨在允许车辆无需改动结构就能实现新增组件的无缝集成，并进一步实现无人车与指挥控制系统的集成。

2. 水下和水面无人系统持续关注动力、导航及通信等关键技术领域

2018年4月，特利丹能源公司展示海底无人潜航器充电站，工作深度可达3000米；加拿大Cellula机器人公司开始研发具备更高能量密度的燃料电池；美国伊利诺伊州立大学探索水下仿生偏振光技术，未来在水下导航领域具有巨大的潜在应用前景。8月，麻省理工学院开展利用声振动和激光通信原理的不同水下通信技术。9月，美国应用物理科学公司为“蓝狼”项目开展使用热动力、电化学或能量回收中两种及以上动力形式的混合动力系统研究，提高能量效率。

3. 先进机载系统技术进步为无人机提质增效

机载雷达探测方面，2018年7月，俄罗斯Zala公司首次在无人机上部署激光雷达，提供更好的态势感知和更快的数据收集能力；9月，诺斯罗普·格鲁曼公司的先锋监视雷达进入量产，为中型无人机执行电子支援/侦察探测和通信等多种任务。无GPS自主导航方面，美国“快速量轻自主”（FLA）项目于2018年7月完成关键能力验证，旨在开发一种先进的算法，实现无人机或无人车辆能够在没有人类操作员、GPS或任何数据链的引导下自主运行。动力能源方面，5月，美国海军授予Alta Devices公司合同，将太阳能技术集成到“混合虎”无人机上，未来还将集成其他动力能源以增强续航能力；6月，美国海军研究实验室（NRL）研发“太阳能—翱翔”技术，使无人机能利用大气和太阳供给的能量实现续航时间超过12小时；7月，DARPA选定“沉默鹰”无人机技术公司为“泛在电能/能量补充——电能传输演示”（SUPER PBD）项目的主承包商，旨在验证激光束无人机远程充电的可行性；11月，SKYCORP公司推出欧洲首款具有先进的人工智能操作系统管理系统氢动力无人机——e-Drone Zero，该机采用氢燃料电池可大大提高飞行时间。

四、结束语

可以看出，2018 年，以美国为代表的世界军事强国，在军事需求和技术推动双牵引模式引导下，通过总体规划、装备新研与升级改造、技术探索、演示验证等手段，全面推动无人自主系统快速发展，并开展演习与实战应用。

（中国航天科工集团第三研究院三一〇所　王雅琳）

2018 年人工智能领域科技发展综述

2018 年，各军事强国高度重视人工智能领域的投入及军事应用的布局，积极推进在作战各方面的应用研究。美国进一步推进“算法战”新型作战概念，启动并推进“下一代人工智能”“人工智能探索”“可解释人工智能”等相关项目，加快了人工智能技术实战化的进程。

一、成立人工智能管理与指导部门，推进人工智能技术发展

人工智能技术是发展趋势，可能决定未来智能化战争的胜负，受到世界军事强国的关注。

（一）美国成立各种人工智能机构，全面推进人工智能发展

2018 年 5 月，美国白宫举行了人工智能研讨会，宣布成立人工智能专门委员会，负责协调各联邦机构的人工智能投资，包括与自动系统、生物识别、计算机视觉和机器人相关的研究。6 月，美国国防部成立联合人工智能中心（JAIC），聚焦短期快速形成能够支撑解决关键任务的智能化能力，将人工智能应用于“一系列密切相关的、紧迫的联合挑战”。11 月，成立人

工智能国家安全委员，从顶层统筹指引全美人工智能领域发展，进一步完善人工智能监管链条。

（二）欧洲组建人工智能团体，分析人工智能未来应用

2018 年 5 月，英国国防部长宣布成立人工智能实验室，研究范围覆盖自动驾驶汽车、智能系统、打击假新闻、利用信息来慑止和降级冲突，以及加强计算机网络防御和改善指挥官决策支持。4 月，发布《欧盟人工智能》。6 月，欧盟委员会组建新的人工智能高级小组，支持《欧盟人工智能》文件的实施，负责起草人工智能伦理指南、预见人工智能挑战和机遇，并指导欧洲机器学习投资的进程，这些建议将纳入欧盟人工智能政策制定流程、立法评估流程和下一代数字战略的制定。

二、加大投入力度，加快人工智能技术军事应用

国外军事强国加大投入，加快布局人工智能技术在军事方面的应用。

（一）美国积极开展战略谋划和研究项目，明确人工智能技术重点发展方向

2018 年 1 月，美国国防部发布新版《国防战略报告》，该报告认为先进计算、大数据分析、自主性、机器人等新技术的发展是影响安全环境的因素。3 月，美国陆军组建了认知计算和机器学习团队，研究增强陆军电子战、情报处理以及大数据分析等能力。7 月，美国空军采办负责人表示，空军将加速招募人工智能等新兴技术所需的软件人才。8 月，美国签署《2019 财年国防授权法案》，将人工智能列为重点研究领域之一，尤其在机器学习和超自然力方面提供了额外资金以加快其研发和应用；同时指出，国防部将在未来 5 年投入 17 亿美元用于建设联合人工智能中心。9 月，DARPA 宣

布未来5年将投资20亿美元开发下一代人工智能技术，专注于“第三波”人工智能技术的理论及应用。

（二）俄罗斯大力投资人工智能研发项目，明确智能技术是军用领域的发展方向

俄罗斯过去10年累计投入230亿卢布开展1300余项人工智能研发项目。据俄罗斯数字科技公司Cifra的研究，俄罗斯人工智能市场规模将于2021年达到3.8亿美元。3月，俄罗斯国防部部长绍伊古呼吁民用和军用设计师联手开发人工智能技术，由军方牵头的“人工智能和语义分析研究”项目正在开展。

（三）其他主要国家全面部署人工智能的发展和应用

2018年3月，法国国防部在人工智能领域增加1亿欧元经费，用于未来武器系统的创新研发；法国国防部公布了人工智能与创新路线图。3月，法国达索航空公司和泰雷兹集团联合开展人工智能技术未来空战应用的预研工作。4月，25个欧洲国家签署《加强人工智能合作宣言》，加强人工智能方面的合作，以保持其欧洲数字化领先地区的地位。5月，韩国政府制定了《人工智能发展战略》，计划在5年内投入20亿美元用于在国防、生命科学和公共安全领域应用人工智能解决方案。11月，德国联邦政府正式发布名为“人工智能德国制造”的人工智能战略，将人工智能的重要性提升到国家高度。11月，英国BAE系统公司宣布投资2000万英镑用于增强现实技术和人工智能的开发力度，来提高未来作战系统的能力。

三、专用芯片、深度学习、脑科学等基础科学技术领域继续发展

2018年人工智能技术在脑机交互、图像处理等领域不断获得突破，专

用芯片、深度学习和脑科学等基础科学技术领域研究重点转向解决实际应用问题。

（一）类脑芯片关键领域取得突破，专用芯片速度加快

2018 年 1 月，美国国家标准与技术研究院（NIST）开发出一种具备生物系统学习能力的超导开关，具有类似生物体内神经系统的信号传导功能，有望在未来类脑计算机中得到应用。2 月，美国西北大学研制出多端子“忆阻器晶体管”，运行方式与神经元相似，可以同时执行存储和处理两项工作。3 月，谷歌发布 72 量子比特芯片，将用于机器学习。7 月，美国空军研究实验室与 IBM 公司联合研制出“蓝鸦”类脑超级计算机，“蓝鸦”包含 64 个“真北”类脑计算芯片，可模拟 6400 万个生物神经元和 160 亿个生物突触进行计算，大幅提升数据处理和图像识别能力，进而支持决策制定。

（二）人工智能向经验学习、自主学习不断迈进

2018 年 7 月，休斯研究所与 DARPA 联合推动自主系统终身学习，在 DARPA“终身学习机”（L2M）项目资助下，将为自主系统开发超级图灵进化终身学习架构，该架构模拟人类大脑神经调节系统，结合持续学习的结构和功能可塑性机制，能够根据经验终身学习更新其知识，使自主系统能够快速适应不可遇见的情况。7 月，DARPA 启动“使用更少标签学习”（LwLL）的项目，将研究新的学习算法，减少训练或升级所需的信息量。9 月，DARPA 公布了一项总额超过 20 亿美元的“下一代人工智能”（AI Next）项目，将探索机器怎样才能获得类似人的沟通与推理能力，以及具备认知新态势和环境并适应的能力。9 月，在“可解释人工智能”（XAI）项目支持下，雷声公司与 DARPA 合作开发可“自我解释”的人工智能系统，允许人工智能程序“展示其工作”，增加人类用户对机器的信心。10 月，DARPA 设立“机器常识”项目，寻求向智能系统阐明并编码人类的基本背景知识。

（三）图像处理及识别能力不断提高

2018 年 5 月，美国国家地理空间情报局借鉴 Maven 的经验，加强机器学习和先进算法在图像处理中的应用。6 月，美国陆军研究实验室（ARL）开发了一种人工智能和机器学习技术，能够在弱光条件或夜间从捕捉人脸热图像中自动进行人脸识别。

（四）脑控技术持续发展，"混合智能"不断推进

2018 年 3 月，DARPA 启动了"通过规划活动态势场景收集和监测"（COMPASS）项目，利用人工智能在战争"灰色地带"冲突中了解敌人的意图，并向指挥官提供智能反应。4 月，美国麻省理工学院研发出一款拥有"读心术"能力的可佩戴设备 AlterEgo，让用户不说话也能操控电子用品。

（五）认知神经领域受到关注，加速人机交互技术发展

2018 年 3 月，DARPA 生物技术办公室提出"下一代非侵入性神经技术"（N3）项目，开发高分辨率的便携式神经接口，能够同时读取和写入人脑的多个位置，在非手术的情况下实现大脑和系统间的高水平通信，支持美国国防部在未来改善人机交互。4 月，DARPA 信息创新办公室（I2O）公布了人机探索软件安全（CHESS）项目，采用支持先进人机协作（CHC）的自动化程序分析技术，发现和解决所有类型的漏洞，应对已知和新出现的各种威胁。

四、人工智能颠覆战场情报收集与分析、指挥与控制、网络安全、后勤等领域

各国正在开发一些具有多种军事用途的人工智能应用，所开展的人工

智能研究涉及情报收集与分析、后勤、网络作战、指挥与控制以及军用自主系统等领域。

（一）情报收集与分析能力不断提升，颠覆战场情报处理模式

2018 年 5 月，北极星阿尔法公司和雷声公司合作开发基于语义的反绎推理功能，为 DARPA 的“对不同方案的主动解释”（AIDA）项目提供技术支撑，以处理单兵用的多变、混乱、危险环境下的信息和情报，并对正在真实发生的事情进行解释。6 月，美国军方利用人工智能辅助预测携带核弹头的导弹发射，并能跟踪和瞄准朝鲜与其他国家的移动发射装置。

2018 年 8 月，美国空军为新情报、监视和侦察（ISR）战略寻求借助人工智能可以有效融合多军种平台数据和可公开获取信息的传感器网络。12 月，美国中央情报局（CIA）旗下风险投资机构 In – Q – Tel（IQT）对 Immersive Wisdom 进行战略投资，支撑其 VR/AR/MR 地理空间协作和情报软件平台及其他先进的人工智能技术应用于战地态势感知、任务规划和执行，以及军事情报挖掘与分析等。

（二）加大人工智能在作战指挥控制领域中的探索，增强指挥决策能力

2018 年 1 月，美国空军发布“数字企业多源开发助手”（MEADE）项目的广泛机构公告，试图通过对话的方式来改进军事情报分析，同时支持决策制定。3 月，DARPA 启动“指南针”项目，旨在帮助作战人员通过衡量敌方对各种刺激手段的反应来弄清敌方的意图，然后使用人工智能技术在对手真实意图的基础上试图确定最有效的行动方案。

2018 年 5 月，DARPA 启动“城市自主侦察”（URSA）项目，通过结合人类行为、自主算法、集成传感器、多种传感器模式和可感知人体反应的新知识来克服城市环境固有的复杂性，以区分敌对个体和非战斗人员之间的细微差异。6 月，DARPA 和空军研究实验室授予 BAE 系统公司合同，为美国作战人员开发新型决策软件“知识转移、探索和时序模拟的因果建模”（CONTEXTS），以开发自动化软件，模拟可能导致冲突的动态情况。

（三）网络管理防护、电子战引入人工智能技术，实现能力突破

1. 推进网络管理能力

2018 年4 月，全球顶级安全会议（RSA 2018）在美国旧金山召开，会议专门设置了人工智能专题进行探讨，表明人工智能将成为驱动网络安全的新引擎。

DARPA 正在利用人工智能（AI）技术来完善频谱管理，以满足军用和民用领域射频（RF）通信的发展需求。DARPA 启动的频谱合作挑战（SC2），探索自主无线电系统是否能快速而灵活地协作用于管理射频频谱。2018 年9 月，DARPA 启动“黑杰克自主”的项目，以开发用于未来低成本的低地球轨道军事卫星（LEO）的人工智能、机器自主和网络安全技术，支撑自主、集成的在轨网络安全，以及在轨加密解决方案。

2. 网络防护能力不断探索

2018 年4 月，美国麻省理工学院计算机科学联合人工智能实验室（CSAIL）和机器学习创业公司 PatternEx 共同开发了基于 AI 的网络安全平台 AI2，该平台每天可以查看超过 3.6 亿行日志文件，能够预测 85% 的网络攻击。5 月，DARPA 正式公布“人机探索网络安全”（CHESS）项目，开始联合 BAE 系统公司研发人工智能网络安全技术，以应对当前日益复杂且频繁的高级网络攻击。7 月，美国国家安全局（NSA）计划将 Sharkseer 项目转交于国防信息系统局（DISA），该项目通过应用人工智能和机器学习等方法来分析潜在的恶意软件运行规律，达到检测并阻止恶意软件运行的目的。9 月，美国国防信息系统局向业界寻求使用人工智能检测恶意软件的可信计算方法，依靠人工智能和机器学习来分析 DNA 级别的恶意软件，并防止恶意软件利用系统漏洞。

3. 电子战智能化取得进展

DARPA 正在研究认知电子战技术，有望在未来 10 年内实用，实现在无须预置程序的情况下自主对抗敌方系统，使美军在电子战领域领先于对手。在美国海军的反应式电子攻击措施（REAM）计划下，诺斯罗普·格鲁曼公司正在为 EA－18G“咆哮者”舰载电子战（EA）飞机开发机器学习算法。该计划将增强对抗敏捷和适应性未知或敌对雷达的电子战能力。2018 年 7 月，俄罗斯 Sozvezdiye 集团开发了一套基于人工智能的无线电电子系统，以对抗非法飞行的无人机，预计在 2019 年交付。人工智能将根据一系列迹象、情境和目标行为特征自动敌我识别。

（四）虚拟现实技术不断更新，提高作战中人机交互能力

2018 年，虚拟现实（VR）和增强现实（AR）技术作为越来越成熟的人机交互技术，在军事方面有了更多的应用，并逐步向混合现实（MR）技术发展。

2018 年 5 月，高级模拟和训练软件开发商——波西米亚互动模拟公司（BISim）宣布开发一个增强现实视觉系统，通过头戴式显示器使学员沉浸在高保真虚拟环境之中，为美国海军提供 T－45 教练机机组训练技术。5 月，美国海军的混合现实作战空间开发实验室通过混合现实技术，帮助美国海军 SEAL 团队在虚拟环境中利用增强现实眼镜培训停靠运输载具（SDV）的任务，而无须面临现实作业所带来的高风险和高成本。11 月，英国 BAE 系统公司宣布投资 2000 万英镑用于增强现实技术和人工智能的开发力度，其中部分投资聚焦利用增强现实技术开发可穿戴 AR 眼镜等产品，并应用到海军舰船的舰桥上。

（五）通过人工智能的应用，提高后勤保障的精确高效

2018 年 7 月，美国陆军将使用机器学习软件来预测布拉德利作战车辆的部件何时需要维护。美国陆军将与 Uptake 公司进行合作，利用人工智能技术预测各类部件的故障，降低计划外的维护频率，提高维修作业的效率。7 月，日本发明了一种能够学习的机器人，可以预测核电站放射性排放将如何扩散。8 月，美国劳伦斯利弗莫尔国家实验室利用深度学习算法进行核不扩散分析，防止“无赖国家”或邪恶势力制造核武器。8 月，英国皇家海军投资 15 万英镑为 45 型驱逐舰舰载系统发展神经网络进行故障预测。

五、多举措应对人工智能应用带来的风险和道德问题

2018 年 3 月，欧洲科学与新技术伦理组织发布《关于人工智能、机器人及“自主”系统的声明》，认为人工智能、机器人技术和自主技术的进步已经引发了一系列复杂的、亟待解决的道德问题，呼吁为上述技术系统的设计、生产、使用和治理制定共同的、国际公认的道德与法律框架。

2018 年 8 月，美国海军分析中心发布《战争中的人工智能和自主系统：理解并降低风险》报告，重点总结媒体和专家对人工智能和自主系统应用于战争的担忧，评估战争中人工智能和自主系统的风险，并提出降低风险的相关措施和建议。

2018 年 12 月，欧盟委员会人工智能高级小组（AI HLG）发布《人工智能道德准则草案》，重点关注未经同意的识别、隐蔽人工智能系统、未经同意的规范和大众公民评分以及致命自治武器系统等 4 个关键问题。

六、结束语

近年来，人工智能的迅速发展加速了其向军事领域渗透和应用，正在成为继机械化、信息化之后推动新一轮军事变革的强大动力，不仅将可能全面改变未来战争面貌，而且深刻影响着战争制胜机理和战争规则的发展变化。智能时代的体系化战争，交战双方的核心竞争发生在认知领域，作为智能化战场上的关键使能技术，人工智能将在战争手段、交战规则等方式上带来冲击，全面而深刻地影响战争的本质和规律，夺取“制智权”成为战场综合制权的核心。

（中国航天科工集团第三研究院三一〇所　王彤　李磊　葛悦涛）

2018年国防生物与医学领域科技发展综述

21世纪以来，随着与其他技术的不断交叉、融合，生物技术引领新一轮科技革命，生命组学、合成生物学、基因编辑等一系列前沿尖端技术不断取得突破性进展，必将对未来军事和国防发展格局产生前所未有的影响。2018年，世界主要国家在生物交叉、生物安全、脑科学、生物材料、仿生技术、生物电子、生物信息与生物计算、人效能等技术领域取得重要进展。

一、DARPA深入探索生物交叉技术对战备能力的影响

随着生物科技特别是基因组学、微生物组学、合成生物学、脑与认知神经科学以及细胞工程等前沿颠覆性技术的不断突破，生物技术的基础研究及应用成果正在深刻影响和作用于军事作战和情报侦查的各个领域，给国防科技体系建设带来了新的机遇和挑战。美国国防高级研究计划局（DARPA）生物技术办公室于2018年5月发布跨部门公告（BAA），围绕其当前关注的16个技术领域，向工业部门征求意见建议。生物技术办公室在

技术领域的投入不仅包括生命科学的医学应用，如人机界面、微生物生产平台等研究领域，还深入探索生物交叉技术对美国战备和能力的影响：一是积极研发传染病快速诊断预防技术，启动预防新兴致病威胁（PREEMPT）、表观遗传特征与监测（ECHO）、协作或对抗（Friend or Foe）和持续性水生生物传感器（PALS）项目。二是重点关注军人身心健康，启动生物停滞（Biostasis）项目，聚焦疾病防控关口前移；三是大力发展军事脑科学技术，启动下一代非侵入性神经技术（N^3）项目，探索用思想意识控制武器。

二、国际生物安全形势复杂严峻

生物安全是国际社会高度关注的安全议题。2018 年，国际生物安全威胁形势依然严峻，美俄围绕化生武器展开博弈。美国指责俄罗斯企图在英国利用神经毒剂杀害前特工，违反国际法使用化学或生物武器。俄罗斯国防部则指控美国在格鲁吉亚运营秘密生物武器实验室，违反国际公约，对俄罗斯构成直接安全威胁。此外，DARPA 资助的“昆虫联盟”项目受到德法科学家公开质疑，认为其可能用于未来新型生物武器研发。由于非国家行为体游离于国际法管控体系之外，生物恐怖的企图仍时有发生，德国破获企图利用蓖麻毒素制作生物武器事件。2018 年是《禁止生物武器公约》八审会后新一轮会间会的首年，由于面对新的议程设置，各方均高度关注并积极参与，年度专家组会与缔约国会如期举行。联合国新任秘书长古特雷斯首次发布“裁军议程”战略文件，凸显其将军控裁军问题置于优先地位的战略考量。2018 年，英美等国密集出台国家层面生物安全战略或重要生物安全文件，统筹谋划各自国家生物安全战略部署，抢抓生物安全战略优势，谋求生物安全战略主动。从 2017 年末到 2018 年，西方发达国家在生防研究产品开发上取得一系列新进展，针对埃博拉病毒、天花病毒、寨卡病毒、蓖麻毒素等重要生物剂研发新型疫苗或药物。

三、脑计划部署项目取得重要技术进展

美军脑计划实施 5 年来，在项目资助和经费投入等环节持续加大力度，相关研究成果也陆续发布，特别是在脑功能认知、创伤后脑功能恢复等领域取得了一系列重要技术进展。

“大脑定量模型构建”项目建成了基于刺激的记忆增强的海马新皮层模型；开发和应用了一套新的分类模型，可以预测海马电生理记录不同时空范围的行为结果；发展了集成神经重放、技能获取及后续记忆召回中神经、生理和环境影响的初步计算模型。“创伤后脑功能恢复”项目完善刺激参数以优化闭环、生物标志物驱动的刺激，以恢复语言和空间记忆；使用集成设备通过实时、闭环、生物标志物驱动的刺激来验证对记忆效能的促进。“神经适应技术项目”完成计算模型软件与原型设备硬件的集成；制造完成用于急性临床研究的原型装置；提交原型设备设计以获得监管批准；在临床病人中使用原型装置，验证通过实时、闭环刺激来调节疾病特异性精神障碍或神经行为。“基于适应性免疫调节的疗法”项目完善目标神经生理回路的解剖图谱和功能计算模型；量化目标对神经刺激的反应，验证反馈信号的计算模型和疗效；演示验证闭环神经调节集成系统的构成组件，控制人类或大型动物实验的健康状况。“增强神经可塑性”项目演示验证训练对大脑特定任务区域神经元和神经元网络连接的影响；评估神经可塑性针对训练对大脑神经生理学与学习速率的即刻效应；研究外周神经刺激设备调

节人类神经可塑性的机制；测试外周神经刺激和训练的脱靶效应。“假手本体感觉和触摸界面”项目演示验证新的假肢感知技术量化效果检测指标；启动测试先进的感知假肢；完善假肢技术中的感觉运动功能模型；向监管部门提交技术并进行审批。“复杂环境下的效能优化”项目完成信息大规模输入输出的系统设计，并通过关键设计审查；根据标准监管规范验证系统设计和安全方法；开展系统组件的实验室演示验证；开展个体神经元输入输出技术的体内演示验证；构建神经输入输出平台，监测调节大规模神经活动，以适应各种中枢神经系统应用。

四、生物材料和仿生材料获得创新发展

2018 年，生物材料和仿生材料在不同领域的多个项目上取得了一些突破，在国防生物科技的应用上显示出巨大的潜力，必须加以关注。

新型生物材料，在军用武器创新、医疗救治等方面取得了卓有成效的进展。受盲鳗启发，美国海军制造出军用黏液，可用于阻止敌船行进。爱尔兰先进材料和生物工程国家研究中心和德国科学家合作，开发出一种新型生物材料，可用于心脏病和烧伤患者的组织再生。俄罗斯圣彼得堡信息技术、机械和光学大学的研究团队研发出磁控止血纳米材料，该纳米材料可在磁场的控制下将止血药物送至内出血血管损伤处，从而发挥定点止血的作用。华盛顿大学的研究人员充分利用细菌特性，将大分子量的蛋白质转变为多项关键性能不逊于天然产物的合成蛛丝。瑞典生产出优于钢铁和蜘蛛丝的最强生物材料。

新型仿生材料，在人体效能增强、细菌感染控制等方面显示了事半功倍的成效。芬兰赫尔辛基大学创造出类似生物细胞结构的由膜封闭的隔室，

成功发展出一种仿生功能性细胞纳米反应器。美国南加利福尼亚大学研究人员受人厌槐叶苹叶面结构的启发，并结合沉浸式表面积累3D打印技术制备了末端带有“打蛋器”样结构的微型人造毛发，实现了天然复杂微观结构的超疏水表面仿生复制。美国加利福尼亚研究人员开发出一种机器人手爪，这种手爪结合壁虎脚趾的黏附特性与空气动力柔性机器人的适应性，抓取范围远远胜于现有设备。美国、法国、英国、意大利、澳大利亚等国均投入了大量人力和物力以研制出性能更优越的外骨骼机器人产品。新加坡科技研究局生物工程和纳米技术研究所的研究人员模仿蜻蜓和蝉的翅膀表面纳米柱原理，研发了氧化锌纳米乳剂涂料。

五、生物电子领域继续稳步发展

生物电子元器件研究不断取得突破。2018年1月，德国慕尼黑工业大学通过电场加速基于DNA构建的机器人系统，使得DNA分子机器的移动速度比之前快了5个数量级。4月，上海科技大学首次以量子点等纳米颗粒为原料，用细菌完成了量子点涂层制造过程的精细控制，其最小精度可达100微米。9月，美国马萨诸塞大学安姆斯特分校将蛋白质纳米线与聚合物材料相结合，生产出一种柔性电子复合材料，具备蛋白质纳米线的导电性和独特传感能力。

生物燃料电池继续向实用化方向发展。2018年1月，美国加州大学圣迭戈分校等机构发明了一种模仿电鳗放电器官的新型柔性电池，有望应用于下一代软体机器人等领域。2月，英国剑桥大学开发出一种新型藻类燃料电池，可以利用藻类等微生物的光合特性将光转换为电流，电池功率密度比现有设备提高5倍。8月，美国纽约州立大学研制成功一种靠细菌发电的新型纸基生物电池，具有适用性广、生态友好且成本低廉等特性。

人工突触与忆阻器等生物电子信息处理与存储研究依旧火热，为神经形态芯片与类脑计算奠定硬件基础。2018 年 1 月，美国国家标准与技术研究院制造出一种超导突触，它由纳米尺度磁性元件制成，能量效率超出人类突触的 100 倍以上。2 月，微软公司和华盛顿大学合作开发新的 DNA 序列检索与解码技术，将 35 个文件、总共 200.2 兆字节的数据存储到了 1300 万对 DNA 碱基中，并成功在 1030 万条 DNA 序列数据库里找到并解码这些数据。4 月，美国麻省理工学院设计了一种人造突触，能够精确控制电流强度，标志着人类向便携式、低功耗神经形态芯片迈出了重要一步。12 月，美国密歇根大学开发了一种新型电子设备，可以直接模拟突触的行为，这是首次在不使用复杂电路条件下实现神经元共享—竞争模式的硬件应用。

生物量子研究引发关注。2018 年 10 月，英国牛津大学声称用光子首次实现了细菌的量子纠缠。虽然结果尚存争议，但生物科学与量子科学必将发生更深度的交叉融合。

六、军事生物信息与生物计算技术加速转化应用

2018 年，《美国国立卫生研究院数据科学战略计划》《半导体合成生物学技术路线图》等相继发布，对推动生物医学大数据和计算生物技术发展具有里程碑意义。军事生物信息与生物计算技术发展方向进一步明确并加强项目部署：DARPA 生物技术办公室提出，开发和验证新的理论和计算模型，以确定生物有机体（从单个细胞到全球生态系统）的集群行为和交互行为的基本要素与原则；新部署的“预防新兴病原体威胁”“表观遗传表征与观测”“持续水下活体传感器”“先进植物技术”“生物稳态”等项目，

都内嵌有作为加速器的生物信息和计算生物学技术的系统整合和重点研发。美国情报高级研究计划局（IARPA）启动“威胁的功能基因组和计算评估”（Fun GCAT）、“寻找工程相关生物指标”（FELIX）、“面向信息处理和存储技术的半导体合成生物学（Semisyn Bio）”等生物信息和生物计算研究项目。基于特定军事需求的“前症状因子暴露检测（PRESAGED）”早期预警算法、生物信息数据分析软件 MINDS、ThreatSEQ DNA 筛查服务网络平台等开发成功，军民两用的人工智能系统 AlphaFold、基于 DNA 的实验人工神经网络、DNA 存储、数据随机读取、DNA 计算、细胞计算等方向和领域取得重大进展。特别是 DNA 存储备受行业资本青睐，Twist Bioscience 等公司相关 DNA 合成制造工业进入加速开发和商业化应用阶段。

未来 10～20 年，随着对生物表征分析工具和对生物工程化操作工具的深度变革，生物信息和计算生物学技术将得到极大的发展。基于生物大分子存储、细胞存储技术的特定用途信息保藏、交换和加密具有广阔应用前景。DNA 计算、蛋白质计算等生物分子计算、细胞计算以及神经形态计算、量子生物计算等生物启发计算将得到进一步拓展，泛在的生物计算元器件隐蔽于未来的战场和生态环境中，生物智能技术全面融入并有望超越现代信息技术。

七、人体效能增强技术不断发展

打造“超级战士”一直是世界各国军事机构的终极目标。随着药物作为增强人体效能的主要手段面临越来越多的伦理学质疑及士兵自我保护意识增强，外力增强体能、神经认知增强与生理机能优化等成为当前人体效能增强领域研究的重点，包括 DARPA 重点开展人体效能优化、人机系统结合、生物系统行为设计和控制研究，以及重点推进神经系统疾病的治疗并优化人体机能、研制生物体与物理世界的无缝混合系统、开发支持人类在极端环境作战的技术、实现生物组件在军事系统中的应用等研究。让最合适的士兵执行最合适的任务一直是军队发展的终极目标，因此在各类技术发展到一定程度后，对人差异性的了解、对个体进行量身定做的效能增强是美军未来追求的主要方向，包括武器装备主动感知人类研究实现人机完美融合，通过“全面暴露健康”项目对士兵进行编程和解编程，以及美军对基因工程技术的深入探索性研究与应用等。

（军事科学院军事医学研究院卫生勤务与血液研究所　王磊　张音
李丽娟　刘术　楼铁柱　刘伟　王静雪　李长芹　李鹏　蒋丽勇）
（中国科学院上海生命科学研究院　王小理）

2018年先进材料领域科技发展综述

材料是武器装备发展的物质基础和技术先导。材料技术的不断进步为航天、航空、舰船、兵器等装备的改进改型和更新换代奠定了坚实的基础，一直备受世界各国的广泛关注。2018年，国外军用先进材料技术的研究和开发出现新热点、新发展和新突破，在高性能复合材料和低成本制备工艺技术、轻质耐磨和耐高温金属合金材料、新型隐身材料、柔性可穿戴装备材料技术以及二维材料和自旋电子学材料技术方面取得重大进展。

一、先进复合材料在性能、制备和应用方面取得新突破

2018年，先进复合材料在高性能增强纤维、低成本制备技术以及高强轻质金属基复合材料、耐高温复合材料和新型自愈合复合材料技术及应用方面均有所突破。例如，美国研发的超细聚乙烯纤维的强度是当前最好的商用“迪尼玛”聚乙烯纤维的2倍左右；日本的自愈合复合材料完全愈合仅需1分钟；MBDA公司的纤维增强陶瓷复合材料能承受3000℃的高温；美国公司与英国大学合作研发的智能固化装置可将复合材料部件固化时间

缩短40%，成本降低50%。这些新技术可应用于航空、航天、舰船以及兵器结构和零部件，大大提高装备性能，有效减轻重量，延长使用寿命和降低成本。

（1）新型高性能增强纤维兼顾强度和塑韧性。兼顾强度和塑韧性的高综合性能增强纤维是复合材料研发的一个重点。2018 年1 月，在美国陆军的资助下，麻省理工学院制备出迄今为止最高综合性能的超细聚乙烯纤维。纤维直径为0.35～0.49 微米，具有结晶度高、分子取向度好、缺陷少、分子链滑移能力强等特点，实现了其他纤维难以兼具的高强度、高韧性和高模量，其拉伸模量、拉伸强度和韧性分别为110～120 吉帕、6.3 吉帕和2.1 吉帕，断裂伸长率20%～40%，模量和密度与当前最好的商用“迪尼玛”聚乙烯纤维相当，强度为其2 倍左右，韧性高一个数量级。该纤维可用于制备更轻的抗弹复合材料，满足武器装备轻量化发展需求，大幅提升装甲装备的战场生存力。2018 年5 月，瑞典斯德哥尔摩皇家理工学院研究人员研制出人造纤维素纳米纤维，其强度是天然蜘蛛丝纤维的8 倍，高于钢铁、其他金属或合金、玻璃纤维和大多数其他合成材料的强度。2018 年8 月，克雷格生物技术实验室宣布向美国陆军交付采用“龙丝”（Dragon Silk™）专利技术制作的防弹板。“龙丝”是一种通过基因工程技术改进的蛛丝，它沿袭了天然蛛丝的高强度和高韧性。德国AMSilk 公司也生产出一种被认为强度、弹性和韧性都十分突出的生物钢®纤维，轻质同时还可满足结构对弹性和抵抗冲击性能的要求，用于开发航空航天用新一代复合材料，并计划在2019 年正式推出利用这种复合材料制造的原型件。

（2）积极推进高性能复合材料的应用研究。2018 年，美、欧、日等国积极推进高性能金属基复合材料、轻质高温复合材料以及自愈合复合材料的研发和应用。例如，英国铝基复合材料（AMCs）部件设计和制造商Alvant 被指定参与赛峰集团的大型飞机起落架项目，其目标是设计和制造铝基复合材料制动杆，使其强度与钢相当，重量比钛合金部件小 30%。在耐高温陶瓷材料方面，MBDA 公司于年初披露了适用于未来超声速和高超声速武器的高温材料研究项目细节，超高温陶瓷基复合材料以及与金属的连接技术是主要的研发方向。这种复合材料由二硼化铪和碳纤维制备而成，可抗热冲击、烧蚀和耐腐蚀，具有良好的结构性能和低密度（约为 0.3 千克/米^3），能够承受 3000℃的高温，未来可应用于高超声速导弹的结构/防热材料。日本横滨大学与物质和材料研究机构（NIMS）共同开发了快速自愈陶瓷复合材料。与传统自愈陶瓷复合材料相比（传统材料的裂缝只能在 1200 ~ 1300℃有限温度范围内愈合，完全愈合约需 1000 小时），日本新研制的这种材料愈合温度范围更广，初始自愈温度为 400℃，当温度升至 1000℃时，裂缝可在 1 分钟内完全愈合，可应用于航空航天结构和零部件，有助于延长其寿命，大幅缩短维护时间，从而降低成本。此外，美国通用电气航空公司为舰用燃气轮机 LM－2500 研制出一种新的复合材料罩壳，不仅能降低发动机重量、减少维护，还可减少发动机舱的噪声和磨损；挪威 Umoe Mandal 公司获得英国 26 型护卫舰的部分复合材料生产合同，将为 3 艘护卫舰提供复合材料桅杆和舷侧突出部件。

（3）注重新型制备工艺和设备的开发。制备工艺是提高复合材料性能、降低其成本的关键技术，一直备受国内外关注。麻省理工学院超细聚乙烯纤维的高性能就主要得益于其特有的新型凝胶静电纺丝工艺，该工艺拉伸速率比传统的凝胶纺丝提高约 1000 倍，不仅有利于制得高性能亚微米和纳米级直径的纤维，而且能实现一步拉伸，省去了传统凝胶纺丝的预拉伸步骤，简化工艺流程，降低了成本。美国公司与英国大学合作研制出新型复合材料智能固化技术和固化装置，以替代传统的热压罐固化工艺制造复合材料，可将复合材料部件的固化时间缩短40%，成本降低50%，适用于风机叶片、新一代飞行器等诸多复合材料应用领域。德国公司与意大利公司合作开发出长丝缠绕机，是世界上同类产品中最大的机器之一，可为“阿里安”-6运载火箭制造火箭助推器复合材料壳体。据称，采用这种长丝缠绕工艺可使助推器减重35%。此外，美国空军研究实验室采用3D打印技术成功制造出耐高温的纤维增强树脂基复合材料部件，纤维为碳纤维长丝，树脂为高温热固性树脂。3D打印在复合材料领域的成功应用是增材制造技术的一个非常重要的突破，它为满足下一代低成本的空军制造需求奠定了坚实的基础。

二、金属合金注重轻量化和改善耐用性

2018年，国外军用金属合金材料领域在改善平台轻量化和金属结构耐用性方面取得了一定进展，包括高强轻质铝合金和泡沫钢材料、新型高耐磨性铂金合金和非晶态铁合金以及发动机和火箭推进系统用高温合金。

（1）轻质高强铝合金和泡沫金属材料仍是关注重点。为适应武器装备减重的需求，轻质高强金属合金材料的开发一直受国外重视。2018年，美国普渡大学制备出高强度纳米孪晶铝铁合金，其流动应力与高强度马氏体钢相当，可用于航空航天发动机部件等领域。当前，高强度轻质铝合金具有广泛的应用前景，但要使铝合金的流动应力达到1吉帕仍面临巨大挑战。迄今为止，包括7000系列铝合金在内的最优质商用铝合金的流动应力只能达到700兆帕。普渡大学研究团队开发的纳米孪晶铝铁合金的硬度与流动应力分别达到5.5吉帕和1.5吉帕，大大提高了铝合金的应用潜力，对航空航天装备减重意义重大。

金属泡沫材料也是近年来军用轻质合金材料的一个研发热点，其质轻如铝、强度如钢，并具有热屏蔽性以及抗弹和辐射防护性能，可用于制造车辆装甲、防弹衣、飞机和月球空间站等装备，在不影响装备性能的情况下，可大大减小装备重量。2018 年，北卡罗莱纳州立大学利用不锈钢空心微球和不锈钢粉末基体材料通过粉末冶金技术制得的轻质高防护性不锈钢复合金属泡沫，可抵御在其附近 46 厘米处起爆的榴弹所产生的速度为 1524 米/秒的破片冲击，重量仅为同等防护性能的轧制均质装甲钢的 1/3，厚度 10 毫米的板材就可抵御尺寸为 15 ~ 150 毫米^{2}的破片冲击，在与现有装甲钢防护性能相同的情况下能够减重 60% 以上。

（2）先进高温合金助力发动机部件性能提升和轻量化发展。高温材料的研发对提升发动机性能至关重要，其研发方向一是开发性能更优的新材料，二是通过合金化、细化晶粒等途径改进现有材料的性能。2018 年，日本东北大学研制出一种新型钼硅硼基合金 MoSiBTiC，该合金可承受 1400 ~ 1600℃的高温（传统镍钴基高温合金的使用温度约为 1100℃），而且在超高温和 100 ~ 300 兆帕应力范围内具有良好的抗破坏能力，不易变形，适用于飞机发动机和运载火箭推进系统等。俄罗斯全俄轻合金研究院则通过在镍合金中加入铪、钽等元素，将镍合金的碳含量提高至 0. 12% ，开发出一种粉末镍合金 VV725P，显著提升了合金强度、耐久性和耐高温性能。新型镍合金 VV725P 可使直升机的发动机部件强度提高 8% ，显著增强发动机部件的可靠性。美国凯斯西储大学和铝钛合金与工程化产品公司联合完成了 TNM 和 4822 两种钛铝合金的疲劳裂纹扩展与断裂行为的对比研究。这两种钛合金有望取代镍基高温合金，用于低油耗喷气发动机的低压涡轮叶片等领域，推动发动机部件的轻量化发展。

（3）新型铂金合金和非晶态铁合金用于耐磨防护。金属材料在与其他金属或高硬度材料的反复摩擦过程中（如用于发动机），或者在极端环境中服役时，会逐渐磨损、变形和腐蚀。开发耐磨耐腐蚀的金属材料一直是提高武器装备耐用性的一个重点。2018 年，美国桑迪亚国家实验室采用 90% 的铂和 10% 的金开发出一种新型铂金合金，其耐磨性是高强度钢的 100 倍，与金刚石和蓝宝石具有相同的数量级，被认为是迄今为止世界上最耐磨的金属材料。美国北卡罗来纳州立大学验证了利用 3D 打印技术制造非晶态金属的能力。利用该技术可制备出更耐磨、强度更高和重量更小的非晶态铁合金，其厚度比临界铸造厚度大 15 倍，克服了非晶态铁合金只能通过浇铸形成，厚度不超过几毫米的制造极限。这些材料可用于发动机、军用车辆轮胎以及电子器件等的耐磨防护，大大提高其耐用性和可靠性。

三、隐身材料技术取得多方面进展

2018 年，国外隐身材料研究活跃，在多频段声隐身、雷达吸波以及红外隐身材料方面取得较大进展。

（1）超材料实现多频段声隐身和声波控制。超材料隐身近年来受到广泛关注，密集开展研究，各种功能和性能的超材料也不断涌现。2018 年，美国在声学超材料的研究上进展迅速，声学超材料可通过控制声波的重定向和反射等实现声隐身。美国南加州大学研制出一种磁性主动声学超材料，首次发现利用磁场（小于 0.4 特）可控制其晶格变形，使其等效弹性模量和等效质量密度在特定频段发生正/负变化，实现特定频段下的单/双负等效参数的状态切换，将促进声学超材料在多工作频段声隐身以及噪声消除和振动控制的应用。杜克大学在海军研究办公室的资助下，设计并演示了一种能以接近完美的效率控制声波重定向和反射的超薄材料。研究使用的超材料通过 3D 打印制备，由一系列空心柱体（方形主体，4 个一列）构成，每个柱体的一侧中间有切开的窄开口。通过每列柱体间的通道宽度和每个单独柱体内的空腔尺寸可以操纵声波的传播和反射。

（2）石墨烯和黑硅用于制备全光谱红外隐身材料。红外伪装隐身通过改变目标的红外辐射特征，使目标与环境融合，从而降低被红外探测器探测的概率。2018 年，英国和土耳其分别利用石墨烯制备出红外伪装与隐身材料。其中，英国曼彻斯特大学研制的热伪装材料可在数秒内与背景温度融合。土耳其毕尔坎特大学通过在多层石墨烯中可逆掺入非挥发性离子液体，调制石墨烯的红外吸收与发射，制成一种主动热表面，可在全红外光谱范围内控制热辐射。美国威斯康星大学开发出一种称为“黑硅”的新型红外隐身材料，其在厚度小于 1 毫米时，可吸收约 94% 的红外光，几乎可以实现对红外探测器的完美隐身。

（3）复合雷达吸波材料吸收能力增加 1 倍。2018 年，俄罗斯国家技术集团披露了用于装备隐身的一种复合雷达隐身涂层。该复合隐身涂层是由金属和金属氧化物组成的极薄多层薄膜，可使涂覆该涂层的飞机座舱雷达波吸收能力增加 1 倍，即雷达波吸收率从 40% 增至 80% 。美国陆军也在小企业技术转让研究计划中提出，利用雷达吸波材料改进军服面料，减少士兵信号特征，降低其被地面监视雷达探测到的危险。

四、柔性可穿戴装备材料技术开发成果丰硕

2018 年，国外先进柔性织物、薄膜材料、3D 打印材料技术开发取得丰硕成果。其中，柔性织物不仅能过滤有害物质，还能用于柔性电池为士兵提供动力，基于石墨烯的柔性电子织物即将进入商业化发展阶段，这些都

将有效促进士兵柔性可穿戴装备发展。

（1）新型柔性织物促进可穿戴装备智能化发展。2018 年，国外柔性可穿戴装备用织物研究活跃，美国、英国、俄罗斯等国开发出具有防护功能的电子织物、可伸缩电池用电子织物以及基于聚合物—石墨烯纳米材料的智能电子织物。其中，美国达特茅斯学院在陆军研究办公室资助下，制造出一种名为 SOFT 的新型智能织物，首次验证了将导电多孔材料集成到柔软织物上可制成服装，使服装能同时探测、捕获、预浓缩和过滤有害气体。美国纽约州立大学宾汉姆顿分校开发出以织物为基础、利用细菌发电的生物电池。这种生物电池所能产生的最大功率与纸基微生物燃料电池类似，在反复拉伸和扭曲下仍具有稳定的供电能力，能够用于可穿戴电子设备。俄罗斯托木斯克理工大学发现一种在不破坏石墨烯的情况下改进和使用石墨烯的方法。利用该方法可在单层石墨烯上合成出具有强共价键的名为“聚合物地毯”的织物材料。该材料具有高度结构稳定性，不会随着时间改变而性能退化，这为开发柔性有机电子产品带来希望。新型织物不仅能感知、过滤有害物质，监测身体运动与健康状态，还能用于制备柔性电池、柔性超级电容器，为士兵提供动力，有效促进士兵柔性可穿戴装备智能化发展。

（2）先进薄膜材料可满足柔性器件应用要求。当前大多数透明氧化铟锡（ITO）电极都存在明显的脆性问题，不能用于柔性电子设备或显示器。南丹麦大学开发出基于纳米图案化银的新型透明导电电极薄膜大规模制造工艺。该工艺是先采用大小均匀、紧密堆积的单层塑料纳米颗粒涂覆 10 厘米的晶片并经烘干制出掩模板，然后在掩模板上沉积银薄膜，随后溶解颗粒实现图案化，最终得到透明导电薄膜。该薄膜通过改变厚度可实现高透明度和低导电率，电极性能明显优于当前柔性显示器和触摸屏用电极，可满足多种柔性器件需求。日本东京大学基于“几何阻挫”概念，采用低成本标准液体溶液工艺制备出厚度仅为4.4纳米的大面积半导体薄膜。这种超薄半导体薄膜中的分子通过分子间作用力首尾连接构成有序的、重复排列的人字形结构，表面积大且结构十分稳定，在薄膜晶体管和柔性电子器件中具有应用潜力。

（3）基于石墨烯的可穿戴电子织物将进入商业化。石墨烯是能够用于可穿戴电子织物的性能最为卓越的材料之一，但迄今为止还没有能以工业规模生产基于石墨烯的电子织物的有效方法。英国曼彻斯特大学牵头的研究小组开发出一种可升级的制备工艺，该工艺能够以150米/分钟的商业化生产速率生产基于石墨烯的可穿戴电子织物，达到了工业化生产规模，这对于快速增长的可穿戴装备发展而言是重大的技术突破，将使多功能石墨烯织物扩大应用于士兵军服与医用领域。

曼彻斯特大学开发的新工艺改变了传统的利用石墨烯材料涂覆织物的工艺过程。传统工艺首先用氧化石墨烯涂覆织物，然后将氧化石墨烯还原。新工艺首先在溶液中还原氧化石墨烯，然后利用还原的氧化石墨烯涂覆织物。由于织物涂覆是工艺的最后一步，因此可采用浸轧涂覆技术进行织物生产，这是当前纺织工业中将功能性表面涂层应用于纺织品的最常用方法。商用浸轧干燥装置可在1分钟内处理大约150米的织物，这相对于利用石墨烯涂覆织物的实验室工艺来说是一个巨大飞跃，将是电子织物转向实际应用的重要一步。

（4）新型3D打印材料推动柔性设备制造技术发展。3D打印材料及相关工艺的迅速发展使其应用扩大到柔性设备，成为柔性可穿戴装备发展的重要推动技术。美国俄勒冈州立大学通过将镍纳米颗粒加入镓铟锡合金中得到一种新型3D打印材料。金属镓铟锡合金已被用作柔性电子产品中的导电材料，但仅限于印刷二维结构电路。研究人员采用基于金属镓铟锡合金的新型 3D 打印材料为墨水，通过 3D 打印制备出高 10 毫米、宽 20 毫米的弹性双层电路。该研究将金属镓铟锡合金的应用领域扩大到高复杂结构的 3D 打印，可推动快速制造柔性计算机屏幕和其他可伸缩电子设备的发展。

美国能源部劳伦斯·伯克利国家实验室使用一种改进的 3D 打印机，将金纳米粒子和聚合物配体分别添加到水与硅油中，获得两种液体混合物；然后将水相混合物注入硅油介质中，金纳米颗粒与聚合物配体相互作用形成的柔性弹性外壳把水锁定在壳体内，保持壳体独特的形状。研究人员利用这种技术已经打印出直径在 10 微米和 1 毫米之间的水线，并且创造出许多不同的结构类型，包括长达几米的复杂螺旋形和分枝形图案。该技术与传统逐层 3D 打印微小颗粒和熔融材料的方法不同，可用于构建柔性可伸缩设备用液态电子器件。

五、二维材料的电子器件实用化进程加快

2018 年，多项新技术开发促使二维材料性能进一步提升，多种基于二维材料的新型器件相继问世，加速了二维材料的实用化进程。

（1）新技术提升二维材料性能与应用潜力。2018 年，新技术开发在提升六方氮化硼等二维材料的性能、扩大其应用潜力方面发挥了重要作用。硼同位素的原子量差异会导致声子散射，造成大量光学损耗，限制二维六方氮化硼材料的应用。美国海军研究实验室设计了同位素纯度超过 99% 的六方氮化硼样品，可显著降低六方氮化硼的光学损耗，产生新的光学模式，使光线行进距离和持续时间增加3 倍，有利于六方氮化硼实现近场光学和化学传感等功能，用于非常小的激光器和纳米级光学器件。美国哥伦比亚大

学开发出石墨烯/氮化硼异质结构。研究人员先采用两片氮化硼包裹石墨烯构成范德华异质结构，并将其置于油浴中通过等静压缩短层间距。该结构带隙宽度为0.05电子伏，高于石墨烯的0.035电子伏，为设计具有特殊电子性质（如磁性、超导性等）的二维范德华异质结构开辟了新途径。美国能源部橡树岭国家实验室利用“MXene”二维陶瓷开发出一种新材料，该材料表面会由于钛原子缺失产生“空位”，这有利于钛和碳原子的自由移动并自发重构，在原始结构顶部形成新的二维过渡金属碳化物结构（如从Ti_3C_2结构变成Ti_4C_3结构）。新材料具有很高的离子传输效率，非常适合用于电池和超级电容器。该项研究成果提供了改善二维材料设计的新思路。

（2）二维材料晶体管有望达到商业化水平。二维材料晶体管是国外发展得比较成熟的二维材料技术。美国得克萨斯大学首次以纸张为基材，采用石墨烯和二硫化钼（MoS_2）制备出高性能二维材料晶体管。研究人员采用纳米压印光刻、在线计量、卷对卷生长和塑料转印等技术，在纸上涂覆聚合物薄膜涂层，不仅克服了纸张表面粗糙影响电流、易吸收水分或化学物质的问题，还改善了其耐温性，可满足器件制造需求。该技术未来有望达到商业化水平，用于物联网和智能传感器等领域。韩国制备出由两层氧化铝与二维二硫化钼晶体管构成的高电子迁移率晶体管。通过在二硫化钼与电极之间增加氧化铝层，可使氧化铝与二硫化钼界面具有电子富集半导体效果，这样可以解决界面间接触电阻问题，避免由于电荷捕获形成的斑点，提高载流子迁移率。该晶体管电子迁移率为20厘米^2/（伏·秒），可反复弯曲并贴在皮肤上，最小弯曲半径小于1毫米。

（3）二维材料存储器性能倍增。利用二维材料开发新型存储器是二维材料技术发展的重要方向。美国华盛顿大学使用二维磁性材料三碘化铬（CrI_3）制备出仅为几个原子层厚的新型磁性存储器。该存储器中两层三碘化铬材料夹在导电石墨烯之间，通过调节两层三碘化铬的电子自旋可实现电流导通和关闭状态的切换，并用二进制代码0和1编码信息。该存储器对电子的阻断效果是当前常用方法的11倍以上，且可进行多位信息存储。美国普渡大学、国家标准与技术研究院以及泰斯研究公司合作，设计出由二维材料二碲化钼制成的阻变存储器（RRAM）。二维二碲化钼具有独特的开关机制，将该材料堆叠成多层可构建存储单元。该存储单元比传统RRAM器件的开关速度快得多，且电阻状态改变需要的功耗更低，有望加速信息的存储与获取。

（4）二维材料推动先进计算机与光电子技术发展。二维材料技术是未来先进计算机与光电子技术发展的重要推动力。美国南加州大学利用并行运行的二维氮化硼忆阻器制备出新型复合突触。原子级厚度的忆阻器的输出精度可以达到传统器件的5倍，并可实现权重编程与矢量矩阵乘法，同时保持并联忆阻器的节能效果，能量效率达到现有忆阻器的10000倍。这种新型复合突触在当前技术水平上取得显著进步，有望用于开发大规模集成的未来“神经形态”系统，实现超出当前半导体限制的计算机。日本科学技术局利用石墨烯二维材料制备出高度集成的高速硅基芯片黑体发射器。该发射器工作波段在近红外区域，具有约100皮秒的快速响应时间，比之前的石墨烯发射器高约10^5倍，能够高度集成在硅芯片上，为高度集成的光电子和硅光子学技术发展开辟道路。

六、自旋电子学材料技术开发取得显著进步

2018年，锑化铋薄膜、亚铁磁体、多铁性材料等技术发展将推动自旋电源、磁性存储器件、晶体管等自旋电子器件性能的大幅提升；反铁磁材

料在自旋电流传输方面取得巨大进步；二维材料在基于自旋的逻辑器件中展现出应用潜力。

（1）锑化铋薄膜技术实现迄今性能最好的自旋电源。日本东京理工大学使用高精度分子束外延法生长出具有特定表面取向（012）的锑化铋（BiSb）薄膜，并用其开发出纯自旋电源。锑化铋（012）薄膜在室温下可实现大约52°的巨大自旋霍耳角，电导率和自旋霍耳电导率分别达 2.5×10^5 和 1.3×10^7。该电源被认为是目前世界上性能最好的纯自旋电源，是拓扑绝缘电子技术的重大进步。

（2）亚铁磁体与磁性材料技术使磁性存储器性能倍增。新加坡国立大学、日本丰田工业大学、韩国高丽大学合作，利用亚铁磁体开发出一种新型磁性存储器件。与目前的自旋电子数字存储器相比，新型磁性存储器件厚度可扩大至原来的10倍，而不会影响整体数据写入效率，操控数字信息的效率提高20倍，稳定性提高10倍。该技术有望加速自旋存储器件的商业化发展。美国加州大学伯克利分校和加州大学河滨分校合作，利用快速电脉冲在10皮秒内实现了钆铁合金磁性材料磁性方向的切换，这是利用电流控制磁体的全新方式，有望实现超高速、非易失性磁存储器，使其比任何其他的磁性随机存取存储器技术高几个数量级。

（3）铋铁氧化物与电绝缘磁性材料大幅降低晶体管能耗。美国英特尔公司与加州大学伯克利分校合作，设计出一种由铋、铁、氧组成的铋铁氧化物（$BiFeO_3$）。利用铁磁耦合作用，通过外加电场可改变这种多铁性材料的偶极电场，将多铁性材料磁电开关所需的电压从3伏降低至500毫伏。该技术有望将晶体管能耗降低90%以上。荷兰格罗宁根大学利用电绝缘磁性材料制备出基于磁振子的自旋晶体管。该器件由3条铂金和钇铁石榴石磁体制成，可利用简单的直流电实现自旋注入和自旋电流控制，与普通电子器件兼容。该自旋晶体管有望将数字存储单元和处理单元集成于一体，实现零能耗的非易失性存储，使计算机变得更快、更节能。

（4）反铁磁材料技术在自旋电流传输方面取得巨大进步。挪威科技大学在反铁磁赤铁矿（一种 Fe_2O_3）中首次实现了超过 80 微米的自旋传输距离。这是在接近室温的温度下完成的，是目前自旋电流发送和控制的最大距离。此外，德国美因茨约翰内斯·古腾堡大学物理研究所使用硒和钛对一种常见的反铁磁赤铁矿晶体进行掺杂，通过将电极直接注入到氧化铁上，再次实现了 80 微米的自旋波信号传输，并进一步将自旋电流产生温度从 -10℃提升至 40℃左右，这代表了自旋电子学研究的一个巨大进步。

（5）二维材料在自旋电子器件中的应用潜力凸显。荷兰格罗宁根大学与德国雷根斯堡大学合作，开发出优化的双层石墨烯器件。研究人员将石墨烯放置在过渡金属二硫化物附近，构成具有较高的内在自旋 - 轨道耦合强度的层状结构。高自旋 - 轨道耦合强度通过界面处的短程相互作用转移到石墨烯控制自旋电流，并利用自旋寿命各向异性提高自旋电流的寿命。该技术为高质量石墨烯中的高效电控自旋开辟了新途径，在基于自旋的逻辑器件中具有应用潜力。

（中国兵器工业集团第二一〇研究所　郭瑞萍　李静　胡阳旭）

（工业和信息化部电子第一研究所　张慧）

（中国航天系统科学与工程研究院　李虹琳）

2018 年先进制造领域科技发展综述

制造业是立国之本、强国之基，从根本上决定着一个国家的综合实力和国际竞争力。2018 年，美国、日本相继发布先进制造战略，提出新阶段先进制造技术发展的方向和重点，以引领全球先进制造业发展。世界范围内数字化技术应用持续深入、人工智能与先进制造加快融合，智能制造、增材制造、微纳制造、传统制造技术提升等取得重要进展，制造业成为科技创新的重要战场。

一、加强先进制造技术发展战略谋划

2018 年，美国、日本从多个层面加强先进制造技术战略布局，推动先进制造技术创新发展。

（1）美国发布先进制造国家战略。2018 年 10 月，美国在时隔 6 年之后由总统行政办公室再次发布国家先进制造战略——《美国先进制造业领先地位战略》（以下简称《战略》）。《战略》提出先进制造是美国经济实力的引擎和国家安全的支柱，坚实的国防工业基础，包括具有弹性供应链和创新力的国内制造业是国家头等大事，对经济繁荣和国家安全至关重要，因此必须不断创新，以保持经济竞争力，并为军队作战提供在任何冲突中都能占据优势的能力。《战略》明确了新阶段美国引领全球先进制造的发展方向，确定了“发展和推广制造新技术”等三大目标，以及智能制造、工业机器人、制造业网络安全、高性能材料等 15 个技术优先发展方向。《战略》将三大目标进行任务分解，具体由美国能源部、国防部、商务部、航空航天局等多个部门执行，国防部几乎参与了所有任务，体现了国防制造技术的重要性和领域覆盖的广泛性，以及对整个国家制造业发展的引领作用。

（2）美国完成对国家制造业和国防工业的全面评估。2018 年 10 月，美国国防部发布《评估并加强美国制造业和国防工业基础及供应链弹性》报告。报告阐述了美国制造业和国防工业基础面临的以 10 种风险形态存在的 5 类挑战，分析了这些挑战所造成的影响，共识别出影响美国制造业与国防工业基础的相关风险点近 300 个，同时提出缓解风险的措施建议。2017 年，美国总统特朗普签署第 13806 号行政令，要求国防部组织联邦其他部门共同对美国现有制造业和国防工业基础展开全面调查和评估，这是美国将国防建设重心从应对恐怖主义转向大国竞争所采取的一项战略措施。此次调查着眼点不局限于传统的国防部门，而是评估美国制造业的整体综合能力与国防工业发展之间的关系及对国防工业的影响，是首次大范围的全面评估。为此，美国国防部组织商务部、能源部、国土安全部等多个部门，组建 16 个工作组，历时超过 9 个月完成。其中，9 个工作组负责传统行业（飞机、核生化、地面系统、弹药与导弹、核弹头、雷达与电子战、造船、士兵系统和航天），7 个工作组负责跨行业（制造业网络安全、电子元器件、机床和工业控制、材料、体制内工业基础、软件工程、劳动力），政府各部门共有超过 300 名人员参与，并广泛征集了各方面的意见。评估围绕美国制造业和国防工业基础能力的全面情况而展开，并将就如何建立一个充满活力的美国制造业和国防工业基础以及富有弹性的供应链，提出了战略性发展意见和建议。

（3）美国陆军面向未来装备发展布局制造技术发展。为应对未来战争挑战、保持绝对领先优势，2018 年 7 月，美国陆军启动近几十年来最大幅度改革，组建与陆军部队司令部、训练与条令司令部、装备司令部并列的陆军未来司令部，形成陆军四大司令部格局，以推动颠覆性技术研发，加速陆军现代化建设。陆军未来司令部成立了 8 个跨职能小组，其中 6 个小组分别负责“远程精确火力”“下一代战车”“未来垂直起降飞行器”“防空反导”“陆军网络”“士兵杀伤力”等 6 个现代化重点项目的发展。12 月，美国陆军发布 2019 财年制造技术规划报告，围绕 6 个现代化重点项目布局先进制造技术发展。

（4）日本提出“工业互联”战略。日本产业竞争力居于世界前列。2018 年 6 月，日本经济产业省发布第 17 版《日本制造业白皮书（2018）》（从 2002 年开始），就日本制造业面临的挑战和相应对策等进行总结分析：一是提出日本制造业正处于一个“非连续创新”（指引进和使用新技术的创新）的时期，需要选择更有附加值的颠覆性创新来获得新的经济动力，通过将日本具备优势的自动化技术加强与数字化融合的技术途径，获得更高的附加值，进一步提高日本制造业的劳动生产率；二是提出利用数字化工具等手段来“强化现场力”；三是强调“工业互联”的重要性，提出把“工业互联”作为日本制造业下一阶段追求的目标，加快建设网络化的生产制造体系和服务体系，构筑与美国工业互联网定位有所不同、更加突出“工业”核心地位的工业互联。

（5）日本制造业将具备建造准航母的能力。2018 年 12 月，日本政府内阁会议批准新版《防卫计划大纲》以及《2019—2023年中期防卫力量整备计划》。其中，《防卫计划大纲》提出现有舰船航母化、发展太空、网络等“多域联合防卫力量”，以及进一步强化美日同盟等。这是安倍政府自2013年以来，再一次对《防卫计划大纲》进行修订。《中期防卫力量整备计划》明确预计于2020年开始对“出云”级的“出云”号与“加贺”号直升机驱逐舰进行改造，将其甲板进行耐高温改造以满足垂直起降，完成改造后可携带18架垂直短距起降且具备隐身性能的F-35B战机，具备像正规航空母舰那样搭载固定翼战机的能力，将使自卫队进一步提高远洋作战能力。

二、数字化技术应用持续深入

2018年，美欧推动向以模型和数据为核心的产品研发模式转变、推进数字孪生技术在武器装备设计研发、生产制造中的应用。

（1）以模型和数据为中心支持复杂系统研发。2018年7月，美国国防部发布《国防部数字工程战略》，将国防部以往线性、以文档为中心的采办流程，转变为以模型和数据为核心的数字工程生态系统，使国防部逐步形成以模型和数据为核心的工作方式。目前，美国国防部已实施数字系统模型、数字线索、飞行器机体数字孪生、工程弹性以及计算研究和工程采办工具与环境等多个数字工程转型计划和项目。10月，空客公司与佐治亚技术学院正式开设基于模型的系统工程飞机总体设计空客/佐治亚技术中心。该中心将利用基于模型的系统工程、交互式参数设计太空探索任务和数字化技术的优势，实现飞机总体并行设计过程的开发与验证。基于模型的系统工程已成为推动飞机集成和实现多学科设计目标的基础。

（2）推进数字孪生技术应用。2018年5月，达索航空公司引入针对复杂产品创新设计建立的基于数字孪生技术的3D Experience平台，用于新型战斗机研发，以及“阵风”系列战斗机和“隼”式商务客机的生产能力提升；6月，土耳其航空工业公司称，计划在TF-X第五代战斗机研制中采用3D Experience平台。10月，俄罗斯联合发动机制造集团和萨拉夫工程中心合作开展数字孪生技术研究，主要包括建立“数字孪生”数学模型，开展计算工作，完成虚拟试验，初始数据和计算数据信息交换，合作分析校对结果等，成果计划用于PD-14、PD-35、PS-90A、TV7-117系列等航空发动机研制。数字孪生技术的应用不仅可大幅缩短研制周期，还能降低全生命周期成本。

三、人工智能与先进制造技术加快融合

2018年，美、英等国探索机器学习等人工智能技术在复杂系统设计、前沿及传统制造工艺等领域的应用，旨在提质增效，降低成本。

（1）美国采取系列相关举措发展人工智能。2018年5月，美国政府成立了人工智能特别委员会；6月，国防部设立“联合人工智能中心”，目标是“让国防领域团队迅速交付新的人工智能能力，并有效地试验新的操作概念，以支持国防部的军事任务和业务功能”，目前正在制定相关战略计划和蓝图，以识别、协调人工智能技术和关键应用能力，加快人工智能的发展和部署；美国国防高级研究计划局（DARPA）宣布将为第三代人工智能技术研究提供数十亿美元资金。

（2）人工智能技术助力DARPA实现复杂系统设计自动化。2018年3月，在DARPA“颠覆性”工程“基本设计”项目资助下，施乐帕克研究中心开发基于人工智能的复杂机械系统设计自动化工具。“基本设计”项目

将面向车辆、飞机等复杂机械组件的系统概念设计，集成功能、行为、拓扑和几何推理，开发全新的数学框架，可系统搜索满足功能要求的拓扑布局，以改变现有设计工具不能实现拓扑映射、设计空间探索等的现状。“基本设计”项目是DARPA国防科学办公室“颠覆性”工程公布的首批项目之一，旨在面向复杂机械系统的创新和优化设计，研究基础计算和数学模块。6月,美国国防部牵头的数字化制造与设计创新机构资助“人工智能设计顾问”相关研究，旨在利用人工智能生成设计工程师提议的解决方案，或者基于制造、组装、质量、服务和维修等下游活动数据，生成实现设计过程部分自动化的解决方案。

（3）机器学习技术推动制造工艺自动化、智能化。2018年2月，英国国家复合材料中心和建模仿真中心合作，验证机器学习技术在高质量复合材料构件树脂传递模塑工艺闭环制造中的应用，目标是将机器学习技术与虚拟制造相结合，改进工艺流程，提升产品质量，缩短产品上市时间，推动复合材料制造向自动化、智能化产迈进。3月，加拿大阿尔伯塔大学在《美国化学学会·纳米》杂志发表论文称，在原子级电路制造过程中，通过自动检测和修复扫描探针显微镜的探针针尖，在全球首次实现原子级制造的自动化。研究人员利用基于卷积神经网络的机器学习技术，分析已知原子缺陷的图像，确定扫描探针显微镜的探针针尖钝化问题，并自动进行原位锐化调节，解决了此前手动调节耗时极长的问题，为原子级制造实现规模化应用，生产能耗降低上千倍、处理速度提高上百倍的新型电子设备奠定基础。

四、增材制造技术国防应用取得重要突破

2018年，增材制造技术继续呈快速发展态势，在固态金属增材制造工

艺、高温聚合物复合材料、高性能含能材料精密安全制备等方面取得突破。

（1）新型固态金属增材制造工艺得到军方高度关注。2018 年 4 月，美国推出名为“梅尔德”（MELD）的新型固态金属增材制造工艺。该技术结合了搅拌摩擦和增材制造的优势，采用一个空心的旋转工具，通过摩擦产生的热量将金属棒材、粉末原料以高沉积速率逐层沉积，可实现新零件成形、涂层沉积以及零件修复等，具有开放式操作、高沉积速度、产生近锻造微观结构、材料使用范围广、应用领域多等特点，军事应用优势明显。2018 年，美国军方密集布局，开展该技术在大型金属构件制造、战区金属废料回收再利用、金属装甲板高抗弹性全致密纳米晶涂层及下一代战车轻质高强材料创新方面的应用研究。

（2）美国空军突破高温聚合物复合材料增材制造极限。2018 年 3 月，美国空军研究实验室采用选择性激光烧结工艺成功打印了可承受超过 300℃高温的、多种构型的碳纤维增强树脂基复合材料部件。这是采用增材制造技术制造的可承受温度最高的聚合物复合材料部件，标志着复合材料增材制造研究取得重大突破。碳纤维增强树脂基复合材料具有重量轻和在高温环境中承受极端条件的能力，在发动机部件和战斗机的前缘、尾缘等具有应用前景。这一突破，将使美国空军可以更加经济高效的方式制造高温聚合物基复合材料部件，为满足美国空军的新一代、高成本效益制造需求奠定了基础。

（3）增材制造高超声速战斗部首次通过爆破试验。2018 年 3 月，轨道阿连特技术系统公司成功对一型主要由增材制造技术制造的高超声速战斗部进行爆破试验。这是该公司首次针对由增材制造技术制造的战斗部进行试验，战斗部总质量为 22.7 千克，包含 5 个主要部件，其中有 3 个采用增材制造技术。试验结果表明，战斗部能够耐受高速、高温环境。采用增材制造技术使得战斗部从概念设计—加工制造—试验验证的全部流程在 60 天内完成，相比传统工艺，研制时间至少缩短了一个半月。高超声速飞行器工作环境恶劣、热环境与力学环境要求严苛，材料与结构是研制高超声速飞行器需要攻克的关键技术之一。该型战斗部是目前已知的首个以增材制造为主要制造方式的高超声速分系统级产品，其成功制造与试验是增材制造技术在高超声速飞行器应用上的重要突破。

（4）增材制造技术推动高性能含能材料精密安全制备。2018 年 1 月，印度科学研究院采用单喷嘴喷墨打印技术成功制得复杂内孔形状的高氯酸铵/端羟基聚丁二烯/铝粉高能固体推进剂药柱。通过依次打印不同能量密度的推进剂浆料，或调整孔隙内填充物的种类和密度，可使固体推进剂药柱能量沿轴向递变，实现燃速可控或燃速渐变。同月，普渡大学在美国陆军支持下，首次开发出微量火工药剂双喷嘴喷墨打印技术。该技术将纳米燃料和纳米氧化物胶状悬浮液分别通过两个喷嘴喷出，喷嘴下方的平台能够以 0.1 微米的精度移动，墨水体积控制精度可达 1000 皮升，燃料和氧化物在打印过程中实现原位混合和沉积，制备出微量纳米铝热剂，有效解决了现有工艺难以精确制备微量含能材料的难题，由于所用含能材料组分无需预先混合，可有效降低发生危险化学反应的概率，大幅提高制备安全性。

（5）太空增材制造从非金属向金属迈进。2018 年 4 月，德国联邦材料测试研究院在之前零重力条件下陶瓷粉末增材制造的基础上，经过进一步的工艺优化，解决了在零重力情况下金属粉末床颗粒难以聚集在一起的问题，首次成功实现零重力条件下金属件的增材制造。5 月，美国太空制造公司获得美国航空航天局“小企业创新研究”计划合同，进一步研制名为“火神”的混合金属制造系统。“火神”系统可在太空环境下采用机器人，利用增减材制造工艺，以较高精度按需制造金属部件，可将制造过程中资源耗费量降到最低水平，有望在长期探测活动的后勤保障中发挥重要作用。

五、极紫外光刻等光电子器件制造工艺取得重要进展

2018 年，国外围绕光电子器件、集成电路的制造在极紫外光刻、光电路混合集成芯片工艺方面取得重要进展。

（1）比利时突破极紫外光刻单次曝光工艺极限。极紫外光刻是使用 13.5 纳米光源的下一代光刻技术。2018 年 2 月，比利时微电子研究中心通过对材料、计量、设计规格、后处理等各种光刻相关技术进行协同优化，并对极紫外光刻关键工艺过程进行深入地理论研究，在 5 纳米技术节点逻辑电路制造中，将极紫外光刻用于 32 纳米节距 M2 金属互联层和 36 纳米节距接触孔阵列制造，并取得较好的初始电性测试结果。这一进展，有潜力实现更小尺度的极紫外光刻单次曝光，将对未来集成电路制造技术节点图形化工艺产生深远影响。

（2）美国研制出光路和电路混合集成芯片新工艺。2018 年 4 月，美国麻省理工学院、加州大学伯克利分校和波士顿大学合作，实现了在单块芯片上分别集成了光子器件和电子器件，除了包含用于计算功能的数百万晶体管，还集成了调制器、波导、谐振器等光通信器件，实现在同一芯片上电路和光路混合集成。利用该工艺制造的芯片，可节省出 10～20 倍的空间，耗电功率降低 10～100 倍。

（中国兵器工业集团第二一〇研究所　苟桂枝　高彬彬）

2018 年军用电子元器件领域科技发展综述

2018 年，军用电子元器件领域科技发展十分活跃，微电子、光电子、真电空子、电能源、抗辐照加固等器件研发与应用取得重大突破和进展，有助于进一步提高武器装备性能。

一、微电子器件领域

2018 年，微电子器件科技发展态势主要体现在以下方面：

一是晶体管技术不断进步，新型晶体管相继涌现。美国西北大学开发出世界首个六端口忆阻晶体管。该器件通过栅极调谐模拟人脑突触可塑性，有助于人工神经网络实现接近人脑的学习和记忆功能。美国哥伦比亚大学采用全新制备工艺，克服二硫化物与金属电极接触电阻大的难题，研制出高性能二硫化钼场效应晶体管。其性能已十分接近国际半导体技术路线图中低功耗电子器件的性能目标，为二硫化物在未来先进电子器件中应用奠定基础。德国卡尔斯鲁厄理工学院采用全新电化学制造技术，开发出世界首个室温工作的准固态单原子晶体管。与硅晶体管相比，其工作电压降低

2 个数量级。该晶体管验证了基于电化学原理单原子晶体管技术方案的可行性，将催生性能更高、功耗更低的晶体管，实现对传统硅基晶体管性能的超越。澳大利亚墨尔本皇家理工大学开发出金属基场发射空气沟道晶体管，具有速度快、成本低、缩微性能好、抗辐射能力强等优点，其工作频率是传统半导体器件的1 万倍。西班牙石墨烯公司推出两款超高灵敏度石墨烯场效应晶体管，具有超高灵敏度，有望大幅提升数据收集速度，推动生物、化学、光学、磁性或分子相互作用等领域研究。

二是下一代存储器技术取得重大突破，应用进程加速。美国耶鲁大学与 IBM 华生研究中心合作开发出封闭式相变存储器单元，其读写循环次数达到 2×10^{12}，耐久性提升 4 个数量级，将进一步促进相变存储器的推广和应用。美国华盛顿大学开发出原子级超薄磁性存储器，可大幅提升数据存储密度，而且存储功耗仅为当前存储器的 1/10。IBM 苏黎世研究院与德国亚琛工业大学克服传统多元素相变存储器局部组分改变难题，开发出基于玻璃态金属锑的单元素相变存储单元，未来有望应用于内存内计算、记忆型存储级存储器、类脑计算等前沿技术领域。美国水星系统公司开发出三维堆叠数字射频存储器，具备吉比特字节以上存储能力，尺寸仅为传统数字射频存储器的 1/4，可集成到精确制导武器中，赋予有源电子干扰能力，提高其在复杂战场环境下的作战效能。

三是宽禁带半导体器件技术快速发展，提升武器装备性能。美国英特格拉技术公司推出 IGT5259L50 微波大功率碳化硅上氮化镓晶体管，可满足 C 波段雷达大功率、高增益应用需求，还推出 IGNP1011L2400 碳化硅基氮化镓射频功率放大器模块，可用于敌我识别和二次监视雷达系统，有望解决高性能 L 波段航空电子系统的尺寸、重量、功耗和成本挑战。美国美高森美公司推出 SP6LI 碳化硅金属氧化物半导体场效应管功率模块，可用于航空航天和国防工业领域，实现电源开关模式切换和电动机控制。瑞士保罗谢勒国家研究所研制出首个基于二维电子气的氮化镓/铝镓氮晶体管异质结，有望使无线电发射器性能提高10%，为开发面向5G应用的高性能晶体管奠定基础。美国空军研究实验室与BAE系统公司签署合作研究与开发计划协议，将空军开发的氮化镓半导体技术转移到先进微波产品中心，提升其在国防关键技术领域的实用性。

四是芯片散热技术获得突破，有望解决散热难题。在美国国防高级研究计划局（DARPA）资助下，IBM公司研究出嵌入式散热方法，有助于解决三维堆叠芯片散热问题。比利时微电子研究中心首次展示聚合物喷洒式散热解决方案，具有高冷却效率、低成本等特点，性能超越传统冷却解决方案平均水平，可满足高性能三维芯片和系统冷却需求。瑞典查尔姆斯理工大学开发出一种石墨烯组装膜，导热率比石墨膜高60%以上，机械拉伸强度比石墨薄膜高3倍，有望成为新型芯片散热材料。

五是制造工艺及装备技术推陈出新，提高器件性能。美国应用材料公司推出采用全新设计的CENTURA 200毫米常压厚硅外延反应室，在不影响晶圆工艺质量情况下，具有较高的晶圆吞吐量和较低的购置成本。美国水星系统公司推出“构建安全”系统级微电子封装工艺，具有一站式定制化集成、高可靠、高安全等特点，将实现嵌入式高性能计算系统在武器装备中的安全集成。日本富士通有限公司和富士通实验室通过在氮化镓高电子迁移率晶体管中引入由AlGaN层和InAlGaN层构成的异质晶体结构，显著提高晶体管工作电流和电压，将输出功率提升3倍，达到19.9瓦/毫米栅宽。在欧盟石墨烯旗舰计划支持下，瑞典查尔姆斯理工大学、西班牙加泰罗尼亚纳米科学技术研究所、巴塞罗那自治大学展示了由石墨烯和拓扑绝缘体形成的全新异质结构，有望为石墨烯自旋电子技术在先进电路、非易失性存储和信息处理等领域应用开辟新的路径。

二、光电子器件领域

2018 年，光电子器件科技发展态势主要体现在以下方面：

一是激光器朝窄脉宽、高功率、宽光谱方向发展。美国麻省理工学院开发出高分辨率、低噪声太赫兹激光器，首次在基于芯片的太赫兹激光器中同时实现高恒定功率、紧束模式、宽电频调谐。俄罗斯圣光机大学开发出世界上最强大的皮秒激光器，其脉宽为 64 皮秒，输出能量至少比类似器件高 2 倍，具有高脉冲重复率和能量稳定性，将用于“格罗纳斯”导航系统月球激光定位仪，使导航定位精度提高到 10 厘米。德国联邦教育与研究部启动高能中红外激光器项目，旨在开发并演示辐射波长 1.9 微米、可在焦耳范围内提供高能激光的二极管泵浦固态激光器，将为材料加工和基础研究等应用提供理想光源。在美国海军研究局和空军科学研究办公室支持下，耶鲁大学、伦敦帝国理工学院、卡迪夫大学和南洋理工大学提出稳定高功率激光器的新方法。新加坡科学技术研究所利用驻波实现光增强，开发出纳米半导体圆柱阵列微型激光器，并首次在非金属结构中实现激光发射。日本东京大学采用分子束外延技术，在硅衬底上制备出电注入砷化铟/砷化镓单片量子点激光器，为制备单片硅基光源提供新的思路，有望解决互补金属氧化物半导体（CMOS）工艺集成中金属布线引起的低带宽密度、高功耗等问题。美国耶鲁大学利用光波和声波耦合放大光波，在单晶绝缘体上硅晶圆上制作出新的激光器，为研发硅基光电器件开辟新的技术途径。

二是红外探测器朝宽波段、高灵敏度、高光谱方向发展。美国耶鲁大学和西班牙光子科学研究所利用石墨烯等离子体与光子共振耦合，开发出工作频率达吉赫的室温、高效中红外探测器，有望用于高速中红外自由空间通信、高分辨率中红外相机、高密度红外集成光子电路等领域。俄罗斯、印度采用离子注入技术在氧化铝掩埋层中制备出氧化镓纳米晶体，并结合叉指电极制成日盲紫外光电探测器，将推动下一代超高灵敏度日盲紫外光电探测器研制。俄罗斯、英国、日本和意大利联合研制出石墨烯太赫兹探测器，其尺寸仅十余微米，可作为灵敏度探测器和太赫兹光谱仪，也是研究二维材料等离子激元的工具。美国石溪大学利用异质层状结构设计，克服晶格失配难题，在砷化镓衬底上外延生长出铟砷锑薄膜，为研制高性能、低成本长波红外探测器开辟新的技术途径。美国海军研究实验室成功制备出六方氮化硼/二硒化钼—二硒化钨/六方氮化硼异质结，有望用于检测化学战剂、爆炸物和有毒工业化学品的传感器，以及制成单光子发射器、纳米激光器、光伏器件和光电探测器等。

三是发光二极管朝大功率、长寿命、小尺寸、柔性化方向发展。美国加州大学伯克利分校和劳伦斯・伯克利国家实验室、澳大利亚墨尔本大学制备出黑磷中红外光电二极管，可用于通信、医疗、自动化、监控等领域。德国欧司朗光电半导体有限公司公布“大型晶圆和面板 LED 增值链整合大批量生产”项目研究成果，采用平面互连技术制备的新 LED 可以更直接地发光，亮度高、成本低。日本东京多华电子材料有限公司开发出高功率短波红外发光二极管，实现更高输出功率和更小芯片尺寸的统一，将显著改善传感器应用所需的高输出功率。韩国首尔伟傲世有限公司发布紫外光印制电路板上晶圆级集成芯片组件，与传统高功率封装发光二极管相比，其性能提高 6 倍以上，持续照明时间提高 10 倍（达 45000 小时），价格降低 80%。美国俄亥俄州立大学使用锌锡氮化物，提高琥珀色铟镓氮量子阱发光二极管效率。与铟镓氮量子阱相比，新材料的自发辐射强度提高 210 ~

250 倍，自发辐射复合率增加 210 ~ 235 倍，为高性能单片可见光Ⅲ族—氮化物发光二极管发展奠定基础。韩国高级科学技术研究所采用以异方性导电胶膜为基础的转移和互连技术，研制出柔性垂直微型发光二极管，可用于低功耗智能手表、移动显示、可穿戴设备、生物医学等领域。日本、美国和土耳其在 200 毫米硅晶圆上成功研制出高亮铝镓氮紫外发光二极管。

四是硅基光电集成技术取得重要进展。美国麻省理工学院和新家坡国立大学在硅衬底上实现铟镓砷 N 型场效应晶体管与电泵浦砷化镓/铝镓砷量子阱激光器集成，该技术是实现低成本、低功耗、高速光电集成电路的关键。美国麻省理工学院利用 65 纳米平面体硅 CMOS 工艺，实现光子器件和电子器件的单片集成，验证了利用成本较低的平面体硅 COMS 工艺实现光电单片集成的可行性。比利时微电子研究中心利用 14 纳米 FinFET CMOS 工艺实现 300 毫米硅基光电子技术集成，并展示了具有高质量数据发送和接收能力的超低功耗、高带宽光学收发器。欧洲 12 家企业联合启动开放式磷化铟光子集成电路试生产线项目，预计 2022 年全面投入运营。

三、真空电子器件领域

2018 年，真空电子器件科技发展态势主要体现在以下方面：

一是碾压性高功率真空电子放大器技术研发稳步推进。2018 年，在 DARPA“碾压性①高功率真空电子放大器”项目支持下，CPI 公司微波功率器件部、L3 公司和诺斯罗普·格鲁曼公司正采用革命性方法，研发和验证具有紧凑、高功率、宽带毫米波真空放大器，它具备移动和机载平台兼容

① “碾压性”主要指与同频段其他竞争器件相比，具有更高功率等显著优势的器件。

性。L3 公司开发出一种小型连续波 E 波段微波功率模块，频率范围 81～86 吉赫，可在 15 千米高度下机载工作。DARPA“100 吉比特/秒射频骨干网”项目在真实城市环境中进行了地面演示验证，通信速率达 102 吉比特/秒。该项目采用 E 波段行波管作为射频功放，提供 10～50 瓦的输出功率。

二是毫米波行波管在高速无线通信系统中得到广泛应用。“欧洲地平线2020”计划支持的“高数据率分发、高频谱效率和能量效率的 W 波段无线网络用行波管”（TWEETHER）项目实现世界首个 W 波段点到多点无线回传，具有超常的传输容量，可用于 5G 和下一代无线通信网络。欧洲启动“基于毫米波行波管的 100 吉赫以上超大容量无线层”计划，目标是实现一种未来网络架构，提供 100 吉比特/千米^{2}的面积容量。

三是积极探索先进的真空电子器件加工技术。DARPA“创新真空电子科学与技术”项目正在探索利用 3D 打印技术制作真空电子器件。在 2018 年国际真空电子会议上，美国海军实验室展示了利用 3D 打印技术加工的 W 波段实体铜质行波管慢波电路，其结构尺寸精度已接近传统工艺加工的产品。美国斯坦福直线加速器中心利用电子束熔融加工技术，制备出复杂、高功率射频组件，平均表面粗糙度达到 5 微米。

四是推动真空电子器件向小型化和集成化发展。2018 年 4 月，美国海军实验室展示了在四注小型化折叠波导行波管设计和 140 吉赫行波管阵列集成方面的研究成果。其均采用多注方案，相比于单注行波管，在注电压相同时，可提高行波管输出功率。

四、传感器领域

2018 年，传感器科技发展态势主要体现在以下方面：

一是物理传感器朝超低功耗、高性能、柔性方向发展。在DARPA“趋零功耗射频与传感器”（N-ZERO）项目支持下，美国查尔斯·斯塔克·德拉普尔实验室研制出待机低于1纳瓦、在感知到特定声信号时才启动的声传感器。这是继射频、红外、化学、压力、温度等待机功耗趋零传感器取得突破后，该项目在声信号感知与识别方面取得的重要成果，将强化在射频、声音、光、化学等领域的全谱、全信号探测分析能力，为构建无人值守传感器网奠定重要基础。德国弗劳恩霍夫研究所开发出金刚石氮空位量子磁传感器，可用于精准测量微小磁场，具有广阔的应用前景。韩国国立济州大学研制出仿生晶须传感器，其具有高精度跟踪和监测水下漩涡的能力，可用于潜艇探测，以及软体机器人、可穿戴设备和人机交互等领域。美国InSense公司研发出10轴单芯片惯性（运动）MEMS传感器产品，有望提高导航、定位精度，在军事领域得到广泛应用。韩国科学技术院开发出基于机器学习、自供电、高灵敏的声学传感器，可用于个性化语音服务，如智能家电、人工智能秘书、生物识别、金融科技等；还开发出柔性透明纳米触摸传感器，具有高灵敏度、透明度、弯曲不敏感性，并满足大规模生产要求。

二是化学传感器高灵敏、微型、低成本方向发展。维也纳技术大学利用新型激光技术开发出微型化学传感器，可实现微芯片激光测量。中国与英国联合研制出首个黑磷光纤化学传感器，将为化学和生物传感提供优越的光学检测平台，推进黑磷化学生物传感器的应用研究进程。苏黎世联邦理工学院开发出号称“最小、最便宜的”高灵敏度电子鼻，具有高灵敏、高可靠性、低成本等特点，将用于地震和雪崩等灾后搜救。

三是生物传感器朝超低功耗、高性能、柔性方向发展。DARPA启动“持续性水生生物传感器”项目研究，旨在开发监测水下运载工具的水生生物传感器，研究海洋生物探测水下运载工具的生物信号或行为，通过传感器捕获、处理和转发这些生物信号或行为，探测美军可能面临的海上威胁。美国陆军发布“健康准备和性能系统可穿戴生理传感器研发”项目公告，寻求高可靠、可穿戴传感器解决方案。美国海军研究实验室正在开展海洋微生物基因改造研究，其将用于探测敌方舰艇、蛙人或装备留下的某些物质。

五、电能源领域

2018 年，电能源科技发展态势主要体现在以下方面：

一是太阳电池效率进一步提高。美国空军研究实验室和 SolAero 技术公司研发出新型先进倒置变形多结太阳电池，比同等尺寸标准多结太阳电池阵列能效提高 15%，可满足空间应用的能效和质量要求。美国微寰公司在 15 厘米（6 英寸）砷化镓衬底上制备出三结外延层剥离薄膜太阳电池，创下光电转换效率 37.75% 的新纪录，在无人机和卫星应用领域具有重大潜力。美国佐治亚理工学院、法国国家科学研究中心、法国梅斯拉斐特研究所利用氮化硼分离层生长氮化铟镓太阳电池，理论上可将光电转换效率提高 30%。美国密歇根大学研制的有机太阳电池实现创造了能量转换效率达 15% 的最高纪录，将实现商业化应用。

二是锂离子电池容量和安全性显著提升。在美国能源部能源前沿研究中心项目支持下，美国西北大学和阿贡国家实验室通过引入铁和氧气，研制出可充电锂—氧化铁电池，大幅提高锂离子电池容量，电池续航能力有望提升 8 倍。美国国防后勤局、陆军工业基地、电池制造商合作，为“陶”2 反坦克导弹系统研制出新型锂离子动力系统，每年节省采购费用 5500 万美元。日本信州大学通过立方晶体层的生长，在电极之间形成一层薄而致密的连接层，开发出提高锂离子电池效率的新方法，可实现更高能量密度。

三是燃料电池朝高效能、低成本方向发展。美国阿贡国家实验室使用几层纯铂原子覆盖钴—铂合金纳米颗粒，形成核—壳结构，开发出一种新型催化剂，可最大限度提高铂的有效性，使铂的使用量降低至当前技术的1/4，将大幅降低燃料电池成本。美国加州大学伯克利分校开发出廉价有效的碳化钼水解催化剂，可有效地从水中生成氢燃料。催化剂配方及制备工艺非常简单，适合大规模产生。美国威斯康星大学麦迪逊分校采用较为便宜的钴作为催化剂，设计出不含铂的新型燃料电池。虽然其输出功率只有商业氢燃料电池的20%，但为降低成本开辟了新途径。

四是新型电池技术推动电池朝小型化、高性能方向发展。美国陆军研究实验室、马里兰大学与国家标准技术研究院合作，研发出水性锌电池，兼具高能量密度、可充电、本质安全等特性，将成为锂电池的有力竞争者，用于消费电子产品、汽车及太空、深海等极端环境。澳大利亚墨尔本理工大学开发出可充电质子电池，其单位质量能量存储量与市售锂离子电池相同，经过优化后可用于中等规模电网，满足未来的能源需求。美国洛杉矶加州大学使用“同心管”设计，研制出超小尺寸三维锂离子电池，能量密度创当前最高纪录，可经受100次充电和放电循环。

六、抗辐照加固器件领域

2018年，抗辐照加固器件科技发展态势主要体现在以下方面：

一是抗辐照加固计算和处理技术研发应用取得新进展。美国数据器件公司SCS750单板机将用于欧几里德卫星太空望远镜的可见光成像仪、近红外光谱仪与光度计。美国美高森美公司 RTG4 现场可编程门阵列（FPGA）获得国防后勤局合格制造商目录（QML）V 级认证资格，这也是业界目前唯一一个可提供超过 15 万个逻辑单元的 QML - V 级现场可编程门阵。美国 Cobham 先进电子解决方案公司 UT32M0R500 Arm Cortex - M0 +32 位处理器获得国防后勤局合格制造商名单（QML）Q 级和 Q + 级认证资格。美国 VORAGO 公司启动抗辐射 I/O 扩展芯片研发，其将用于高性能航天计算芯片等下一代太空飞行处理器。爱尔兰空间技术公司 Arralis 推出高频模拟移相器单片微波集成电路系列产品，将用于新一代巨型“星座”，以实现更为高效快速的全球互联网连接。

二是抗辐照加固存储和计时技术推陈出新。美国数据设备公司抗辐射高密度 NAND 闪存将被集成在 Pearl 单板机中，后者将用于“生物哨兵”立方星。美国美高森美公司推出全球首款商用芯片级抗辐射原子钟，可用于低地球轨道卫星等商业卫星应用。美国频率电子公司正在开发抗辐射原子钟，其将搭载未来导航技术卫星 -3 开展空间实验和演示。

三是抗辐照加固电源和驱动技术再上台阶。美国美高森美公司推出 SP6LI 系列碳化硅金属氧化物半导体场效应管（MOSFET）功率模块，可应用于航空航天和国防工业领域，实现电源开关模式转换和电动机控制；还推出 AAHS298B 抗辐射 8 通道源极驱动器产品，已获得美国国防后勤局 QML V 和 Q 等级资格；研制出 LX7720 抗辐射电机控制器产品原型，内含现场可编程门阵列等元器件，能有效减小载荷重量、节约空间，可用于先进卫星和其他空间应用装备的制造。韩国采用 180 纳米 CMOS 工艺，开发 N 型金属氧化物半导体堆叠结构抗辐射逆变器，将为恶劣环境下电子设备运行提供新的选择。美国 VPT 公司推出 SVPL 系列宇航级 DC - DC 转换器，可提供高能量密度、快速瞬态响应和高达 94% 的能效。

四是抗辐照加固新技术不断涌现。德国 IHP 法兰克福创新高性能微电子研究所开发出结隔离共栅 COMS 晶体管，与标准 COMS 晶体管相比，其总电离剂量和单粒子翻转效应等性能都有显著提升。日本松下公司开发出金属绝缘体半导体（MIS）型抗辐射氮化镓功率晶体管，其能够在恶劣太空辐射环境中连续稳定工作。美国国家标准技术研究院发布一款抗辐射光子传感器，能承受高达 100 万戈瑞辐射，可在太空飞行及核反应堆等极端辐射环境中正常工作。俄罗斯南乌拉尔国立大学开发出铋基薄膜电磁辐射防护罩，它比铅更加环保，并在相同的抗辐射条件下，其质量尺寸可降低 25%。韩国高等科学技术学院采用微波热固化技术，制备出具有辐射吸收作用的石墨粉末薄膜，可用于提高器件抗辐射性和可靠性。

（工业和信息化部电子第一研究所　李耐和）

（北京信息技术研究所　崔颖月）

2018 年军用建模仿真领域发展综述

2018 年，世界主要国家通过完善建模仿真技术理论体系，创新解决问题的方法和手段，加速与多学科交叉融合、尖端及新兴技术的深度融合应用，在基础理论与方法、顶层架构、仿真支撑技术、装备研制、试验鉴定评估、军事演习、作战训练与保障等方面不断探索、创新和实践，并取得重要进展，推动着军用建模仿真技术进一步发展。

一、深化系统建模仿真理论与方法研究，不断创新方法与手段

世界主要国家从优化顶层架构设计与指导出发，在理论上积极探索，在方法上不断创新，持续推进仿真能力创新发展，以应对未来复杂多变的作战环境。

（一）不断优化建模仿真顶层架构，推进仿真能力建设

1. 美国多举措推进仿真能力建设

美国从调整建模仿真领导机构、深入评估建模仿真应用现状、明确重点工作、积极探索仿真未来发展方向等方面，持续推进仿真能力建设。

一是调整建模仿真领导机构。2018 年，美国国防部继续推进采办与保障副部长办公室以及研究与工程副部长办公室的职能重组。未来国防部的建模仿真管理由采办与保障副部长办公室负责，其主要职责包括：建立国防部建模仿真管理和行政架构，领导建模仿真执行委员会，制定政策、计划、项目方案（包括建模仿真主计划和投资计划），协调一致推进国防部建模仿真事业。

二是深入评估建模仿真应用现状。美国国防部建模仿真协调办公室通过对自身开展差距和需求审查来进一步明确发展方向。美国国防科学委员会成立“博弈、演练、建模仿真”任务小组，研究目前“博弈、演练、建模仿真”实践情况并提出相关建议，以更快的速度和敏捷性作出任务决策。

三是明确重点工作，持续推进仿真能力建设。美国国防部建模仿真协调办公室通过三方面重点推进仿真能力建设：①开发国防建模仿真参考体系架构推进企业级活动；②开发国防部建模仿真指导手册并研究建模仿真框架；③构建虚拟互操作性原型和研究环境的能力原型的国际合作项目，为澳大利亚、加拿大、新西兰、英国和美国国内提供合作的建模仿真框架。美国陆军建模仿真办公室重点推进两个方面建设：一是将建模仿真论坛打造成一项专项活动，以协调军方六大建模仿真领域的共同投资；二是大力推进“单一世界地形”及“合成训练环境”项目，并建设“合成训练环境”国家仿真中心。

四是探索仿真创新发展方向。美国国防高级研究计划局（DARPA）“电子复兴”计划中提出发展硬件仿真，希望通过商业领域使用的新兴系统仿真方案显示出开发新型硬件仿真设备的潜力，使大型系统的设计时间呈指数形式减少。其首届年度峰会举办了硬件仿真专题研讨会，以论坛的形式讨论全系统仿真的新方法，使下一代国防部系统的验证和快速设计成为可能。

2. 英国统一指导建模仿真研究与活动

英国国防部通过发布国防政策指南、建模仿真未来研究成果来指导建模仿真研究与活动。2018 年 8 月，英国国防部发布《国防政策的建模仿真》服务指南，提出了建设方向，明确了治理结构和机制，以解决问题和降低风险。国防建模仿真工具将由英国国防部统一开发，建模活动须在技术管理局的指导下进行，与英国国防仿真中心前沿团队开展合作。5 月，仿真体系架构、互操作性和管理团队向英国国防部提交了关于建模仿真未来的研究成果。该项目旨在实现单一环境的交付，使用户可以从具有互操作性的建模仿真组件和服务中创建能力。其主要成果是发展了“建模仿真即服务”（MSaaS）概念。

3. 北约多场研讨会助推仿真能力发展

北约通过多场研讨会持续推动北约建模仿真发展。2018 年 10 月，北约建模仿真协调办公室与北约建模仿真小组召开 2018 年度研讨会，以“跨国互操作性：军事训练和作战应用的敏捷性、企业级联盟和建模仿真技术开发的创新”为主题，助推北约建模仿真能力发展，以提供具有成本效益和有效的仿真工具。10 月，北约建模仿真卓越中心组织召开自主系统建模仿真会议，致力于推动建模仿真支持自主系统、机器人、操作要求、训练、互操作性以及未来挑战。在 2018 跨军种/工业界训练、仿真与教育会议上，北约建模仿真小组与美国国防部指导的先进分布式学习项目合作演示了基于 4 个主题（高级分布式学习演习；轻量级联合作战训练解决方案；演习、仿真和管理；联盟训练教育企业的创新）的作战联盟战士。

（二）持续推进仿真标准建设，创新仿真发展

2018 年 1 月，仿真互操作标准组织举办的 2018 年冬季仿真创新研讨会主题是“仿真——实现真实的创新”，会议探讨了如何在仿真中进行创新以及仿真本身的创新，并支持其实现的标准。5 月，发布了《仿真环境的场景开发指南 SISO - GUIDE - 006 - 2018》，目的是提供有关（分布式）仿真环境场景开发的详细信息，以及场景开发过程与总体仿真环境工程流程之间的关系。北约建模仿真小组在联合部队倡议的基础上，4 月启动了“北约联盟仿真标准的演进（MSG - 163）”研究，旨在更好利用互操作的仿真系统为教育、训练和演习提供必要的支持，并提供将仿真集成到联邦的开放工具。

（三）深入推进可信度评估和校核、验证与确认（VV&A）技术研究

世界主要国家通过探索复杂仿真系统模型验证新方法，加快建模仿真 VV&A 工具研究与应用，持续推进在优化训练仿真可信度评估方法和开展复杂仿真系统可信度评估方面的研究工作，不断提升复杂仿真系统可信度评估能力。

一是探索复杂仿真系统模型验证新方法。美国桑迪亚国家实验室深入研究实验可信度及其在模型验证和决策中的作用。美国航空航天局（NASA）马歇尔太空飞行中心利用需求传播的不确定性来量化动态模型验证指标问题。国际原子能机构研究人员研究了合规性测试的容器系统有限元模型验证问题。德国结构耐久性和系统可靠性研究所深入分析了硬件在回路测试的最新进展。

二是加快建模仿真 VV&A 工具研究与应用。2018 财年，美国国防部作战试验鉴定局年度报告重点提出在复杂对抗环境、一体化联合作战和友军协同条件下的武器系统的真实性能需使用可信的建模仿真工具。北约 MSG - 163 的集成校核和认证工具将提供新版本的认证过程和工具。北约 MSG - 134 推出新版本的教育训练网络联邦对象模型以及相关的联邦体系架构与联邦对象模型设计，为北约建模仿真可信度水平提供重要支持。

三是提升复杂仿真系统可信度评估能力。美国国防部《作战试验鉴定局2018财年报告》关注推动作战试验和实弹射击试验建模仿真工具的开发工作，并通过真实系统与环境数据持续进行VV&A过程，不断提升模型可信度。NASA在任务系统中直接使用高逼真度建模仿真来提高性能和安全性，同时降低成本。NASA还开发了VV&A（包括不确定性量化）流程，以严格评估仿真模型预测的可信度。美国佛罗里达大学仿真与训练研究所研究了训练仿真和环境评估分类法，并探索了LVC演练仿真器的验证方法学问题。

四是加速建模现实行为研究。建模现实行为一直是建模仿真领域重点研究方向，在军事和民用领域具有广泛应用价值。2018年，美军多家机构加速开展建模现实行为研究。美国导弹防御局使用查尔斯河分析公司Hap体系架构来构建人机控制仿真中作战人员推理与性能建模（MORPHIC），以了解人因行为如何影响反导系统性能。美国空军使用该公司网络对手建模仿真工具包CyMod构建网络防御工具来建模现实行为，使用概率编程语言Figaro™来构建网络系统的关系模型及其对战略武器的影响，使用博弈论漏洞分析平台（GRAVITY）构建敌方和防御行为模型，以增强系统对网络攻击的弹性。美国空军研究实验室使用BAE系统公司开发知识转移、探索和时间仿真的因果建模（CONTEXTS）软件工具，创建作战环境的交互式模型，使军事规划人员能调查冲突的原因并评估潜在的解决方法。

二、与新兴技术持续深度融合的仿真支撑环境与平台技术

（一）为仿真支撑环境与平台发展提供新手段

1. 超强算力研究及应用助推仿真计算发展

2018年，美国“Summit”重夺世界超算第一，性能超“神威·太湖之

光”60%，各国也积极发展“E 级超算”。1 月，先锋中心发布公告寻求“通过现代的高性能计算生态系统提高国防部的生产力”解决方案，识别和利用高性能计算软硬件发展趋势的方法，提高研发能力，降低时间成本。7 月，美国空军研究实验室与 IBM 公司联合研制出“蓝渡鸦”类脑超级计算机，开展计算模式和目标识别研究；并评估将类脑计算架构集成到机载传感器中，以利用超级计算能力提高空战效能；还可执行人工智能和机器学习算法，为开展计算神经科学应用提供研发、测试和评估平台。

在量子领域，“量子霸权”争夺依然激烈，量子计算机仿真将成为未来仿真计算发展方向。2018 年 1 月，英特尔公司展示 49 量子位超导量子芯片；3 月，谷歌公司发布 72 量子位量子处理器“狐尾松”；3 月，Rigetti 公司公布基于云访问 19 量子比特芯片。“狐尾松”一个重要特征是进行经典计算机模拟，这是目前验证量子计算机是否正确运行的唯一方法，且在经典计算机上实现加速。量子计算可能正进入追逐“量子霸权”的“十年竞赛”。而量子仿真计算技术研究尚在理论研究阶段，由于其超强的计算能力和安全性，量子计算机一旦应用于仿真，将给仿真科学研究与工程开发带来革命性的变革。

提供更强的态势感知能力和快速对未知敌人响应的能力要求进一步推动了人工智能、边缘计算和其他新兴技术的发展，而云仿真/网格仿真形成的透明的万物互联仿真则是发展热点。边缘计算与仿真结合产生的边缘仿真技术将促进现有仿真平台计算环境变得更强，提供更好的仿真服务。

2. 为仿真支撑环境与平台发展提供新机遇

以美国为首的仿真优势国家通过需求牵引，在与多学科交叉融合、尖端及新兴技术深度融合过程中，仿真平台与新概念、新技术的融合推动其朝着“网络化、虚拟化、智能化、协同化、普适化”目标快速发展，形成智能仿真、数字化沉浸式仿真等发展热点，为仿真环境和平台快速发展带来新机遇。

智能仿真。洛克希德·马丁公司Prepar3D仿真软件的“合成人”功能，为美国空军、海军和海军陆战队训练提供更逼真、更具有不可预测性的博弈对抗环境。欧洲防务局重点研究如何将大数据和人工智能融合到建模仿真场景中以进行决策训练。美国海军陆战队寻求类似IBM“沃森式”机器学习软件、美国陆军“雅典娜”（Athena）训练系统和新一代计算机生成兵力（OneSAF）仿真系统、DARPA“罗盘”（COMPASS）项目等一系列智能仿真系统不断涌现，促使智能仿真飞速发展。

数字化沉浸式仿真。多家公司推出数字化沉浸式仿真工具，如波希米亚互动仿真公司的VBS Blue IG、VT MAK公司的VR－Engage V1.2、罗克韦尔·柯林斯公司下一代飞行员军事训练环境Griffin－2等，加速虚拟/增强/混合现实技术等新兴技术在仿真的应用。雷声公司沉浸式设计中心能评估和创建其产品寿命周期中几乎任何问题的解决方案。美国海军采用增强现实技术和3D数字建模技术等先进设计技术为主要造船项目节省时间和成本。BAE系统公司应用增强现实与人工智能技术研发未来舰载作战系统先进技术方案，提高海军舰艇作战能力，并计划2019年进行作战试验。美国陆军研究实验室研发单用户虚拟现实环境的混合现实战术分析工具包（MRTAK），可作为实验平台，在协作任务规划和执行过程中对沉浸式技术进行评估，并在2018年“全球兵力博览会”上进行了展示。

（二）实况—虚拟—构造综合仿真支撑能力不断升级

通过实况—虚拟—构造（LVC）集成技术将实装、仿真器、虚拟数字系统整合在一起，构建更加逼真、更加复杂的训练和仿真任务环境，能更好地模拟未来战争，应对未来陆、海、空、天、网络联合作战的各种挑战。

在新技术新需求推动下，LVC 体系架构不断拓展，LVC 仿真集成架构（LVC - IA）、实况—虚拟—构造和游戏（LVC - G）与人工智能、虚拟/增强现实等先进技术相融合。美国陆军着力推进“合成训练环境”、持续性网络训练环境、DeepGen 等项目，以此支持士兵作战技能提升。美国空军实况虚拟和构造先进训练环境（SLATE）技术演示活动，解决了训练任务中 LVC 集成的互操作问题和安全问题。2018 年 6 月，DARPA 拒止环境中的协同作战（CODE）项目利用 LVC 联合试验环境，测试系统的自主性，演示了无人集群联合作战任务能力。

三、有效支撑武器装备全生命周期活动

随着武器装备信息化的进一步发展、网络化联合作战能力生成的需要、靶场试验鉴定能力的进一步提升，武器装备体系越来越依赖建模仿真技术全面支撑武器装备全生命周期活动，在应用建模仿真技术过程中不断加速创新，同时实现高效费比。

（一）有效促进美军导弹武器发展，不断增强导弹能力建设

2018 年 3 月，美国导弹防御局与诺斯罗普·格鲁曼系统公司签订合同，利用复杂的建模仿真技术和工具进行弹道导弹防御系统建模。2 月，美国陆军太空和导弹防御司令部授予 Teledyne 技术公司任务订单，用于美军扩展防空仿真系统（EADSIM）建模仿真工具和软件的升级。5 月，美国陆军与火炬技术公司签署合同，用于增强和维护系统仿真以及当前的导弹建模仿真、硬件半实物模型和原型开发。美国海军远程反舰导弹项目使用建模仿真架构评估武器性能，于 5 月验证早期作战能力。8 月，美国陆军验证一体化防空反导作战指挥系统的有效性。

（二）有效降低武器设计制造成本

美国数字制造与设计创新机构与美国陆军岩岛兵工厂合作，将数字化建模仿真技术应用于兵工厂改造，使岩岛兵工厂获得现代化制造企业所需的最新技术和能力。2018 年 4 月，美国海军表示采用增强现实技术和 3D 数字建模技术等先进设计技术，降低了主要造船项目的成本和时间，这些技术已成为一系列更复杂舰船设计技术的一部分。纽波特纽斯船厂利用数字孪生技术为美国海军“企业”号航空母舰（CVN－80）节省超过 15% 的成本。8 月，美国陆军表示在联合多任务技术演示验证机项目中应用仿真技术降低了项目成本和时间，并将成果应用到未来垂直升降机的数字孪生建模仿真概念。利用增材制造等技术，洛克希德·马丁公司使 F－35 联合攻击战斗机的全任务仿真器成本降低 25% 。俄罗斯联合发动机制造集团和萨拉夫工程中心在发动机制造业数字化领域展开合作，主要方向包括研究和优化发动机及其零部件的“数字孪生”。澳大利亚船企利用数字孪生技术推动数字化造船，“更好、更快、更便宜”地完成军舰采办项目。

（三）支撑武器装备试验鉴定评估能力提升

美军为满足不断发展的军事作战需求，应用建模仿真技术不断提高试验鉴定与决策水平，不断提升装备能力评估的全面性和客观性。

美国国防部作战试验鉴定局 2017 财年、2018 财年年度报告都重点关注建模仿真能力建设。2017 财年，美国国防部要求未来的试验基础设施不仅聚焦开放空域的试验场，还要融合软件试验台、软/硬件在回路设施、暗室、开放空域仿真器、威胁仿真器、基于效果的建模仿真以及开放空域设施等，采用建模仿真提升作战真实性，并要求采办界和试验界提升目前建模仿真能力。2018 财年，美国国防部持续开展联合试验鉴定项目，大力推进建模仿真工具的广泛应用。2019 年，美国国防部工作重点是应用可信的建模仿真工具，继续推动作战试验和实弹射击试验建模仿真工具的开发工作，倡议在充分了解建模仿真的优势和局限性基础上开展广泛合作，支撑更加有效的“模型—试验—模型”过程。

2018 年 6 月，美国空军研究实验室利用 MacB 公司的有效传感器技术评估及使能方法计划任务流程，结合了半实物仿真和人工介入建模仿真，以快速评估先进传感器和电子战技术。7 月，DARPA 和洛克希德·马丁公司臭鼬工厂完成“体系集成技术与试验”（SoSITE）项目飞行试验，以演示体系方法如何减少数据到决策的时间线。DARPA 还开展“分布式作战管理”（DBM）和“跨域海上监视和瞄准系统”（CDMAST）项目，探索空战和海战中的体系集成技术。2 月，BAE 系统公司披露 DBM 项目飞行试验情况，验证了作战辅助决策系统在空中编队协同作战中的应用；4 月，雷声公司开展第二阶段 CDMAST 项目研究，对海上分布式作战体系结构进行试验，演示验证作战效能与可靠性。

（四）支撑向全面数字工程转型

2018 年 6 月，美国国防部发布了《数字工程战略》，提出了国防部数字工程倡议的五大战略目标，旨在推进数字工程在装备全生命周期管理的应用，实现美国国防部的数字转型。美国国防部的数字工程战略、数字工程视图、数字工程生态有效促进数字工程贯穿武器系统全生命周期管理。12 月，美国国家国防制造和加工中心宣布创建 V4 协会，旨在通过虚拟验证、确认与可视化为产品开发和制造提供保障。6 月，美国海军“虚拟宙斯盾”系统在“阿利·伯克”级驱逐舰上完成首次上舰试验。“虚拟宙斯盾”系统加速了软件研发测试，改变作战系统能力升级模式。10 月，谢菲尔德大学先进制造研究中心采用虚拟现实建模技术对波音公司在欧洲建立的首家工厂进行布局规划和离散事件仿真，以确定新工厂的潜力并验证生产力目标。

四、聚焦实战，广泛应用于多项训练与演习

应用建模仿真技术是目前提高军事训练质量和效益的主要途径及重要发展方向。2018 年，世界主要国家在军演与训练中不断加大对仿真训练投资及项目支撑，重点关注支持复杂作战环境的构建及应用，不断探索、实践和验证未来作战能力，促使仿真应用不断向一体化、实战化方向发展。

（一）多国推进仿真系统在军演中的应用

美国“红旗”军演中首次使用诺斯罗普·格鲁曼公司的 LVC 实验集成和作战套件（LEXIOS），该公司在 2018 年四次“红旗”军事训练演习中提供了 LVC 专业支持。2018 年 6 月，美国陆军、空军联合演习中应用逼真的虚拟训练场景来模拟真实的作战场景。

2018 年 4 月，北约“海盗 18”系列演习涉及 6 个国家的 9 个地点和一个与指挥控制系统集成的构造仿真体系架构。联合训练中心开发基于北约 MSaaS 概念的第四代技术平台支持此次演习。“海盗 18”演习架构通过高层体系结构联邦集成多种不同元素，使用了 4 个构造仿真系统：MASA 公司的 SWORD 系统、BAE 系统公司的 C – ITS 的 CATS TYR 系统、VT MAK 公司的 VR – Forces 系统以及北约的综合训练能力（ITC）系统，并采用 4C 策略公司的 Exonaut 演习管理系统进行全局控制。

2018 年 7 月，意大利空军与美国空军、北约合作开展“斯巴达联盟”虚拟飞行训练演习，通过连接两个不同国家的 22 个仿真器，实现了这些仿真器在虚拟冲突中的并行飞行。应用莱昂纳多公司高逼真度智能代理计算机环境（RIACE）系统将不同地点和资产汇集到一个集成的合成环境中。

（二）多国加强仿真训练系统建设

1. 美国加大仿真训练投资并重点支持复杂作战环境构建项目

随着建模仿真技术与新兴技术不断深度融合和实践，美军深刻认识到当前训练设备及相关设施急需更新换代。2018 年，美国多个军种授出大额合同以支持未来军事训练。3 月，美国陆军合同司令部授出为期 7 年 35 亿美元的合同，用于建设训练仿真器和实弹射击靶场，以支持美国陆军在全球 300 多个地点的战备和训练。8 月，美国海军授出最高限额达 9.8 亿美元合同，以争取竞争未来训练设备和训练系统任务订单。9 月，美国空战司令部表示，2020 财年预算将为关键训练能力提供额外资金，以支持战备状态并将继续为 LVC 技术演示提供资金。

在支持复杂作战环境构建方面，美军重点推进“合成训练环境”、持续性网络训练环境（PCTE）、DeepGen 等项目，以此支持士兵作战技能的提升。美国陆军应用游戏、云计算、人工智能、虚拟现实和增强现实等新兴技术为多域战训练构建“合成训练环境”项目，以更好地帮助士兵提高技能，并于 11 月表示，将在 2021 年达到初始作战能力。美国陆军持续性网络训练环境（PCTE）项目是基于云的训练平台，允许网络任务部队利用当前网络工具套件在模拟的网络环境中进行训练。雷声公司为该项目提供概念验证及沉浸式体验的虚拟现实解决方案。2 月，美国陆军研究实验室和北卡罗莱纳州立大学合作开展“DeepGen”项目，以生成运行在 VBS3 上可定制的虚拟训练场景。

美国海军航空兵面临的未来作战环境愈发复杂，美国海军航空作战中心于 2018 年 3 月引入更多仿真器辅助航空兵训练，计划在未来 12 ~ 16 个月内将“联合作战虚拟环境”仿真器与“海军持续训练环境”联结，实现“联合作战虚拟环境”仿真器、F/A - 18 仿真器、F - 35 仿真器等联合训练。9 月，美国空军授出合同建设“太平洋空军分布式任务作战行动/实况、合成和混合作战训练”环境。12 月，美国陆军指挥所“SitaWare 总部”任务指挥核心软件集成了行动方案分析决策支持工具“聚焦作战的仿真”（OpSim），旨在构建对用户透明的仿真环境。

2. 英国寻求增强联合火力综合训练系统

2018 年 2 月，英国国防部发布了下一代联合火力综合训练系统（JFST）招标邀请，“将取代目前由分布式合成空地训练系统和基于联合前线空中管制训练与标准单元的沉浸式近距离空中支援仿真器提供的现有训练能力，以及其他过时和不受支持的功能。”

3. 北约加强分布式仿真任务训练后续研究

2018 年 1 月，北约建模仿真小组启动关于分布式仿真任务训练（MTDS）后续活动，旨在为北约及其成员国提供切实可行的多国空中作战能力训练，并讨论了分布式仿真任务训练的愿景。前项研究验证了连接异构作战训练仿真器的技术可行性，以期为多国空中任务演习提供真正的训练价值。后续活动寻求为所有核心空中力量角色提供任务训练、空中和 C2 系统的作战评估，致力于与真实组件更好的集成和互动。

4. 澳大利亚推进仿真训练系统应用向虚拟化方向演进

2018 年 9 月，澳大利亚国防军宣布波希米亚互动仿真公司 VBS3 平台支持其三个项目：L200 – 2 作战管理系统、Land 400 阶段 2（作战侦察车辆）和武器训练仿真系统。11 月，莱茵金属公司表示将为 Land 400 项目、澳大利亚国防军 Boxer 装甲车项目提供一揽子训练，包括虚拟训练器、射击训练器、嵌入式计算机训练和实装训练系统。

澳大利亚皇家海军关注改进训练成效的技术，包括基于网络的计划、作战管理系统中使用的仿真技术和新兴合成技术。澳大利亚皇家海军使用仿真中心的舰载训练系统训练方式产生了“效率红利”。在海上平台管理和工程控制仿真训练方面，澳大利亚皇家海军舰船使用集成平台管理系统中的仿真模型进行全方位的技术装备故障控制演习，潜艇采用虚拟现实技术 Boat 7 训练产品。

（三）虚拟/增强/混合现实技术促使仿真训练水平跨越式提升

美军持续将虚拟/增强/混合现实技术等新兴技术与军事训练进行深度融合，开发新型训练模式，其仿真训练水平得到跨域式提升，有力支撑各军兵种的军事训练与想定。2018 年，军事虚拟训练和仿真峰会主题是“在需要的时候支持作战环境”，从一定侧面反映该技术在军事训练的加速应用。虚拟/增强/混合现实技术的应用助力计算机生成兵力和战场环境仿真水平的快速提升。

《美国空军科学咨询委员会 2019 财年研究》职权范围备忘录中重点强化虚拟/增强现实技术及仿真技术应用：①面向 21 世纪的训练和教育技术：利用增强现实和虚拟现实技术改进空军教育和训练，提高熟练度并降低成本；②将探究如何表征和提高建模、仿真和分析的保真度及可信度，更好理解美国空军投资决策。美国陆军计划 18 个月内完成 HUD 3.0 新型头盔显示器开发测试，HUD 3.0 将能够在佩戴者的视野范围上叠加数字地形、障碍物甚至是虚拟敌军，使部队能够运用更加复杂和具有挑战性的训练场景。美国空军研究实验室将研究虚拟/增强/混合现实技术如何提高维护人员的熟练程度并增强其能力，以可靠地获取维护和维修数据，进行数据可视化。美国海军航空母舰飞行甲板机组人员基于游戏的沉浸式 3D 技术进行计算机仿真训练和演练飞行甲板操作。美国海军水面战中心怀尼米港分部研究评估虚拟/增强现实技术在舰队训练舰船维护全生命周期工程和产品的应用情况，以支持舰队训练和舰船维护工作。波希米亚互动仿真公司利用新兴的增强/虚拟现实技术开发增强现实视觉系统，使学员在高逼真度虚拟环境之中与T-45仿真器驾驶舱互动，以此改变飞行员训练方式。

（四）LVC综合仿真能力建设依旧是军事训练的重点

美军通过军事演习和靶场试验不断改进LVC训练和试验环境的建设，未来LVC多系统集成形成体系化作战将成为基本形态，在兼顾有效节约经费的同时，提升训练的实战化水平。

2018年6月，美国海军战术作战训练系统增量Ⅱ项目完成初始设计审查。该项目将取代美国海军和海军陆战队的训练靶场基础设施，同时提高所有中队和舰队部队的训练效能。新系统支持各种任务和平台的实时作战空战训练，将实况和合成元素融入到LVC训练中，还提供与四代机与五代机平台之间的联合和联盟训练的互操作性，使用如FACE™技术标准和软件通信体系结构的行业软件标准。

2016年1月，美国海军建立基于LVC仿真训练的防空训练设施，并表示完全的LVC事件还是一个现实的技术挑战。2019年1月，美国海军开放在奥兰多美国海军空战中心训练系统分部建立的新设施，允许工业界、政府和学术界的成员全年开展LVC训练计划。新设施包含14个具有多种功能的工作站，可“复制一个与作战训练网络相连接的真实作战中心”。美国陆军使用其中一个区域开展“合成训练环境”研究，以更好地为战备做准备。

五、结束语

军用仿真技术以其无法替代的特殊能力，为决策者在面对一些重大、棘手问题时提供关键性的见解和创新观点，高效地帮助人们理解事物的本质、进行科学的决策与推断。从2018年军用建模仿真技术领域重要进展来看，以美国为代表的仿真技术优势国家，在日益复杂多变的竞争环境下谋求其优势地位的需求牵引下，以应用新兴技术为推动力，主动谋划并加速推进建模仿真技术在军事各领域的发展与应用，使仿真技术加速向数字化、虚拟化、网络化、组件化、智能化、协同化、服务化、普适化方向发展，使仿真应用向一体化、实战化方向发展。

（北京仿真中心航天系统仿真重点实验室　熊新平　孙磊）
（中国航天科工集团第二研究院二〇八所　李莉）

2018 年试验鉴定领域发展综述

试验鉴定是考核装备性能、评定装备质量优劣、确定装备研制和采购策略的必要手段，是提升装备战斗力的重要途径。2018 年，以美国为代表的世界主要军事国家面向未来战争，改革管理体制，推进新型武器试验鉴定持续发展。2018 年 12 月，美军作战试验鉴定局向国防部提交《作战试验鉴定局2018 财年年度报告》，重点强化建模与仿真能力、持续推进联合试验鉴定计划及试验资源建设。俄罗斯、英国、日本和澳大利亚等国家也着眼于网络安全、无人系统和高超声速等前沿领域提升试验鉴定能力、验证新型作战样式，确保试验鉴定更好地服务于作战能力的生成。

一、调整研制试验鉴定监管职能，突出试验鉴定推动新技术向作战能力转化的作用

随着美国国家安全重点从反恐转为大国竞争，美军对国防科技创新的重视上升到了新的高度，样机战略等举措的实施，更加强调了前沿技术向作战能力的快速转化。2018 年 2 月，美国国防部决定，将采办、技术与后

勤副部长职位拆分为研究与工程副部长以及采办与保障副部长两个职位，并将研制试验鉴定的监管职责从采办副部长转由研究与工程副部长负责。试验鉴定“左移”推行多年后，在保证装备缺陷不带入小批量生产阶段和作战试验阶段的基础上，美军更加强调试验鉴定在新技术向作战能力快速转化中发挥作用。

美国国防部此轮战略管理体制改革，既是加大技术创新力度，贯彻落实“第三次抵消战略”的必然举措，也是为顺应信息化时代战略管理新规律、新特点和新趋势而进行的一次全新尝试，是自冷战结束以来，美军在国防科技与装备建设管理领域最为重大的一次改革，体现了美军对国防科技创新的重视上升到了新的高度。

（一）研究与工程副部长的使命是聚焦未来，以国防部首席技术官的身份推进技术和创新

研究与工程副部长在国防部长的领导下，主要履行以下三方面职责：一是担任国防部首席技术官，负责推动技术的创新发展与进步；二是负责制定国防研究与工程、技术开发、技术转移、样机、试验和研制试验鉴定等方面的政策并监督落实，统筹分配国防研究与工程领域的资金，并整合国防部范围的研究与工程资源，使其发挥最大效益；三是在国防部研究、工程和技术开发等方面的活动与计划中，担任国防部部长的首席参谋助理，向其提供该领域的决策建议。

从改革目的与动因来看，美军设立独立的研究与工程副部长及其工作体系，说明新的历史条件下美国对国防科技工作更加重视。从改革内容与影响来看，改革后国防科技工作将不再直接服务于国防采办工作，而是服务于整个国防建设与联合作战，有利于改变以往重型号轻技术、重应用轻基础等问题。

（二）采办副部长不再负责研制试验鉴定和试验资源的监管，转由研究与工程副部长负责

新设立的研究与工程副部长在里程碑B、里程碑C决策点前就研制试验计划的充分性、时间表、资源、风险和生产准备状态，包括自动化数据分析、建模与仿真工具使用情况，对重大国防采办项目做出独立、充分的评估，并向国防采办委员会提供意见。同时，还负责监管国防部所有演示验证、原型与试验活动，向联合作战人员通告新的任务能力，审查监督各军种的研究、系统工程与研制试验流程，监管国防部联邦资助研发中心的项目和相关活动。

二、探索网络安全试验方法技术，强化网络对抗环境作战真实性

试验鉴定可以看作是和平时期的作战活动，尤其是作战试验，不仅是实装参试，还要在近似实战的环境中，参与实兵对抗，彰显国家武力威慑。

（一）美国提出进一步改善网络安全试验方法的方向

2018年4月，美国国防部发布《网络安全试验鉴定指南》2.0版，美军在网络安全、建模与仿真等方面不断提高试验能力、完善试验环境，使试验鉴定更为贴近作战条件，为武器装备作战奠定基础。国防部“协作脆弱性和侵入评估”（CVPA）和“对抗性评估”（AA）方法虽有助于评估网络安全态势，但是尚不能满足需求。上述试验方法大大改变了美国国防部对于网络脆弱性的理解，但是除了进行专门评估，国防部还需要发展相关技术，持续监测网络安全、自动发现并修复软件漏洞。

美军作战试验鉴定局在2018财年开展了多个演习和网络成熟度作战活

动，其中使用“红队”作战指挥网络，改善了国防部网络安全态势。但是，由于安全软件系统在现实中的任一时间都有可能遭遇操作者失误、敌方网络攻击等问题，仅通过“红队”开展定期评估是不够的。“网络试验团队”允许网络“红队”在更长的时间周期内进行规划、攻击网络入口，这样能够更逼真地模拟持续存在的网络威胁，为网络安全防范提供更为充足的准备。

美军作战试验鉴定局认为，为加强网络安全态势，需要优先开展以下工作：①更新《网络安全和基于风险的试验指南》（简称《指南》），在《指南》中提出网络安全试验应当在采办寿命周期中向前移；②为自动软件测试工具和测试团队增加资源投入；③开展严格的网络试验鉴定，在评估系统中监测网络安全的脆弱性；④针对软件快速迭代的特点，探索相应的试验方法。

（二）英国和澳大利亚分别加强基础建设，提升应对网络威胁的能力

英国开发任务规划工具，帮助军方评估网络威胁。英国公司已经着手开发一种工具，使军事指挥官能够更好地评估网络和电子攻击的风险和潜力。网络和电磁联合用户任务计划汇集了指挥官进行任务规划所需的各种物理知识，如地图、环境、卫星图像和3D建筑，还提供了网络态势感知，以及时了解系统和设备如何相互连接、服务状态如何、服务器状态如何、存在哪些漏洞或威胁。该项目能够为前线指挥官和其他用户提供对各领域网络作战的直观了解。

澳大利亚授出合同建立网络培训靶场，开展网络安全培训。澳大利亚国防部授予埃尔比特系统公司一份为期3年的合同，要求建立一个网络培训靶场，为澳大利亚国防部49名人员提供网络安全培训，以增强本国的网络安全能力。国防部人员将使用网络培训靶场开展网络地形和相关系统的训练，以保护国防部和其他关键政府系统免受恶意网络入侵和破坏，增强本国网络能力。澳大利亚国防军加速防御网络训练项目，将使用新的网络培训靶场来发展和保持自身技能。

三、持续提高建模与仿真能力，强化试验环境作战真实性

建模与仿真对于试验鉴定来说非常重要，当前的采办项目正在变得越来越复杂，这些项目经常依靠建模与仿真来填补数据缺口。由于真实试验在实施上会受到很多限制，因此采办项目需要利用建模与仿真来了解武器装备在作战中的性能。毋庸置疑，未来试验鉴定活动将极大地依靠建模与仿真工具。

（一）提高建模与仿真校核、验证与确认效率

美军持续推进采办界和试验界提升建模与仿真能力，包括建模与仿真资产的校核、验证与确认（VV&A）。对于采用建模与仿真方法的项目，项目管理者和作战试验部门通过设计试验鉴定项目系统，以获取足够的数据来支持模型的校核和验证。作战试验鉴定局在2016年5月和2017年1月发布指南，提出改善校核、验证与确认活动，包括建模与仿真对不确定性的量化与实弹试验数据的比对。作战试验鉴定局局长将在2019年更新作战试验鉴定指南，突出在作战试验和实弹射击鉴定中建模与仿真以及模型校核、验证与确认活动的重要性。

（二）推广建模与仿真应用，提高生存性评估能力

美国国防部大力推进建模与仿真工具的应用。例如，2018年美军联合技术协调小组在评估武器效能时在攻击性网络效应评估中应用建模与仿真工具，网络效应模型使得国防部能够评估武器系统在敌对网络攻击时的生

存能力。联合实弹射击（JLF）计划也致力于扩展多个建模与仿真工具的验证范围，这几个工具已被广泛用于漏洞建模与仿真领域。联合实弹射击计划提高了这些建模与仿真工具评估系统生存性的能力，其投资项目的标准是，该项目能够识别出最影响系统脆弱性的因素，并能指出建模与仿真预测中固有的不确定性所在。

四、加快推进试验鉴定数字化进程，引领试验鉴定发展新方向

2018年6月，美国国防部负责系统工程的助理国防部部长帮办办公室发布《数字工程战略》，计划将采办流程从线性的、以文档为中心转变为动态的、以数字模型为中心，建立数字工程生态系统，促使试验鉴定加快数字化进程。

（一）以《试验鉴定主计划》数字化为牵引，提高试验鉴定效率

以《试验鉴定主计划》（TEMP）为例，根据美国审计署的调查统计，《试验鉴定主计划》的编制时间一般为1年，审查时间为10个月，涉及8个层级、56个机构，而一旦需求发生变更，则要重新起草文档，导致制订《试验鉴定主计划》的成本高、效率低。

试验鉴定数字化转型主要指《试验鉴定主计划》的数字化，不仅是指将纸质文档变为数字化文档，而是以数字化思维来策划制定《试验鉴定主计划》。以模型为中心，通过数字抓取系统，根据参数敏感性分析，实现需求的自动跟踪与量化；使用数字化手段获取重点靶场与试验设施基地（MRTFB）的能力、性能图和时间表，明确为满足试验要求所需的投资规模，规划最优的试验活动。

（二）提升试验鉴定作为国防部数字工程权威数据源的关键作用

美国国防部《数字工程战略》强调建立权威的可置信的真相源，作为武器系统开展各阶段、各类型建模与仿真的基础。基于此设想，试验鉴定将扩展数据应用范围，提升试验鉴定作为权威数字代理真实来源的关键作用，使国防部及其工业伙伴在概念阶段就不断改进设计，减少对昂贵实物模型、不成熟的设计定型和实物试验的需求。

五、重视前沿技术试验鉴定研究，抢占未来战争先机

信息时代，颠覆性技术不断涌现，已成为推动新一轮军事变革浪潮的强力引擎。美国、俄罗斯、日本和欧盟等国家和地区重视对前沿技术的试验鉴定，寻求突破关键技术，以试验鉴定能力的提升推动颠覆性技术物化成装备，最终形成作战力。

（一）研究无人自主系统试验面临的挑战，寻求突破关键技术

无人自主系统所处的动态变化环境以及自身不确定的行为方式使得自主系统试验鉴定面临诸多挑战，为了更好地发展无人自主系统，各国积极在无人自主系统的试验鉴定方面展开研究，明确相应项目研究范围和能力发展方向，紧盯自主性试验鉴定独特挑战，重点投资针对性项目并致力于突破关键技术。

俄罗斯推进多种无人机系统试验测试。俄罗斯 VRT300 旋翼无人机主系统已进入试验台测试阶段，该系统由 VR 技术设计局开发。到目前为止，无人机的“功能和技术配置”已经“能符合一些俄罗斯公司和管理部门的要求”。除此之外，俄罗斯国防部已在试验靶场对“波塞冬”水下无人机展开试验，以确认该装置在实际情况下发射的动态特性，并检查该装置在自动

模式下的运动参数。

英国成功测试无人值守扫雷演示验证系统。英国皇家海军测试了首个无人扫雷系统。该系统旨在证明无人系统的可行性，专门设计用于处理近海现代化水雷，主要包括1艘11米长的“轻骑兵”无人母艇及其携带的多艘用于引爆水雷的小型“辅助船”，有望实现安全有效的雷区扫雷作业。该系统将在完成试验与评估后交付皇家海军并投入使用，以应对现代化数字雷的威胁。

波音公司澳大利亚团队成功完成5架无人机的协同飞行试验。这5架无人机搭载了波音公司开发的新型自主指挥和控制机载系统。该系统可自动感知环境、处理信息，并与其他无人机协同行动。5架无人机作为整体团队安全地完成了预定飞行任务，飞行期间未接收研究团队的指控信号输入。本次飞行试验是“先进自主系统平台技术”项目的一次里程碑，该项目仅启动了6个月。未来，波音公司澳大利亚团队计划利用更高性能的飞行器开展自主协同飞行试验，此后还将探索在无人艇等其他领域开展试验。

（二）重视高超声速试验综合能力建设，以实战环境下的试验活动抢占战略威慑优势

飞行试验是开展高超声速飞机和可重复使用航天运载飞行器技术攻关不可或缺的关键手段。当前，高超声速基础理论和地面试验手段缺乏，更进一步凸显了飞行试验的重要性。以美国、俄罗斯为代表的世界各国进一步开展高超声速飞行试验，以抢占战略威慑优势。

俄罗斯多类型高超声速导弹装备均按计划完成试验。俄罗斯成功试验了“匕首”空射型高超声速导弹，该导弹已在各种天气条件下累计完成了250飞行架次的训练，10架挂载“匕首”高超声速导弹的米格-31战斗机已经进入试验性战斗值勤。此外，俄军继续同步推进“锆石”舰射型高超声速反舰导弹的研制工作，于2018年底完成了最新一次飞行试验，试验中其最大飞行速度再次达到马赫数8，该导弹计划2022年完成列装。

美国研制可重复使用的高超声速飞行试验平台。美国空军启动了“高频次、低成本高超声速飞行试验平台”（HyRAX）项目，意在研制一种可重复使用的高超声速飞行试验平台，用于开展高频次、低成本、航时较长的高超声速飞行试验，全面提升高超声速气动、自主控制、材料、推进、结构和机载系统等技术的成熟度验证。美国空军计划制造3架飞行试验平台，并要求每架平台寿命达到200～400架次，计划2020年前实现平台首飞，用于支撑2025年前完成各类飞行试验，加速单项技术发展成熟，为研制高超声速飞机验证机等技术集成验证工作铺平道路。

日本启动和加速高超声速相关技术研究与飞行验证。2018年，日本加大了高超声速助推滑翔导弹技术研究力度，预算从2018年的0.4亿美元增加到2019年的1.2亿美元，用于加快推动关键技术攻关，力争在2026年形成第一代高超声速助推滑翔导弹，2028年形成第二代高超声速滑翔导弹。同时，日本还披露瞄准高超声速巡航导弹应用，计划开展超燃冲压发动机和热防护材料等技术研究，并计划在2023—2025年间进行相关试验。

欧洲联合俄、澳等多个国家推动高超声速飞行平台技术研究与验证。2018年年底，欧洲联合俄罗斯、澳大利亚和巴西等国，在“高超声速飞行试验—国际合作”（Hexafly－Int）项目中，完成了高超声速滑翔飞行平台概念方案的评审工作。该项目计划试飞一型马赫数7～8、无动力的滑翔飞行平台缩比样机。欧洲长期致力于高超声速民用飞机技术研究，曾依托LAPCAT、ATLLAS和高超声速飞行试验等一系列科研项目开展了马赫数5和马赫数8的高超声速民用飞机概念方案研究，在气动、动力、结构和材料等方面取得了一系列研究成果。

六、美军持续开展联合试验鉴定计划，铺路从装备服役到联合作战最后一公里

美军作战需求可以由装备方案和非装备方案满足，联合试验鉴定计划是以现有装备为基础，发展、试验和检验联合作战环境下非装备解决方案的重要实现手段。该计划由作战试验鉴定局负责，旨在为联合作战行动提供一种有效的试验鉴定方法，满足美军作战需求。通过开展联合试验鉴定，使作战人员在当前装备、组织和条令的情况下，为更好地完成作战任务发展新的战术、技术和规程，并通过对新的作战概念进行评估，提出联合作战环境下的作战改进措施。

（一）联合试验鉴定具有面向联合技术和装备体系级的特点

与传统装备试验相比，联合试验鉴定的目的从以检验装备的战术技术性能为重点转变到以检验军兵种装备在联合作战中的互操作性及体系配套性，评估联合技术与作战概念，验证装备的联合作战使用规程等为重点；从对象看，从单件装备的试验转变到装备系统及装备体系的试验，重点集中在武器的安全、真实测试，精确时间、空间、位置信息，网络安全测试，红外对抗试验能力，光谱有效技术，无人飞行系统的试验鉴定以及电子战试验能力等方面。

（二）建立“联合试验”和“快速反应试验”，满足不同的作战需求

联合试验鉴定计划是美军开展的年度滚动计划，根据作战试验鉴定局2018财年发布的年度报告，美军持续开展了两类联合试验鉴定计划，即“联合试验”和“快速反应试验”。

“快速反应试验”是一种短期的试验，通常少于12个月，旨在对紧迫

的联合作战问题加快寻求解决办法。2018 年，美军开展的快速反应试验有 16 项，其中与网络信息相关的试验有 7 项。“联合试验”主要针对联合作战和装备建设中的重大问题进行试验，其结果可能对联合能力作出重要的改进，试验周期一般为两年。在新财年里美军开展的联合试验有“联合高超声速攻击、计划、执行、智慧和控制试验”“联合激光系统效能试验”和“联合网络内部威胁试验”等 8 项。

七、面向下一代作战需求，开展试验鉴定基础设施建设和环境建设

试验资源是保证武器装备充分进行试验鉴定的基础，尤其是开展作战试验鉴定的作战环境，不应由预算环境决定，而应由作战计划和所面临的威胁决定。

美军作战试验鉴定局通过监督审查国防部和军种的战略规划、投资项目和资源管理决策，以确保试验资源的投资建设，维护必要的作战试验能力。通过评估美军作战试验资源，在新的财年作战试验鉴定局强调应加强以下几个方面的试验资源建设：第五代通用航空靶标、自防御试验船、多级超声速靶标、用于反潜战作战试验的鱼雷和潜艇替代品、用于评估地面战斗车辆防护能力的作战人员伤害评估模型，以及针对进攻性天基威胁的航天项目试验环境等。

（一）重视第五代通用航空靶标的开发和试验，增加试验鉴定经费投入

在新的财年里，作战试验鉴定局改进了用于第五代武器系统试验的基础设施，领导开发和测试了第五代航空靶标。美国国防部在 2018—2019 财年提供了额外资金，以支持试验人员完成最终设计、加工、制造和飞行试

验。目前正在完成第一个原型机的建造工作，包括飞机喷气、系统一体化、飞行仿真和验证活动。

（二）加速威胁环境建设，对试验基地进行现代化改造

美军一直努力争取资源来改进网络试验能力和电子战试验靶场基础设施，用于支持对现代作战系统的试验。经作战试验鉴定局评估，目前有关电子战的试验基础设施严重短缺，特别是露天（野外）试验靶场严重缺乏，因此，国防部在电子战基础设施改进项目上投资了5亿美元，用于升级露天（野外）试验靶场、微波暗室，并对实验室重新编程，帮助开发并掌握F-35战斗机和其他先进空中平台的性能。另外，在作战试验鉴定局的努力下，国防部还额外增加了1.72亿美元，用于美国飞机和机载电子战系统试验和训练所需的其他靶场基础设施建设。

八、美军作战试验鉴定局持续加强试验鉴定监管力度，重视试验鉴定人才队伍建设

（一）作战试验鉴定局履行监管职能

作战试验鉴定局的监管确保了国防部武器系统建设开展了充分的试验。2018财年，作战试验鉴定局监管了232项采办项目，批准了30份《试验鉴定主计划》和92份《作战试验计划》。作战试验鉴定局的独立评估工作为部队判断武器系统是否能用、好用提供了客观信息。这些观点有效支撑了武器采办和武器部署的相关决策，有助于形成更具杀伤力的打击能力。作战试验鉴定局向国会提交了22份评估报告，不仅有助于相关项目的推进，还对国防部整体能力的提升产生影响。

（二）加强试验鉴定人才队伍建设，提升人才专业能力

武器装备作战试验鉴定的开展需要大量高技能、熟练的专业人员，因此，作战试验鉴定局在《作战试验鉴定局2018财年年度报告》中建议每个作战机构：一是加强人才队伍建设，确保人才结构稳定，具体措施包括监测从事作战试验鉴定人员数量，减少人才流失；制订招聘计划，以应对关键试验鉴定人员退休后造成的技术技能差距，以及随着试验鉴定需求不断增加未来试验鉴定队伍建设等问题；由试验鉴定局赞助，向潜在员工提供学习机会，并为更多的在职员工提供培训。二是通过提升专业能力和薪酬待遇等激励手段，实现网络安全人才的留用和发展，具体措施包括进一步增加具有网络安全、数据、自主学习、机器学习、人因工程、建模与仿真专业的人员数量；构建网络安全试验鉴定人才职业化发展路径，以及灵活的薪酬机制等。

（军事科学院军事科学信息研究中心　杨俊岭）
（航天科技集团航天十二院装备试验鉴定中心　张灏龙　张璋　龚茂华）

ZHONGYAO

ZHUANTI FENXI

重要专题分析

世界主要国家国防科技管理动向

随着新一轮科技革命、产业革命和军事革命加速演进、耦合联动，全球科技创新呈现出新的发展态势和特征，国防科技日益成为世界主要国家之间军事实力角逐和未来竞争博弈的焦点。在新形势下，为谋求新的军事领先优势，世界主要国家聚焦前沿科技发展，采取多种举措不断提升国防科技领域创新能力，其做法与经验值得关注。

一、加强统筹布局，引领创新发展方向

2018 年，国际形势发生复杂深刻变化。世界主要国家和地区着眼长期战略利益，分别出台战略规划文件和国防科技政策指导文件，进一步明确国防科技创新思路、政策和布局，牵引国防科技创新发展。

（一）出台国防领域顶层战略文件提供总体指导

国防科技归根结底是为国防和军队建设服务的。世界主要国家在国防顶层战略制定过程中，注重围绕科技安全和军事需求等，总体指导国防科技发展。2018 年 1 月，美国国防部发布《国防战略》，将大国战略竞争作为

国家安全“首要关切”，强调要重建美军战备能力、强化同盟关系、实施国防部改革，以维持美军作为世界上最强大军事力量的地位、强化美军的竞争优势。战略明确先进计算、大数据分析、人工智能、自主性、机器人、定向能、高超声速武器、生物技术等领域新技术是确保美国能打赢未来战争的技术，提出强化 8 个领域现代化关键能力建设。2 月，法国政府通过《2019—2025 军事规划法案》，计划在 2019—2025 年间为军队拨款 2950 亿欧元，目标是在 2025 年将国防开支增加到 GDP 的 2%。新版军事规划提出营造创新环境，组建国防部层面的“国防创新实验室”，进一步整合国防部内部创新系统与民营创新系统；资助高科技部门和企业技术创新，特别是在机器人、人工智能、再生能源、隐身技术和网络航天等方面重点投入；增加用于创新项目的研发投入，简化创新成果向实践运用的转化流程，最大限度给予创新以政策支持，尤其注重发展和营造可能带来颠覆性创新的文化氛围。军事规划还计划增加 6000 个工作岗位，新扩编岗位主要集中于情报、网络、人工智能、数字技术、航天科技等领域。10 月，英国国防部发布“未来从现在开始”报告（第 6 版，上版于 2015 年发布），指出当前全球危险系数迅速上升，世界主要国家间的技术竞赛等因素对英国构成挑战，报告还提出应对最新威胁需采取的行动。2018 年底，日本内阁会议批准新《防卫计划大纲》和《2019—2023 年中期防卫力整备计划》。其中，《防卫计划大纲》提出要拓展太空、网络、电磁等新的作战领域，确保优势地位，并对新兴领域的项目优先投资，重点分配预算与人员等资源。大纲还提出“跨域防卫”的作战构想，要求自卫队具备太空侦察、卫星通信、网络攻击、电磁干扰等综合作战能力。

（二）制定业务方向战略文件引领建设发展

在国防部统筹指导下，世界主要国家国防部所属机构根据自身建设需要，进一步完善本部门的战略体系构建工作，并对相关领域的国防科技发展提出了明确要求。2018 年 2 月，美国国防部发布新版《核态势评估》报告，强调发展非战略核能力，使用核武器应对非核攻击。报告要求更新换代“三位一体”战略核力量、研发新型非战略核武器、推进“核指挥控制与通信系统”现代化，建设有效、抗打击、快速反应的核基础设施。6 月，美国国防部负责研究与工程的副部长办公室发布《数字工程战略》，寻求利用数字环境、数字处理、数字方法、数字工具和模型等，实现对国防部各类计划、需求、设计、分析、验证、运行、维护等活动的支持，标志着美军包括科研在内的业务管理向基于数字模型的数字工程转型。9 月，美国国防部发布《2018 年国防部网络战略》，提出发展网络作战能力的思路构想，为国防部应对网络空间战略竞争、发展网络威慑和作战能力提供指导。12 月，美国海军发布新版《保持海上优势规划》战略文件（更新 2016 年 1.0 版规划），明确海军未来建设发展方向，强调科技驱动，寻求实现快速创新应用。文件提出加快无人作战飞机、无人水面艇、无人潜航器等平台研制，目标是 2025 年研制并部署进攻性高超声速武器和高能战术激光武器；设立海军卓越概念开发中心和卓越能力发展中心，集中力量发展人工智能/机器学习等技术。

（三）制定计划推进重点领域发展

2018 年初，俄罗斯开始实施“2018—2027 年国家武器装备计划”，此版计划结合世界军事技术发展趋势，以及俄罗斯武器装备在叙利亚战场的使用经验，研制尖端军事技术和前沿武器装备样机，武器装备研制生产的总投入为 19 万亿卢布（约合 3241 亿美元）。计划提出加强军事基础科学和前沿技术的探索性研究，重点科研领域包括人工智能、先进材料、机器人、无人系统、制造技术（特别是增材制造技术）、量子计算机和纳米技术等。

计划还列入了“萨尔玛特”洲际导弹系统、苏－57战斗机、“阿玛塔”主战坦克、S－500防空导弹系统、677型柴电潜艇等新型武器装备样机的研制工作。在重要技术领域，世界主要国家还制定专项计划，加速推进先进技术向军事能力转化。2018年3月，俄罗斯国防部组织研讨并制定人工智能发展计划，提出组建人工智能和大数据联盟，在“时代”军事创新科技园组建人工智能实验室等具体举措。在高超领域，为加快发展高超声速打击能力，美国空军2018年启动实施“加速计划”，寻求通过“灵活采办”的方式加快高超声速武器的原型研制、试验和部署。

二、推进体制调整，强化科研组织管理

随着大数据、人工智能等新兴前沿技术领域迅猛发展，国防科技的地位作用更为突出，国防科技决策的关联性、复杂性日趋增加。为适应这一新形势，世界主要国家和地区注重调整优化管理体制，加快推进国防科技创新发展。

（一）调整改革国防科技决策管理体系

为进一步提升国防科技创新力度，2018年7月，美国国防部发布《研究与工程、采办与保障副部长办公室重组备忘录》，正式确立了国防科研决策管理体系调整的最终方案。根据方案，负责研究与工程的副部长办公室下设一个咨询机构（国防科学委员会）、两个研究与工程局（研究与技术局、先期能力局）、4个附属机构（国防技术信息中心、联合储备局、国防微电子处和国防部试验资源管理中心）和5个直接报告单位（战略情报分析室、国防创新小组、战略能力办公室、导弹防御局和国防高级研究计划局，可直接向负责研究与工程的副部长汇报工作）。在两个研究与工程局之

下，围绕重点技术领域各配备一名局长助理，其专业方向覆盖了量子科学、定向能、人工智能/机器学习、自主能力和高超声速等影响未来战争胜负的9个重点方向。此次改革，国防创新试验小组更名为国防创新小组，并在五角大楼设立办公室，正式纳入国防部科研编制体系。通过国防创新小组，企业参与国防科技发展的途径进一步简化；国防部能够有效利用合同、竞赛等手段解决国防部面临的紧迫问题，增强企业家、投资者对国家面临技术挑战的关注度和责任感。战略能力办公室在此次改革中转隶至负责研究与工程的副部长管理体系下，重点研究领域也从自主系统、网络、非传统防御技术等扩展至国防科研所有领域，项目经费预算2019财年达到15亿美元，相比2014财年1.3亿美元预算规模，增长超过10倍。

为应对不断变化的威胁、国际关系、技术发展和创新，2018年7月，法国国防部将对负有国防科研管理职能的武器装备总署进行深度重组，改革的关键目标是提高效率和反应速度，加强武器装备总署同军种之间的沟通对话，促进武器装备总署与工业界之间更多共享信息和数据。作为改革进程的一部分，武器装备总署于9月1日正式成立了一个管理关键计划的创新机构——国防创新局，目的是调查创新情况、承担风险并加速官方援助。国防创新局将对私营企业和初创企业开放，并将向欧洲开放。它将启动新的工作方式，尤其是有利于快速试验的工具和方法。创新局的预算也将逐步增加，从2022年起达到每年10亿欧元。

（二）加强军种科技创新力量建设

在国防科研体制改革推进过程中，以美国为代表的世界主要国家军种部门也顺应形势，强化科技创新能力建设。以美国为例：一是海军设立敏捷任务小组。2018年7月，美国海军发布《海军敏捷倡议》备忘录，明确成立敏捷任务小组，旨在快速引入和部署“可改变游戏规则”的新兴技术，促进新技术的研发和交付，维持海军技术和战术优势，应对竞争对手的战略挑战。目前，该小组主要工作是协调并发展反应更加敏捷的海军科研生态系统，加速挖掘新兴技术并实现快速引入和部署，同时形成适于培养技术敏锐力、创新意识等文化氛围。二是陆军组建未来司令部。2018 年 7 月，美国陆军新组建并运行未来司令部，预计将于 2019 年 7 月 1 日具备完全作战能力。未来司令部是与陆军部队司令部、训练与条令司令部、装备司令部并列的陆军第四大司令部，其成立是 1973 年以来（当年设立了陆军部队司令部和训练与条令司令部）陆军最大的一次机构重组。该司令部的主要职责是通过完善和落实陆军现代化战略，提升陆军研发与创新能力，并增强部队杀伤力和战备能力。陆军未来司令部下设未来与概念、作战研发、作战系统三大职能部门，并针对陆军现代化优先事项成立了 8 个“跨职能小组”，负责远程精确火力、下一代战车、未来垂直起降平台、防空反导、指挥控制通信及情报、定位导航与授时、士兵杀伤力、合成训练环境8 个领域的现代化工作。各小组在规模、编成及办公地点上有较大灵活性，其工作目标主要是加快决策速度，各小组负责人直接向陆军副部长和副参谋长汇报工作。三是空军建立 AFwerX 等创新机构。2018 年，美国空军新组建并运行 AFwerX 创新中心。中心选址靠近内华达大学拉斯维加斯分校，旨在为适合空军核心军事任务的企业和初创公司与空军在传统采办流程外提供接触和交流机会的平台，通过打破空军需求和商业技术创新资源之间的壁垒，吸引更多的军外创新力量参与到空军项目中，寻求解决空军面临挑战的新思路、新方法和新技术，为保持美国空军未来优势提供技术创新孵化器。目前，AFwerX 全面聚焦提高空中和太空能力的商业领域技术，尤其关注探测和追踪传感器技术、多模传感器集成、计算机视觉和机器学习算法等方面。2018 年 8 月，美国空军在阿拉巴马州成立名为 MGMWERX 的创新研究中心，旨在利用科研成果为军方服务。创新研究中心将积极采纳美国空军大学的大量创新理念，解决美军面临的技术或效率难题。四是筹建太空发展局。太空是重要的作战域之一。美军认为，目前其在军事太空技术研发、采办等方面存在诸多弊端，而中俄等国能够快速引入并部署该领域技术，对美太空优势构成严峻挑战。为激发国防部太空能力创新、加速商业领域新兴技术应用与部署，2018 年 12 月，国防部负责研究与工程的副部长发布《太空发展局研究小组的方向及任务》备忘录，指示国防高级研究计划局战术技术办公室成立专门小组，研究组建太空发展局相关事项，研究内容涉及组织架构、人员编成、任务规划等方面。太空发展局将致力于美军太空技术发展和创新层面的具体工作，负责开发和部署先进导弹目标持续性全球监视，GPS 拒止环境中定位、导航和授时替代技术等 8 项关键能力。国防部希望该机构在跨机构协同、快速采办和成本效益等方面有所突破。据国防部信息披露，太空发展局计划于 2019 年第一季度组建完成。

（三）建立重点领域推进机构

为强化重点领域管理，世界主要国家均设置专职机构，加速推进先进技术快速转化成军事能力。

一是加强人工智能领域科研管理。世界主要国家将人工智能视为重要颠覆性技术，采取措施健全该领域科研管理体制。2018 年 5 月，美国政府成立人工智能特别委员会，负责就政府范围的人工智能研究与发展向白宫提出建议。9 月，美国建立人工智能国家安全委员会，负责协调推动各部门人工智能、机器学习和相关技术的发展，全面满足美国国家安全和国防需要。在国防领域，国会要求负责研究与工程的国防部副部长建立“人工智能与机器学习监督委员会”，不断改进研究、创新、政策及工作程序，促进整个国防部开发、获取、整合、推进和维持人工智能与机器学习相关事宜。

国防部还在负责研究与工程的副部长办公室内，设立了负责机器学习/人工智能和负责自主能力的2 名局长助理，分别主管人工智能领域的基础和应用研究，以及先期技术开发和试验工作。此外，国防创新小组和战略能力办公室也加大了人工智能领域投资力度。特别是国防高级研究计划局，计划未来5 年投入20 亿美元，重点开展下一代人工智能概念和技术研究。军种部门也将人工智能作为重点研究领域，设置新的统管机构加强研发领导。2018 年10 月，陆军未来司令部成立人工智能工作组，负责领导陆军人工智能工作。空军也于11 月初成立人工智能跨职能小组，行使与陆军类似职能。美国空军研究实验室为应对自主领域的挑战，还成立了“自主能力第三小组”，致力于推进军事自主和机器学习技术的发展。该小组由30 多名研究人员组成，定位为初创公司，致力于推进快速追踪数据处理、开发和传播等研究。其他主要国家也采取了类似措施。2018 年5 月，英国国防部国防科技实验室宣布设立人工智能实验室，增强和加速英国将人工智能相关技术应用于国防和安全挑战方面的世界级能力。同期，澳大利亚正式启动该国首个国防合作研究中心，致力于研发并向国防部交付改变游戏规则的自主技术，以确保人际之间的可信且有效的合作。

二是加强定向能领域科研管理。美国国防部将定向能技术列为重要颠覆性技术之一。《2017 财年国防授权法》要求国防部将原高能激光办公室重组为联合定向能转化办公室，从而实现对高能激光、高功率微波等定向能技术的统一管理。法案还要求指定一名高级官员专责定向能武器发展与演示验证，主导制定一份定向能发展详细战略规划，加快美军定向能能力的研发与部署等。根据法案，联合定向能转化办公室应向新任命的定向能武器专责官员汇报工作，主要负责协助定向能武器专责官员制定定向能战略规划、加快定向能武器能力部署、为定向能武器的演习与验证提供建议、支持定向能能力需求的制定等。

三是加强高超声速技术领域科研管理。为应对中俄高超声速技术挑战，2018 年4 月，美国国防部部长向众议院武装力量委员会明确表示，将高超声速技术开发列为第一优先的创新技术，并计划通过组建“高超声速联合项目办公室”推进该技术更快发展。6 月，美国国防部发布备忘录，要求成立常规快速打击通用型高超声速滑翔体委员会，负责协调通用型高超声速滑翔体的生产优先事项、监督各军种相关项目。委员会主席由陆军太空与导弹防御司令部/陆军战略部队司令部的指挥官担任，成员包括国防部长办公厅相关人员、空军采办主管、导弹防御局局长等。同时，备忘录还明确了“高超声速助推滑翔技术开发及其总体目标”，指明了国防部高超声速武器技术开发的共同路径。

四是加强电子信息技术领域军民融合研发管理。为推进下一代电子技术研究的“电子复兴”计划，并促进以美国为中心的电子信息行业深度合作，2018 年1 月17 日，国防高级研究计划局联合美国半导体研究联盟设立了6 个大学研究中心，为实现2025 年后美国微系统技术领先发展提供有力支撑。6 个研究中心包括4 个聚焦应用的“纵向”研究中心和2 个聚焦学科发展的“横向”研究中心。前者包括：支持自主智能的类脑认知计算研究中心，太赫兹通信与感知综合技术研究中心，可实现普适性感知、认知和行为能力的计算网络技术研究中心，智能存储和记忆体处理器技术研究中心。后者包括：应用驱动架构研究中心和节能集成纳米技术应用及系统驱动中心。国防高级研究计划局计划未来5 年为“电子复兴”计划投入15 亿美元，加上美国国会额外批准的7.5 亿美元资金，“电子复兴”计划资金将达到22.5 亿美元。

三、加速机制创新，提升制度运行效率

在调整改革国防科研管理体制的同时，世界主要国家还探索推进机制调整，通过强化制度创新，提升国防科技创新效率，为军事能力快速提升创造有利条件。

一是试行合同高效签订机制。合同签订是创新工作的起点。长期以来，创新构想从提出申请到签订合同，通常需要半年甚至更长时间，烦琐冗长的签约程序阻碍了创新力量参与国防科研项目。为从源头上提升创新效率，近年来，美国国防部一直在寻求通过机制创新，简化签约流程。例如，国防创新小组首创“商业领域方案征集”程序，可在 60 ~ 90 天内授出合同。国防创新小组还采用国会授予的“其他交易授权”（OTA），对成功的样机项目直接签订后续生产合同，而无需再经历一次竞争程序。此次改革，国会扩大了“其他交易授权”在国防部的适用范围，更多国防科研机构可通过签订“其他交易授权”协议，避开传统签约程序，使技术公司能够迅速开发样机供军队评估，并根据结果签订后续生产合同。这一举措为国防部吸引了大量创新型企业。此外，美军还在空军试点，通过小企业创新研究计划，对合同签订流程做进一步精简，尝试更快速签约。2018 年 11 月，美国空军基地合同签订办公室采用自动化工具生成合同签订所需要的多份文件，仅用 40 小时就完成 100 份合同的评估和签约，大幅削减了军队和企业的时间成本，为加快创新注入了生机与活力。

二是重要岗位采取灵活任命制度。为广泛吸引各类人才，近年来美军采取多种措施，拓宽人才引入渠道，如通过国防创新小组，优秀技术人员可到国防部工作 1 ~ 2 年等。此次改革，进一步放宽对国防科研决策管理领

域重要岗位的限制，如在负责研究与工程的副部长办公室设立的两个业务局中，局长虽与助理部长同级，但人事任命无需经国会批准；国防创新小组管理合伙人由负责研究与工程的副部长任命，国防创新小组技术审查小组由负责研究与工程的副部长担任主席并遴选成员等。这些制度安排有利于负责研究与工程的副部长行使职权，自主决策适用人选。目前，在副部长办公室中，最重要的负责研究与工程副部长帮办职位，负责研究与工程的副部长格里芬选择前 NASA 下属丽莎·波特担任，战略能力办公室主任选用多年同事克里斯·尚克，负责先期能力的局长选用其在防务承包商 Schafer 公司时的高管下属詹姆斯·费斯特等。这一选用机制的设立，充分反映了国防部对负责研究与工程的副部长的高度信任与充分授权。

四、采取灵活举措，营造创新良好条件

为在全球激烈的科技和军事竞争中抢占先机，世界主要国家广泛采用提案日、工业日、科技创新挑战赛、专题研讨会、展览会、技术演习试验、合作研发等方式，持续开展国防科技创新活动，汲取军地先进技术成果和创意智慧，推进先进科学技术快速转化为部队战斗力。

（一）举办开放日活动吸引社会力量广泛参与

世界主要国家军队特别注重采用提案日、工业日等开放日活动方式，扩大科技创新竞争范围，广泛吸收专业技术力量。2018 年 4 月，美国海军陆战队作战实验室与学术界和工业界共同举办一场非公开的“创新日”活动，探讨“远征前进基地作战”新概念，并展示有助于实施这项新计划的新兴技术。

（二）组织创新竞赛选拔最优创新思想和方案

为调动全社会创新资源，激发科研团队创新活力，选拔最优秀的创意和方案，近年来，外军频繁举办丰富多样的科技创新大奖赛或挑战赛活动，取得了广泛社会影响。2018 年 3 月，美国防创新小组（DIU）与国家地理空间情报局（NGA）开展合作，启动“xView 探测挑战赛”，希望以此推进计算机视觉技术发展，并改进国家安全和灾害应对能力。10 月，美国陆军举办“远征技术搜寻”（xTechSearch）挑战赛，寻求吸纳改变游戏规则的创新，鼓励小企业创业者直接向陆军高层提供创新技术方案。此次挑战赛强调非传统国防伙伴与陆军开展合作，应对陆军现代化挑战并推进陆军现代化优先事项。11 月，美国空军和 HackerOne 平台共同举办“入侵空军 3.0”漏洞悬赏计划，邀请计算机专家发现空军网站中的漏洞，提高空军的网络技术能力，帮助空军修复重大网络漏洞。该计划是迄今为止军方管理的“最具包容性”的漏洞悬赏计划，向 191 个国家开放（除了中国、俄罗斯、伊朗或朝鲜），但必须接受 HackerOne 的安全审查。11 月，美国国防部还与英国国防与安全加速器联合举办一项挑战赛，称为“Don't Blow It”。该挑战赛旨在寻求新的技术，并加快其在战场上的应用，以应对生化武器和简易爆炸装置等威胁。

（三）组织专题活动充分激发创新热情和活力

通过各类专题活动积聚新思想、启迪新理念、碰撞新观点，并促进科研交流合作、提升社会影响和认知，是外军科研领域的通行做法。近年来，随着军内外高新技术成果不断涌现，美国、俄罗斯、英国等国家更注重借助各类专题研讨会、学术研讨会、专题性峰会和展览展示会等，激发各类创新思想、创新理念和创新活力，发挥窗口效应，宣传展示最新国防科技成果。2018 年 5 月，英国国防部长主持首次美英联合防务创新委员会会议，此次会议为美国国防创新委员会提供了一个与英国防务领导人会面、分享经验和创新优先事项的机会，并进一步加强了英美两国的创新合作。11 月，法国举办第一届国防创新论坛，为期3 天，展出了160 项国防和民用创新技术，这也是新创建的法国国防创新局首次展览，有助于进一步加深公众对法国国防创新机构的了解。

（四）开展合作与演习试验推动成果转化应用

为加速创新成果在军事领域的应用，外军借助合作研发、技术演习试验等方式，推动技术成熟和创新成果转移转化。2018 年，美国情报高级研究计划局（IARPA）宣布推出“超级工具”项目，旨在为超大规模集成超导电路设计开发全套电子设计自动化和计算机技术辅助设计工具，将使用户能够以更快的速度设计复杂的电路，同时消耗更少的功率，这将是半导体技术的一大进步。为推进项目实施，IARPA 与美国陆军研究办公室合作，共同管理“超级工具”项目。

（五）组建大型园区发挥创新集聚效应

近年来，世界主要国家重视国防科技生态体系建设，国防科技创新园区成为各国关注热点。通过在有限空间内积聚资本、人才、技术和产业，国防科技创新园区能够充分发挥创新的聚合效应、大跨步推进国防科技与产业耦合发展。以俄罗斯为例，为落实《2020 年前俄罗斯联邦国家安全战略》和《2020 年前俄罗斯联邦创新发展战略》，俄罗斯总统普京授权国防部筹建名为“时代”的大型军事创新科技园，主要目的是进一步推动俄罗斯国防部乃至整个国家的创新研究，继续保持俄罗斯军用系统的领先发展，提高突破性技术研究成果转化为武器装备的效率，维护国家技术和经济安全。科技园选址索契附近的阿纳帕（黑海沿岸度假胜地），主要是仿效旧金山的硅谷（处于湾区），为集聚人才创造便利的生活条件。2018 年2 月，俄罗斯国防部专门在克里姆林宫向普京总统展示了“时代”大型军事创新园的模型，根据普京指示，大型科技园建设工作正快速推进。该科技园已确定8个优先科研发展方向，包括：信息—远程通信系统和人工智能系统；机器人技术综合装置；超级计算机；工程视觉和图像识别；信息安全；纳米技术和纳米材料；生活保障及维持生命活动相关的能源、技术和设备；生物工程、生物合成、生物传感技术。同时，科技园还将联合军地力量，共同开展前瞻性科学研究，获得的研究成果将用于制定突破性技术清单，在1～3年内创造出全新武器与专用军事技术装备。大型军事创新科技园建设工作分阶段实施：第一阶段是2017—2018年，主要完成园区基础设施建设，成立各类科学研究小组，计划建设研究场地26.7万米^2（后期还将酌情扩展），将为青年学者建设1000多套住房；第二阶段是2019—2020年，主要保障各类科学研究小组的高效运行，并全程保障创新项目的研制、生产和应用。目前，俄罗斯国防部正在全国选拔青年学者和少年科学家，以及科学连优秀毕业生加入科技园，同时遴选俄罗斯各前沿领域院士和最优秀的科学家组成导师队伍，为优秀人才提供有力指导。

（军事科学院军事科学信息研究中心　魏俊峰）

世界国防科技发展的特点规律

科技是核心战斗力。相对于民用科技主要面向市场、服务于社会民生，国防科技发展主要面向国防和军队建设，是一个国家增强军事实力、达成军事目的、谋求政治和经济利益的最重要手段之一。因攸关国家安全，世界主要国家对其发展高度关注。纵观历史，各主要国家国防科技发展呈现出以下特点和规律。

一、军事需求是牵引国防科技发展的动力之源

军事需求是国防科技发展的核心动力。作为国防科技发展直接成果的各类武器装备，绝大多数都是在军事需求的牵引下研制出来的。军事史、国防科技发展史都证明：政治的特别是军事的需要，决定了国家国防科技发展的必要性、发展的规模和速度。

一是国防科技总体发展依托完备的军事政策引导。国防科技体系构建的最终目的是为了满足国家安全和军事需求，不同的军事战略、军事需求和军事目的需要不同的国防科技体系。美、俄、英、法、日等世界主要国

家都以军方需求为主导建立起完备的国防科技体系，由各相关部门制定发布不同层次的政策指南，逐层落实军事需求，依据军事需求统筹规划国防科技策略布局、发展方向和资源投入，确保国防科技满足军队能力建设的大方向和装备发展的总目标。

二是国防科技重点发展方向满足国家安全战略与军队建设需要。世界主要国家围绕军方需求，精心选择科技重点发展方向，确保战略目标实现。随着战略竞争转向高端对手，美国为确保打赢未来战争，2018 年 1 月发布了《国防战略》，明确优先发展先进计算、大数据、人工智能、自主技术、机器人、定向能、高超声速、生物等新兴技术。美军还为人工智能、定向能、高超声速技术等重点领域发展设定时间表，意图加速关键领域创新能力的转化部署。美国《国防基础研究计划》《国防技术领域计划》《联合作战科学技术计划》，俄罗斯《2025 年前基础性与关键性军事技术清单》《2025 年前符合国家国防安全需求的基础性、预测性和应用性研究的优先发展方向清单》等所确立的重点研究和关键技术领域，都是以国家安全战略和军队建设需要为牵引。

三是国防科技规划计划制定充分体现军方意志。国防科技涉及面广，其规划计划制定过程既需要全面统筹，又需要各部门积极参与协调配合，美、俄等主要国家都注重军队用户部门全程参与国防科技规划计划制定工作，确保军方意志得到充分体现。

二、统管体制是支撑国防科技发展的根本保证

一个国家科技水平的高低，既取决于其科技研发应用能力，更取决于其结构和制度是否有利于培育和发挥科技潜能。大科学时代对专业化、协

同化管理提出更高要求，建立健全决策管理体制、加强全局统筹与体系化管理成为推进国防科技发展的时代要求。世界主要国家国防科技管理体制不同，既有英法等国实施的国防部高度集中统管型体制，又有以美俄等国为代表的国防部与军种统分结合型体制。但其共同特点是国防部均设立了专司主责的高层领导统管国防科技事务，其下属设有相对独立的管理机构和管理队伍，为国防科技发展提供了坚实有力的组织保证。

一是国防部高层专职领导的设立有助于国防部顶层事务的统筹协调。美、俄、英等世界主要国家，都设有专职国防科研与创新事务的高级主管。这一职位的设立，使国防科技发展摆上军队重大事项议程，有效协调了科技部门与国防部其他部门的关系，为国防科技发展争取了更大的空间和更多发言权。2018 年 2 月，美国国防部重新设置负责研究与工程的副部长，负责协调参联会、军种部和作战司令部等军内部门，确定国防科技发展重大事项、向国防部长提出科技决策建议；负责制定政策统筹指导国防科研工作，实现国防科技发展的统一组织、统一筹划，以及战略实施上的统一资源、统一步调，以全面整合美军科研力量并发挥更大的协同作用。

二是独立完整的国防科技管理机构便于保障各类计划顺利实施。为适应国防科技创新性、通用性强且型号相对独立等特点，世界主要国家都设立了较为独立的管理机构。这种体制的建立和形成，有力支撑和保障了各项科研计划的推进与落实。2018 年 7 月，美国国防部正式确立国防科研决策管理体系架构——“一委、二局、四附属、五直属”。从纵向架构上看，决策管理体制管理层级较少，呈扁平化趋势，有利于管理决策的快速部署执行；横向上向负责研究与工程的副部长直接报告的业务机构有 7 个，管理幅度适中，有利于全局统筹。

三是特色创新机构有助于加速推进创新。例如，美军除设立国防高级研究计划局主责未来颠覆性创新之外，近年来，还在国防部设立战略能力办公室和国防创新小组，重视快速引进军内外现有先进技术、迅速转移成果，满足近期作战需求。日、俄、印、韩等国也仿照美国，组建专事国防前沿技术的组织管理机构。这些机构的成立，有助于加强国防科技前沿创新、快速捕捉新兴技术、推动形成技术领先优势。

三、科技革命是加速国防科技跃升的重要推力

科学技术是第一生产力，是推动社会进步的革命性力量，也是国防科技创新发展的催化剂。科学技术的每一次重大突破，都被迅速或首先应用于军事领域，形成先进的军事能力，并带来战争样式深刻变革。

18 世纪中叶，以蒸汽机发明和广泛应用为主要标志的科技和工业革命，带来冶金、化学、机器制造等行业的快速发展，为枪炮弹药大规模制造和广泛应用提供了技术基础，英国由此成为世界科学中心和头号军事强国，人类进入热兵器时代。

20 世纪初，以电气、无线电、内燃机、新材料等技术广泛应用为主要标志的第二次科技和工业革命，使德、美成为世界科学中心，推动坦克、潜艇、飞机等作战平台的诞生或广泛应用。战争进入机械化时代。第二次世界大战后，美苏成为世界科学双中心。空天、电子、原子能等技术的广泛突破，使人类进入热核武器时代。20 世纪 70 年代至 21 世纪初，以计算机、微电子、新能源和新材料等技术的广泛应用为特征的“信息革命”，引发军事信息化技术的广泛发展和应用，人类进入信息时代，美国的世界科学中心地位进一步巩固。

21 世纪以来，信息技术的深度扩散和不断升级，推动了网络、大数据、

云计算、人工智能等领域的兴起。特别是，当前以人工智能、生物交叉、量子等技术为标志的新一轮智能科技浪潮正蓬勃发展，这些技术领域与军事相结合，正开辟新的技术应用场景和作战样式，并推动智能化战争时代来临。同时，随着技术全球化扩散的加剧，美国科学中心的地位正被削弱，一些突破性技术的发展将有望改变现有军事实力平衡格局。

四、融合开放是推进国防科技发展的制度核心

总体上看，世界主要国家的国防科技体系都不是一个独立的网络系统，而是根植于国家科技体系之中。随着世界范围新兴科技的快速发展，传统的军民界限日益模糊，越来越多的民用领域科研力量日益受到军方关注并加入到国防科研工作当中，发挥出重要作用。目前，融合开放已成为各国发展国防科技的共同选择。

一是国防科技发展寓于国家科技发展体系当中。美、英、法、日等世界主要国家有效拆除军民科研壁垒，使国防科技与国家科技共享同一科技和市场资源，科技人才可以自由流动，而政策制度也对全社会创新要素作出统一适用的规范，为军民科技深度融合奠定基础。美国国防部负责研究与工程的副部长作为首席技术官，能够代表国防部与其他政府机构协调政府范围科技发展事宜。2018 年 1 月，DARPA 联合美国半导体研究联盟设立了 6 个大学研究中心，旨在实质启动推进下一代电子技术研究的“电子复兴”计划，促进电子信息行业深度合作，实现 2025 年后美国微系统技术领先发展的目标，加速新一代电子信息产品的国防部应用。

二是市场发挥重要的资源配置作用。世界主要国家普遍实行市场经济，依托市场调整科技力量布局、改善各科研主体之间的合作关系；并通过以

竞争为基础、以合同等契约形式为主要联结方式的国防科研任务的公平授予，调整创新布局。

三是竞争与激励机制推动科研力量发展壮大。美、英、法等世界主要国家在国防科技领域营造开放透明的竞争环境，采用开放的方式征集研究方案，公开发布信息，向全社会提供平等申请机会，在综合权衡技术方案、以往绩效、科研能力、组织保障等因素后，择优确定承研单位。各国还建立健全有利于科研主体的知识产权激励机制，广泛吸引国内外科研力量，推动国防科技发展。

五、文化基因是制约国防科技发展的关键要素

近代以来，以自由人文精神为代表的西方启蒙文化开启了科技革命，带动形成民众崇尚科学的精神氛围，树立了追求真理的文化品质。科技文化的演进与传播，使寻求改变、大胆突破和勇于创新成为世界主要国家科技人文素养中的突出特征，也为国防科技不断跨越难关、取得新的历史成绩提供了不竭动力。

一是主要国家都充分利用民族国家的特色文化为国防科技创新服务。创新的首要前提是思想和理念的创新。国外重视创新过程中思想观念融合，在开放氛围中鼓励观点交锋、不畏权威，倡导创新竞争、勇于冒险和宽容失败，通过民族特性与科技文化交融，为创新提供内生动力，其中尤以美国最为典型。美国广泛采用提案日、科技创新挑战赛、技术演示试验等方式，汲取军地先进技术成果和创意智慧，推进国防科技创新。2018 年 4 月，DARPA 宣布举行“DARPA 发射挑战赛”，以演示验证在极短时间内将有效载荷发送入轨的能力，推进发展可从世界各地频繁发射载荷进入太空的能

力。10 月，陆军举办“远征技术搜寻”挑战赛，寻求吸纳改变游戏规则的创新，鼓励小企业直接向陆军高层提供创新技术方案。

二是领军人才在国防科技发展中发挥巨大的灵魂作用。国防科技人才素质的高低，是决定国防科技创新水平的关键。主要国家通过促进高层次人才交流、吸引领军人才从事国防科研、资助访学培训等，培养造就一批创新型领军人才在国防科研中发挥关键作用。

三是后备力量建设是国防科技长远发展的关键因素。创新非一朝一夕之功，需要的是长期积淀和探索。美、英、法、日等主要国家重视通过几代人的教育培养首创精神，通过国防科研计划专项资助，从小对人才根植开放、自由、不墨守成规的理念，推动形成独立自主、开拓进取的创新精神。

（军事科学院军事科学信息研究中心　魏俊峰　侯勤　杜彦昌）

美国战略调整及推进国防科技发展总体举措

特朗普执政以来，美国不断调整国家安全、国防和军事战略，采取一系列举措推动国防科技发展，谋求获取新的领先优势，其做法主要包括以下几个方面。

一、顶层统筹，密集出台各类战略文件

一是出台《国家安全战略》，为国防和军事战略提供指导。2017 年 12 月，美国总统特朗普签发上任后首份《国家安全战略》，强调以“美国优先”理念为指引，坚持“以实力求和平”，着力实现重塑美国优势的战略目标，并明确将中俄视为战略竞争对手，将与盟国在军事、经济、外交等领域，共同采取多种反制手段来应对中俄。作为美国国防和军事战略调整的依据，该战略具有极强的指向性。

二是发布《国防战略》，谋求新的竞争优势。2018 年 1 月，美国国防部发布新版《国防战略》，继承《国家安全战略》主旨精神，把大国竞争作为国家首要“安全关切”，要求美军通过更具杀伤力的部队、强大的联盟和伙

伴关系、技术创新及更高的效能等，维持美军在世界上军事力量的领导地位并强化美军的竞争优势。

三是出台《核态势审议》，提升核武器威慑能力。2018 年 2 月，美国发布新版《核态势审议》报告，将首要核威胁由核恐怖主义调整为中俄，强调提升核武器的作用，并对美国核战略和政策作出重大调整，更加注重发展非战略核能力及使用核武器应对核与非核攻击，并提出了未来 5 ~ 10 年美国核力量建设及运用、核军备控制等方面的目标和计划。该报告标志着美国核政策发生“方向性”转变，由传统全面威慑转向针对特定对手、采取特殊手段的“定制威慑”，并重启核武器研发工作。

四是制定《国家太空战略》，确保美国太空利益。2018 年 3 月，美国发布《国家太空战略》概要文件，明确将贯彻“美国优先”理念，通过发展军事航天、改革商业航天监管等措施，保护美国的太空利益，谋求维持太空领域的优势地位。战略强调在军事航天、商业航天以及民用航天部门之间构建合作伙伴关系，确保美国企业在太空领域的世界领先地位，同时优先考虑体制改革，为美国工业界的太空发展提供支持。此外，战略指出将通过改进态势感知、情报能力和采办程序，来确保有效的太空作战。

五是发布《国防部网络战略》，提升网络作战能力。2018 年 9 月，美国国防部发布《国防部网络战略》摘要文件，阐述了国防部在网络空间领域落实新版《国防战略》优先事项的途径，提出将通过提高网络空间作战能力、遏止恶意网络活动及强化与盟友之间的合作等手段应对网络空间面临的威胁，并明确其网络空间目标及实现这些目标的战略途径。

二、推进改革，突出科技创新能力

一是重建航天委员会，强化军民航天统筹。2017年6月，美国政府重新设立国家航天委员会，主席由副总统担任，成员包括国务卿、国防部长、商务部长等联邦政府官员，主要职责是制定及审查美国航天领域政策和战略，监督并协调相关政策的落实，同时负责促进美国军民商航天部门的合作、加强技术和信息交流，进一步巩固美国太空领导地位。作为美国航天体制调整改革的一项重大举措，重建国家航天委员会将对美国未来航天发展产生重要影响。

二是调整改组战略司令部，加强太空与网络战力量的指挥管理。战略司令部始建于2002年，是美军三大职能作战司令部之一。2017年，美军改组战略司令部，具体措施包括：①撤销一体化导弹防御等联合职能司令部，成立空中、太空、海上、导弹防御4个联合力量司令部；②将原战略司令部下的网络空间司令部升级为一级联合作战司令部；③原由战略司令部直接领导的空中加油等特遣部队划归到相应联合部队司令部辖下；④由空军航天司令部司令兼任联合力量太空司令部司令（JFSCC），直接向战略司令部司令汇报工作。

三是推进国防研究与工程体系改革，提升国防创新能力。《2017财年国防授权法案》要求国防部对研究与工程组织体系进行重大调整。2017年8月，国防部提交《重组国防部采办、技术与后勤及首席管理官组织机构》报告，详细阐述了国防部组织机构调整重组方案。2018年7月，国防部发布《研究与工程、采办与保障副部长办公室重组备忘录》，进一步明确研究与工程副部长组织体系最新调整方案，主要包括：①增设研究与工程副部长帮办，负责管理和监督除国防科学委员会以外的其他下属机构，国家科学委员会仍直属于研究与工程副部长。②设研究与技术局长和先期能力局长，其中研究与技术局长下设2 名副局长和5 名助理局长，分别负责战略技术保护与开发，研究、技术与实验室，微电子，网络，量子科学，定向能及机器学习；先期能力局长下设2 名副局长和4 名助理局长，分别负责任务工程化与综合集成、研制试验与鉴定、网络化指控与通信、空间、自主及高超声速技术。③国防技术信息中心、联合储备局等4 个直属单位由2 位局长管辖。④国防创新小组、国防高级研究计划局等5 个业务局直接向研究与工程副部长帮办汇报工作。

四是成立人工智能领域管理机构，推进人工智能发展。《2019 财年国防授权法案》要求设立国家人工智能安全委员会，旨在全面审查、分析人工智能技术及系统，并在6 个月内向美国国会和政府提交人工智能报告，提出未来规划建议。该委员会的主要职责是推动美国人工智能、机器学习及相关技术的发展，满足美国国家和国防安全需要。2018 年6 月，国防部发布备忘录，宣布成立由国防部首席信息官领导的“联合人工智能中心”，负责统筹美军重大人工智能项目，并与军内实验室、工业界及学术界密切合作以满足国防部需求，加速人工智能技术交付，推动整个国防部范围内人工智能技术的发展。

五是成立常规快速打击通用型高超声速滑翔体委员会。2018 年6 月，美国国防部发布《高超声速助推滑翔技术开发及其总体目标备忘录》，要求成立常规快速打击通用型高超声速滑翔体委员会，负责协调通用型高超声速滑翔体的生产优先事项、监督各军种相关项目。委员会主席将由陆军太空与导弹防御司令部/陆军战略部队司令部（ASMDC/AFSC）的指挥官担任，成员包括国防部长办公厅相关人员、空军采办主管、导弹防御局局长等。根据备忘录，该委员会需至少每3 个月召开一次会议。

六是陆军成立未来司令部，加速陆军现代化建设。2018 年 7 月，美国陆军未来司令部正式运行，其下设未来与概念、作战研发、作战系统三大职能部门，主要职责是通过完善和落实陆军现代化战略，增强美军杀伤力和战备能力。据悉，该司令部人员规模最终将达到 500 余人，人员将从陆军训练与条令司令部下属的陆军能力整合中心等部门陆续转入，陆军新成立的 8 个“跨职能小组”成员也可随时根据需求进行调配。

三、加快研发，强化重点领域发展

一是优先发展高超声速技术。高超声速技术是最重要的前沿技术之一，有可能深刻改变未来作战样式。美军认为，中国在高超声速技术方面已将美国远远甩在身后，这对美军而言是一个巨大挑战。目前，美国国防部将高超声速武器开发列为首要优先事项，加紧制定“国家高超声速倡议”，积极推进“高超声速联合项目办公室”筹建工作，以加快技术向武器转化。2018 年 6 月，国防部签署备忘录要求成立常规快速打击通用型高超声速滑翔体委员会，监督通用型高超声速滑翔体相关工作。

二是推进定向能技术研发。定向能武器是国防部未来投资组合的重要组成部分，甚至被视为与对手开展竞争并取胜的关键武器装备之一。冷战结束后，美国对定向能的兴趣有所降低，但随着与中俄战略竞争的升温，定向能技术再次受到国防部关注。2018 年 3 月，负责研究与工程的副部长出席“定向能峰会”，表示国防部将重新发展定向能武器，并将其作为一项高优先级事项。2018 年 4 月 17 日，国防部向众议院武装力量委员会提交证词，定向能武器开发被列为国防部优先发展事项的第二位，紧随高超声速武器研发之后。目前，国防部发展定向能武器的举措主要包括：①联合盟国及合作伙伴协同开发定向能技术、发展定向能武器；②重新审视 20 世纪 80 年代与 90 年代早期开发的定向能技术，将其应用于定向能武器的二次发展。此外，国防部还计划 3 年内开发出 100 千瓦激光器和 300 千瓦激光器，分别用于陆军新型“斯瑞克”战车和空军加油机。在未来 10 年，实现在太空部署兆瓦级激光器来拦截对手的战略导弹。

三是重视人工智能领域技术发展。人工智能技术凭借其广泛的军事应用前景、对塑造未来战争起决定性作用，是世界各国争相角逐的重要领域。美国国防部将人工智能技术与“第一次抵消战略”的核武器、“第二次抵消战略”的精确制导武器和隐身技术置于同一地位。2018 年 6 月，国防部发布备忘录，宣布成立由国防首席信息官主管的“联合人工智能中心”，并着力推动军用自动驾驶车辆的发展，同时加速使用编队无人地面车辆的步伐，在战场上为作战人员配备自动驾驶车辆。此外，国防部还将借助先进商业技术，推进人工智能在其他军事领域的广泛应用。《2019 财年国防授权法案》也要求美国国防部持续关注人工智能技术的发展，并促进人工智能技术的军事化应用。目前，国防部正致力于制定相关的战略计划和路线图，以识别、协调人工智能技术，加快其研发和部署。

四是关注量子领域技术发展。量子技术一直是美国的重大战略储备技术之一，在增强国家军事实力方面拥有巨大的潜力。2018 年 6 月，国防部发布备忘录要求国防科学委员会组建量子技术应用任务小组，针对量子技术军事化应用面临的挑战等问题开展研究。《2019 财年国防授权法案》也敦促国防部开发量子技术，要求国防部在量子信息科学领域启动研发计划，重点关注传感器、通信和密码学等领域。

（军事科学院军事科学信息研究中心　蔡文君　袁政英　冯云皓）

美国国防部研究与工程管理体系改革最新动向分析

2018 年 7 月 13 日，美国国防部发布《研究与工程、采办与保障副部长办公室重组》备忘录，对美国防研究与工程管理体系改革框架进行了总体性阐述说明。该备忘录的发布是一个重要的里程碑事件，标志着美军研究与工程管理体系构建计划逐步成型，预示美军国防研究与工程管理体系改革即将进入新的阶段。

一、本轮改革是大国竞争时代美军在科技领域推动的一次新的根本性变革

应《2017 财年国防授权法》要求，美国目前正在推进的国防研究与工程体系改革，是以 2011 年的“美国创新战略”为序曲、以 2014 年抵消战略为开篇、以 2017 财年国防授权法为推动，逐步酝酿、分步实施的，目前正处于体制改革加速推进过程中。其核心是通过推动深层次体制改革，提升美军科技创新能力，有效抵消战略对手优势，巩固美军领先地位。

2011 年，奥巴马政府推出“美国创新战略”，预见到美国创新动能不足的问题，预测中俄，特别是中国将在经济、科技、国防等领域全方位迫近。为确保领先优势，美国急需通过创新，筑牢科技护城墙，抵御主要竞争对手。以此为序曲，2011 年以来，美国国防部对国防科研体系实施改革布局，强化创新能力。2011 年，美国国防部将国防研究与工程署署长提升为负责研究与工程的助理部长，进一步提高国防科技管理部门职级并优化内部工作体系。2012 年，国防部设立战略能力办公室，着眼利用现有技术与作战装备，通过快速系统集成和概念创新，形成技术突袭与创新突破。

2014 年，美国国防部宣布实施“第三次抵消战略”，寻求通过发展颠覆性军事技术和作战概念来“改变游戏规则和未来作战方式”，确保美军在新一轮军事竞争中的绝对优势。2015 年，美军发布的《国家军事战略》与抵消战略相呼应，再次明确将军事战略重心由反恐调整为应对“大国挑战”，进一步推动抵消战略实施。纵观美国历史上的三次“抵消战略”，虽然在战略时代背景、对手及目标等方面有所差异，但其思想一脉相承，都是试图通过技术创新支撑并扩大军事优势的长期性竞争战略。2015 年以来，美国在推动国防体系局部改革难以有效满足战略需求的前提下，着手开展国防部组织机构运行情况评估，积极推进国防部改革综合论证，为实施根本性体制改革做好前期准备。同时，在研究与工程领域继续加紧创新体系布局。2015 年 7 月，美国国防部设立技术净评估办公室，负责开展国防科学与技术方面的战略评估，发现国防科技创新方面存在的问题；2015 年 5 月，国防部在硅谷设立国防创新小组（原国防创新试验小组，DIUx），并于 2016 年 7 月与 9 月分别设立两个地区机构，加强军方对民用创新技术的转化应用；2016 年设立国防创新咨询委员会，为国防科技创新提供顶层决策咨询建议。伴随《2017 财年国防授权法》的出台，美军正式拉启国防管理体制改革大幕，国防研究与工程体系改革是其中的重点。

回顾历史，本次改革是自1986年《哥德华特—尼科尔斯国防部改组法》颁布以来，美国国防部组织管理体系最为重大的一次调整改革，从其披露的改革方案来看，研究与工程副部长的部门设计方案秉承了“第二次抵消战略”的理念，如构建思路以“创新优先”为主导、设立专职机构推动颠覆性技术发展等，这些都契合“第三次抵消战略”的核心思想，助力“第三次抵消战略”的全面实施。从“第二次抵消战略”的经验看，此次改革仍处于前期阶段，随着改革调整幅度不断扩大，其长尾效应将逐步显现，其影响将持续10年甚至更长时间。

二、国防研究与工程新型组织管理体制初步构建

根据最新调整方案（图1），研究与工程副部长下设机构围绕战略情报分析、研究与技术、先期能力三大主题构建，同时撤销了原助理国防部长职位，改设为研究与技术局长和先期能力局长，职级不变，但其任命无需经过国会批准；国防高级研究计划局、国防创新小组、战略能力办公室通过新设的研究与工程副部长帮办直接向研究与工程副部长汇报工作。此外，设置9名助理局长，分别负责主管人工智能、量子科学、高超声速等领域研究和相关业务工作。

新体制呈现以下特点：

（一）总体秉承“创新优先”理念

改革后研究与工程副部长的组织体系简洁，职能分工明确，业务领域更为聚焦，其使命是聚焦未来，以国防部首席技术官的身份推进技术和创新，同时担任国防部长、常务副部长在研究与工程方面的首席参谋助理和

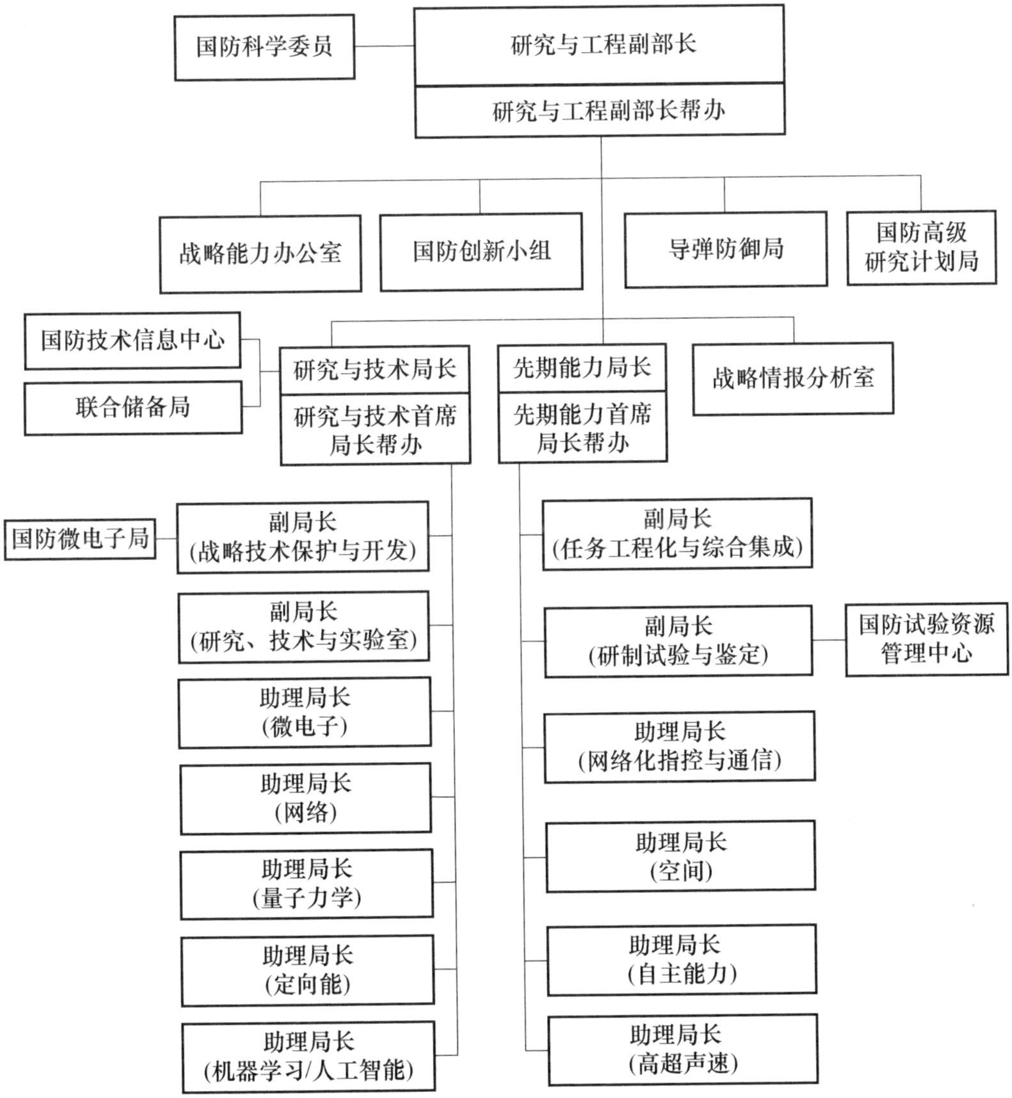

图1　研究与工程副国防部长最新组织调整图

顾问。主要职责包括：制定政策统筹指导国防科研工作；决策管理推进科研工作有序运行；实施监督有效降低国防科研风险；推进人才队伍建设保持创新活力；作为业务领域代表推动国防部内外交流。研究与工程副部长帮办直接向副部长汇报工作，负责管理和监督除国防科学委员会以外的其他下属机构。此外，还将国防科学委员会纳入其中，以加强技术创新与管理创新方面的决策支撑，主要负责就包含国防科研项目管理在内的国防科研、武器装备采办及其他重大防务问题展开调研，分析研究国防科研和装备采办方针、政策和国防高科技发展趋势，向国防部长等提供咨询建议。

（二）明确三大主题建设布局

研究与工程副部长下设机构主要职能包括三个方面：一是设立研究与技术局长，负责为国防部制定战略技术方向与后续的投资策略，确保美军在战场上的技术优势；整合国防部实验室的基础设施，管理技术组织，使之专注于作战领域的研究。二是设立先期能力局长，负责管理样机与试验，提升技术理解力以及样机与试验对作战能力的影响，专注于降低技术风险，获得作战人员反馈从而更好地提出需求；确保相关概念在推进采办阶段时，不仅具备完整功能，同时也具备较好的时效性与可承受性。三是整合原技术情报办公室等机构，设立职级更高的战略情报分析机构，加强对全球技术发展态势的跟踪研判，为美国国防科技创新提供方向指引和强力支撑。主要职责是关注敌方的能力与弱点，分析美军自身能力，跟踪全球各地的技术发展趋势，评估潜在威胁和机遇。

（三）充分发挥创新机构优势

美国国防部研究与工程组织体系改革，体现了鲜明的创新导向。此次改革将国防创新小组、战略能力办公室纳入研究与工程副部长管理，与国防高级研究计划局形成驱动创新的“三驾马车”，从不同角度协同推动美国国防科技创新发展。其中，国防高级研究计划局的主要职责是组织开展可能对未来国家安全产生重大影响的有创造性和革新性的研发项目；组织开展革命性、高风险、高回报研究，在基础性科学发现与军事应用之间架起桥梁；设想、预测未来军事指挥官可能需要的能力，通过技术演示验证加速能力的研发等。国防创新小组的主要职责包括：加强国防部与企业之间的联系，帮助国防部获取前沿的商业技术和人才，如通过“国防创新小组”，私营公司可以选派技术人员到国防部工作1～2年；简化企业参与国防科技发展的途径；利用合同、竞赛等手段解决国防部面临的问题，增强企业家、投资者对国家面临技术挑战的关注度和责任感。战略能力办公室主要负责发现和培育前沿概念，巩固美军技术优势，研究美军在产、部署或计划研制的武器、系统和平台等的作战运用问题，力求短时间内找到新的方式，设计出新概念并提供解决方案。

20世纪70年代末，研究与工程副部长协助实施了“第二次抵消战略”，着力打造以信息技术为核心的新兴技术，成功引领世界范围新军事变革，并使美军掌握对苏军事技术领先优势。2014年，时任美国国防部长查克·哈格尔提出“第三次抵消战略”，明确要以计算机、人工智能等领域科技创新推动新概念武器发展。2018年版《国防战略》再次强调了人工智能、定向能、高超声速等技术领域的重要地位。研究与工程副部长上任伊始，即着手布局涵盖高超声速，定向能，指挥、控制与通信（C^3）等十大优先技术领域，并增设专门负责推动人工智能、量子科学等9个技术领域发展的助理局长。此举沿袭了国防部为确保关键技术优势设立专职机构的传统，若上述领域中有部分领域能够形成颠覆性能力，即可为加速推进美军“第三次抵消战略”、重塑国防部不对称能力提供强大驱动力。

（军事科学院军事科学信息研究中心　蔡文君）

美国国防部创新路向观察

随着人工智能、大数据等新兴技术迅猛发展，商业领域技术创新的引领作用和影响力不断凸显。美国国防部为充分利用商业领域思想、技术和经验，于2016年3月成立国防创新委员会（DIB），由谷歌公司执行总裁担任主席，成员包括联合技术公司、应用发明公司等顶尖企业的12名高管，主要职能是向国防部长和常务副部长提供独立建议，促使国防部采取创新手段解决美军面临的重大问题。成立以来，该委员会已提出16项建议案，其中14项提交国防部长，2项正在审议。这些建议针对国防部在人才和文化、技术和能力、实践和运行三大方面挑战，深入分析了国防部存在的创新问题，提出了解决思路及举措，一定程度上反映了美国国防部未来创新活动的路径和发展方向。

一、聚焦创新指向，优化人才能力发展设计

卓越创新人才是美国谋求军事技术长久竞争优势的重要支撑，新版《国家安全战略》和《国防战略》都强调要保护由“知识、能力与人才”

共同构成的“国家安全创新基础”。DIB 着眼创新引领与应用，分析了国防部在高层官员创新素养、专业技术人才管理、高端理工人才职业发展等方面的问题，并提出建议。

（一）设立国防部首席创新官

DIB 认为，国防部如“创新群岛”，许多办公室都从事着卓越而重要的创新工作，但每个办公室都是一个“孤岛”，缺乏与其他办公室的沟通和合作。与此不同的是，美国国际开发署、退伍军人事务部、卫生与公众服务部等联邦政府机构，万事达卡公司和花旗银行集团等私营企业都设立了首席创新官或类似职位，专职组织领导创新工作，成效非常显著。因此，DIB 建议国防部设立首席创新官，其职责与首席技术官不同而且互补，专门作为创新的倡导者，协调、监督和统一国防部的创新活动，包括设计可广泛应用的创新模式和系列规则，开展众包、创新比赛和教育培训等创新活动，设立并利用国防创新网络促进信息共享和内部技术交流等。

（二）培训提升国防部高层官员创新素养

DIB 认为，国防部高层官员在识别现代高新技术潜力、共同培育创新组织、利用快速采办缩短能力差距等方面存在不足。某些国防部高层官员缺乏高技术和创新等方面的必要培训，无法正确识别、采纳和融合最新技术与创新策略，不能有效调整工作流程以适应正在改变战争特征的新兴技术，在速度和敏捷性上落后于对手。DIB 建议，为国防部高层官员建立高新技术和创新培训计划，根据现有和新兴作战需求，以哈佛大学、斯坦福大学和沃顿商学院等知名学府的职业培训课程内容为基础，学习商业企业在技术推进和管理创新上的成功经验，了解国防科技创新现状和快速采办发展趋势，增强与商业企业在新兴技术领域合作的意识，全面提高国防部高层推动、领导和推广高新技术应用的能力。

（三）打造能够突破僵化军队人事制度的专业技术人才孵化器

DIB 指出，在国防部，新创意往往因其特异性而受到压制，僵化的人事制度不允许国防部有效利用现有人才，往往造成最佳创意受忽视、卓越人才被低估、人才价值未能充分开掘等现象。委员会建议，虽然国防部不能完全掌控并改变美军“晋升或退出现役”人事制度，但可以采用创建孵化器的方法进行创造性改进，富有创意的现役专业领域人员经选拔后，可申请暂时离开现有“晋升或退出现役”军队人事系统，在孵化器中从事所热衷的专业领域问题研究，超越常规体制障碍，通过发挥创意得到晋升。孵化器参与者在项目完成后可选择离开军队，也可转到国防部文职岗位继续从事专业工作，或者选择返回军队“晋升或退出现役”系统。

（四）创建特色人才发展路径

DIB 分析认为，未来战争将越来越以软件为中心，但国防部未能及时采用企业界在软件开发、使用和更新方面的最佳创新实践，同时，相关领域专业人才的招募、激励和保留，也不能满足国防部业务需要，这些问题导致美军技术领先优势正逐步减弱。鉴于谷歌、脸书等世界一流创新型公司将软件和计算机科学作为其运营的核心能力并取得成功的丰富运营经验，DIB 建议创建“创新 + 科学、技术、工程和数学”（I + STEM）这一新的职业领域，组建 I + STEM 小组并在联合部队内部运行，协助指挥官整合创新能力、敏捷能力和反应能力，采用快速采办方法，从而有效提高联合部队的杀伤力。同时，建立军队计算机科学家独特的职业轨道，激励现役人员专心从事计算机科学研究，保护其免受岗位转换带来的专业发展压力；设立新项目并拓展现有项目，提供服兵役换取奖学金等优厚条件，吸纳优秀的计算机科学、STEM 领域本科生和研究生，努力使计算机科学成为国防部的核心竞争力。

上述建议凸显了 DIB 对军事人才创新能力建设的高度重视。人是创新的主体，创新的成功实现离不开人的主观创新意识、内在创新素养与外部客观实践的有机结合。构建符合军事发展需要的创新人才发展工作机制是制胜未来的关键。美军采纳上述举措，将有助于从根本上提升美军整体创新能力，为打造军事技术领先优势奠定坚实基础。

二、瞄准前沿技术，加速商业创新引入应用

近年来，以人工智能、机器学习为代表的前沿技术在商业领域快速发展，对美国防科技创新产生巨大影响，并成为助推“第三次抵消战略”的主要驱动力。DIB 成员多数为商业技术公司引领者，通过实践观察，提出国防部应设立专门机构、优化创新路径，寻求发展前沿技术。

（一）设立专职机构牵引人工智能军事化

人工智能和机器学习对国防部的影响已渗透到战术行动、后勤保障等各个方面。DIB 认为，人工智能和机器学习可媲美“第一次抵消战略”的核武器及“第二次抵消战略”的精确制导武器和隐身技术，对重塑国防部不对称能力、赢得“第三次抵消战略”至关重要。因此，委员会建议国防部沿袭过去为确保核武器技术优势设立专门机构的传统，创建针对人工智能和机器学习的内部中心，并赋予该中心以下职能：一是对国防部人工智能和机器学习领域工作实施统一管理，提高创新工作透明度，适当授予外部研究人员对国防部数据的访问权限；二是研发强大、快速的样机试验功能，发挥军种主导作用，促使人工智能和机器学习技术更贴近用户；三是作为国防部、学术界和私营部门的中间联系枢纽，加强相互之间的联系，同时更多地参与并优化采办流程，确保新功能样机及后续成果在军种快速部署。

（二）采取措施打破创新路径上的障碍

过去10年，美国国防部除大力扶持国防高级研究计划局（DARPA）等成熟的创新机构外，还新增战略能力办公室（SCO）、国防创新试验小组（DIUx）等机构，试图打破国防部传统官僚主义桎梏，优化国防科技创新路径，降低风险并提高稳定性。但由于预算问题，国防部创新结构调整面临的压力加剧，同时创新机构之间缺乏协调交流，致使在信息共享等方面失去很多机会。DIB建议国防部维持整体投资水平，增加对DARPA、SCO、DIUx等创新机构的投资；同时借鉴大公司通过信息共享、知识管理、众包、竞赛等形式促进员工之间经验分享、相互挑战的做法，围绕“第三次抵消战略”等主题，通过年度同步创新会议等方式加强这些创新机构间的交流沟通。

商业部门运用灵活反应、快速迭代的科技发展模式，推进前沿技术快速发展，已远远走在国防部门前面。在核心领域加快引入商业技术成为推动国防科技创新的重要手段和必然选择。美军采纳上述举措，一方面能够缩小与最新技术的差距，快速补足自身短板；另一方面也可借助商业创新力量，在智能科技等领域获取更大的发展，为大国竞争奠定先发优势。

三、注重改中求新，不断探索减少创新阻桎

多年来，美国国防部体系庞大的官僚管理体制，烦琐冗长的法规制度和审批程序，成为以灵活、快捷、高效为特征的创新活动的严重障碍。为此，DIB先后提出改革采办制度、精简业务程序、倡导试验创新文化、设置国防部快速通道等提案，试图从制度上扫清创新障碍，激发科技创新活力。

（一）扩大应用快捷灵活采办方式，提高采办效率

随着国防采办日益复杂，美国国防采办法律、法规和指令数量与日俱增，内容日趋冗长和刚化，限制了管理人员的主动性与创造性，也使惠普公司等非传统承包商望而却步，不敢也不愿与国防部打交道。为此，DIB 提出扩大应用灵活快捷采办方式的建议，在联邦采办条例、国防部 5000 系列采办政策文件的基础上，针对非传统高新技术企业、小额采办项目、民用技术等，扩大应用采办法规例外或豁免政策，以突破联邦采办条例、传统采办合同规定等法规限制，并借鉴 DIUx、陆军快速能力办公室（RCO）、海军快速样机试验与演示验证（RPED）项目、空军革命性采办技术程序与合作（RATPAC）等做法，鼓励采取快速解决方案的政策措施，采用灵活多样的采办方式，避免烦琐的审批程序，缩短采办周期。此外，为满足应急作战需求，借鉴特种作战部队应急采办的做法和经验，作战部队直接对接科技部门和科技活动，强化应急作战需求牵引，采用灵活快速审批程序，加速推进创新性技术或能力直接部署到一线作战部队。

（二）从管理上打破官僚桎梏，减少创新阻碍

长期以来，美国国防部建立起庞大的官僚体系，审批程序复杂，管理过于繁琐。为加速科技创新，DIB 提出打破官僚桎梏的相关建议。一方面，鼓励精简采办程序、简化文书工作，减少集中管理和评审层次，减轻基层汇报负担，鼓励创新思想，提高创新绩效，节省时间和经费。国防部要建立相关制度，将错综复杂的工作分类编入目录，并通过评估找出冗余、重复和创新负激励的相关事项，采用“创新管理”挑战赛等方式，鼓励社会各界提出打破官僚体制的创新建议，对有前景、可操作的提案给予奖励。另一方面，借鉴亚马逊、微软等世界顶尖企业的经验，鼓励人员大胆创新，不断寻找新途径、新办法，增强组织机构的敏捷性和高效性。

（三）为重大技术倡议设置国防部快速通道

为加速科技创新和科技成果向装备采办和作战部门转化应用，DIB 提出为重大技术倡议设置国防部快速通道的建议。具体做法是：建立国防部常务副部长领导、快捷高效的跨部门协同工作团队，确定最关键的作战问题及其优先次序；组建跨机构和跨领域的多功能团队，针对应急作战需求，开发快速解决方案；建立重大技术最终用户从初始能力开发阶段就开始参与和反馈的机制；为多功能团队优化实施路径，加速落实解决方案，并在其整个生命周期内继续开展工作，在时间、成本、进度、绩效和风险方面进行适当权衡。国防部快速通道机制可帮助国防部更快实施重大技术倡议，加速科技创新成果向装备研制、生产部署甚至作战部队转化应用，更好地解决国防科技与装备采办之间的“死亡之谷”问题。

军事管理制度建设脱离不了时代环境，在时代环境快速发展的大背景下，军事管理制度的改革调整也应同步进行。美军一贯重视军事管理制度与时俱进，经常性更新《联邦采办条例国防部补充条例》等采办法规，以及国防采办程序等办事流程，甚至成立创新试验机构。在商业创新文化影响下，美军通过吸纳新的理念做法，将不断扩大其创新管理制度的弹性空间，打通国防创新链路，显著提升美军创新效率。

四、关注体系之要，强化网络信息优势塑造

庞大复杂、相互联结、集成度高的网络系统是美军联合作战体系的核心优势，也是美军强大军事能力的关键支撑。DIB 重点分析了国防部在武器系统安全、软件安全可控、数据分析处理等方面面临的问题，借鉴美国顶尖商业科技公司的做法提出建议。

（一）评估解决先进武器系统网络安全脆弱性问题

美军先进武器系统很大部分由软件构成，而且这些武器系统正被集成到一个不断扩大的网络环境。随着复杂网络攻击日益增多，武器系统脆弱性日益增加，如何识别并改进是国防部面临的重要问题。脸书、微软、推特、贝宝等公司也特别关注系统脆弱性问题，他们除了定期进行内部安全评估外，还聘用专业公司或外部黑客进行攻击测试，及时发现和修补漏洞。DIB 建议，鉴于网络司令部和国家安全局在脆弱性识别方面的专业能力不同，两个机构要相互协调，定期组织武器系统安全评估，应用最高级别的自动弱点检测技术，识别软件和网络的脆弱性；对于测试中的武器系统，任何被检测出的脆弱性都要去除；在与军工企业的合作上，国防部还应制定新的标准和操作要求，在研制过程中就减除武器系统的脆弱性。

（二）加强国防部对软件系统的控制和处理能力

DIB 认为，战场环境瞬息万变，国防部业务机构和作战人员应快速反应，调整及优化程序和软件系统，以充分的灵活性支持任务需求。但是，大量国防系统的程序源代码都在承包商手里，修改源代码需经过冗长的采办批准程序，且易造成响应延迟和成本增加。同时，国防部应用开发人员和终端用户的计算和带宽条件落后于企业界和学术界，难以有效满足任务需要。DIB 建议，武器系统已成为主要软件驱动平台，应把快速修改和升级能力放在重要位置，提升对源代码的控制权，所有为国防部建设的系统均需提供源代码；为应对日益复杂频繁的软件问题，可在各主要司令部成立优秀专家组成的软件开发团队，形成一种“人才云”，快速响应即时的软件问题需求，并提供创新解决方案；在信息技术环境中，计算和带宽直接影响技术进步、创新效率和系统风险，在这个问题上，国防部应采用新的战略，改造和应用商业标准，并参照亚马逊、谷歌等公司的做法，采用基于云平台的方式，通过专门企业来实现计算、存储以及传输任务。

（三）打造数据收集、分发与分析的新途径以保持技术优势

在大数据时代，数据应被视为国防部武器库中最强力的资源，但国防部还未将数据作为战略资源加以利用。例如，前线无人机连续拍摄的大量图像、侦测声纳扫描的大量图像只是简单的输入数据，难以快速和准确予以分析。随着传感器收集能力不断提高，这种问题将会越来越糟。另外，国防部还未建立有效的数据收集共享政策，缺少商业部门拥有的大量数据科学家和分析师。DIB 建议，成立国防部数据局，年度预算可至 10 亿美元，负责建立分布式云端服务集群，为国防部人员获取数据、编写软件、开展机器学习和战略战术数据分析等提供服务；推动跨不同领域的数据获取与使用，为预算、人事、采办、医疗、后勤等业务领域数据库以及各类机构数据库建立应用接口，从而使数据能够跨库融合、赋能机器学习系统，帮助制定更优决策；加强算法战相关计划实施，增强机器学习效能，提升国防部跨业务领域、跨机构和跨地域的数据采集、使用、分析和处理能力。

随着新一代信息技术快速发展，美军信息网络体系日趋繁杂，软件和数据的核心地位不断攀升。DIB 着眼于美军军事能力的核心关键，借鉴商业领域的经验做法，从国防部内部建设角度提出强化网络防御能力、制胜全维战争的建议。美军采纳上述举措，将有助于进一步巩固和扩大军事领先优势，为精准决策、有效控制、跨域打击奠定基础。

（军事科学院军事科学信息研究中心
赵超阳　郝继英　张代平　蔡文君　魏俊峰）

DARPA 试行新机制加速推进创新

随着全球科技发展步伐逐步加速，新的研究领域和具有颠覆性特点的科学领域大量涌现。为了捕捉这些新的机遇，DARPA 认为必须通过更灵活的投资来做出更快速的反应。为此，DARPA 下属的国防科学办公室（DSO）在 2017 年启动了“颠覆性探索工程”（Disruptioneering）工作机制，以加速科学发现为目标，针对最激进、回报潜力最高的概念构建一套快速跟踪招标和项目实施程序，缩减概念提出到验证之间的时间成本，以便更快地探索大胆而冒险的新创意。

一、“颠覆性探索工程”机制简况

“颠覆性探索工程”机制适用于 500 万美元及以下的项目，被选中的项目也被称为“颠覆性探索工程机会”，项目由国防科学办公室在美国联邦商机网上以“特别公告”形式发布，公告时间不少于 30 天。国防科学办公室将把从获取新想法到授出合同的周期控制在 90 天内，未来进一步压缩到 75 天以内。

“颠覆性探索工程”的项目实施一般分两个阶段：第一阶段为可行性研究，主要对新概念进行评估（必选），持续时间3～9个月；第二阶段为概念验证阶段（可选），持续时间9～15个月。两个阶段加起来不超过18个月。最终目标是投资可引导原型开发的研究项目，进而生成改变游戏规则的新技术。两个阶段的奖金总额为100万美元，DARPA保留分阶段或一次性给付的权利，也可能会向多个参与者提供奖金。

所有公告都会说明研究主题的具体细节、提案书的内容和提交要求。特定技术目标、任务描述、知识产权、里程碑拨付时间表和交付成果一般也在公告中说明。DARPA要求提案必须是非保密的，必须涵盖两个项目阶段的信息。

特别公告暂时不涉及后续的采购，但“颠覆性探索工程”概念和每个研究项目的目标都是资助可导向原型开发的研究。若参与者在第二阶段成功完成概念验证，并有希望交付原型或已经拿出初步原型，DARPA可资助进一步的开发、制造和交付工作。

二、提案要求

联邦资助的研发中心、政府实体、非政府组织和国外组织等所有能够满足DARPA需求的机构都可以提交提案。提案须包括三部分内容：技术和管理提案、报价以及行政和国家政策需求文件。DARPA将从整体科学技术价值、对DARPA使命的潜在贡献和相关性、报价等三方面对提案进行审查和评估。

知识产权、技术资料或开发出的电脑软件最终归项目中标方所有，中标方可自由使用数据/软件用于商业目的（除非受美国出口管制法律或保密限制），但DARPA将保留使用技术数据/软件的权利。

三、当前进展

截至目前，DARPA 已经发布多个项目。

（1）2017 年 8 月，DSO 首次通过特别公告发布两个项目，分别为“工程基础设计”（FUN DESIGN）和“通过任意物体、任何位置成像”（ITA^3）项目。其中，“工程基础设计”项目旨在通过研究基础计算和数学模块来设计和优化新型机械系统。ITA^3 项目旨在研究使用低频电磁波结合简易计算方法，通过金属容器、墙面、地面、雾、水和其他复杂介质成像。两个项目的公告时间为 2017 年 8 月 11 日至 9 月 18 日。其中“工程基础设计”项目在 2017 年 11 月 9 日即向美国帕罗奥多研究中心（PARC）授出了研究合同。PARC 是许多现代计算机技术的诞生地，曾创造性地研发出个人计算机 Xerox Alto、激光打印机、以太网、图形用户界面、Smalltalk、页面描述语言 Interpress、语音压缩技术等。在该项目上，PARC 选择与威斯康辛大学麦迪逊分校合作，使设计过程中的重要部分实现自动化，从而使自动、系统搜索拓扑布局成为可能。这一科学进步将使人类设计师探索更广阔的设计空间，更深入地了解设计选项的优势和局限性。

（2）2018 年 3 月，DSO 发布“理解群体偏见”（Understanding Group Biases，UGB）项目特别公告，寻求该领域的创新性基础或应用研究概念，目标是极大增强自动化方法从大型数据集中获取群体偏见和文化模型的规模、速度和范围。3 月底，DSO 发布“分子支架设计集成”（MSDC）项目公告，寻求分子支架设计技术领域的创新基础和应用研究概念。分子和材料一般应用于美国国防部治疗学、电子学、涂料燃料、能量学等多个领域，但能量学等关乎国家安全的应用领域往往跟不上创新需要，为此 DARPA 寻求一种设计、合成和测试生态位应用领域材料的新模型，以加速发展国防部的材料能力。

（3）2018 年 7 月 20 日，DSO 发布“人工智能探索”（AIE）项目公告，有效期截止到 2019 年 7 月 20 日。这是 DARPA 人工智能投资战略的延续，力求突破前两代技术的局限，研发第三代人工智能理论和应用，使人工智能能够适应不断变化的环境。本次寻求的主题包括概念验证、导航、商业技术的新国防应用，以及技术或作战应用的设计、开发和验证等。获得成功的项目可能会衍生出更大的研究与开发计划，推动人工智能取得重大突破，从而超越全球范围内具有竞争力的人工智能科技计划。后续的 AIE 机会将在联邦商业机会网站上陆续公布。

目前发布的 5 个项目涵盖了 DSO 涉足的重点领域，表明其已在办公室范围全面推进“颠覆性探索工程”研究机制的应用。从实施情况看，部分项目已成功授出合同并实施相关研究；其他项目或正在开展，或未能获得合适提案而终止。在开展的项目中，最受关注的当属第三代人工智能探索项目，DARPA 特意放宽申请时效，将其延长至 1 年。从“颠覆性探索工程”项目公告的更新情况来看，DARPA 也在实践中不断摸索和完善机制，如将合同第一阶段时间从 3 ~6 个月改为 3 ~9 个月，第二阶段时间从 9 ~15 个月改为 12 ~15 个月，但合同的有效期不变，为研究项目提供了更多的灵活性和空间。

四、机制分析

一是常规项目的有益补充。DARPA 每年运行的项目数量约 200 多项，一般持续 3 ~5 年，而新增项目每年只有几十项（2019 财年新增 31 项），远远无法满足科技快速发展衍生的新构想研发需求。此外，DARPA 传统项目从收到提案到签订合同往往需要6个月甚至更长时间，之后才能开展研究工作。在项目经理3～5年有限任期内，其所能开展的项目数量有限。而“颠覆性探索工程”快速工作机制可使DARPA在概念提出的90天内启动新的投资，项目周期不超过18个月。这种短期、灵活的项目方式，无疑将成为DARPA传统项目的有益补充，而进展良好的“颠覆性探索工程”项目，也会晋升为DARPA的正式项目，得到进一步深化研究的机会。

二是加速创新的有益尝试。“颠覆性探索工程”项目有限的资金配置、较短的项目周期，为DARPA在前沿技术领域提供了极佳的试错机会，同时也强化了DARPA对快速发展的科技环境的适应能力和反应能力。作为DARPA最具创新能力的部门，国防科学办公室被誉为DARPA中的DARPA，追求高风险、高回报，并孕育出生物技术办公室等部门。通过跟踪识别科学与工程领域的新思想，国防科学办公室可在第一时间甄别研究项目，在基础科学与实际应用之间架设桥梁，并将这些思想转化为新的技术能力。

三是创新竞争的必然选择。2018年2月以来，美国国防部实施重大机构改革，新设负责研究与工程的副部长，DARPA转隶其下。同时，DARPA在国防部内部的竞争对手“国防创新小组”、战略能力办公室也划归负责研究与工程的副部长管辖。作为商业领域创新的快速转化机构，国防创新小组采用了“商业领域方案征集”方法，寻求在60～90天时间内授出合同，战略能力办公室也采取超常规的做法提高项目运行效率。此外，三军实验室等科研机构也都同DARPA竞争着科技领域有限的人员和机构。在国外，俄罗斯及其他新兴竞争对手在科技领域快速发展，也使DARPA感受到压力。面对激烈的创新竞争，采取新的机制和举措对DARPA而言是一种必然选择。

（军事科学院军事科学信息研究中心　袁政英）

美国国防部《数字工程战略》分析

近年来，美军将数字工程作为迎接数字时代、完成数字转型的关键，积极推进数字工程的理论与实践。2018 年 6 月，美国国防部研究与工程副部长迈克尔·格里芬签署发布首版《数字工程战略》，标志着美军在数字工程方面已达成共识，形成了各方普遍认可的数字工程标准范式，将在国防建设各领域全面推行。这是美军为迎接即将到来的智能化军事时代，以其技术优势率先发起的新一轮军事管理革命，将对美国采办管理乃至整个国防与军队建设管理产生颠覆性变革。

一、《数字工程战略》内容简介

美军所称“数字工程”的基本内涵是在国防建设尤其是国防科技研发与装备采办领域，贯彻系统工程思想，综合采用建模仿真、大数据分析、数字孪生等数字化与智能化手段，通过研发和使用系统模型，构建灵活、响应式的开发环境，实现论证、研制、生产、试验、保障等全寿命周期过程的数字化与可视化，大幅提升系统研发与建设管理的效率与效益。

《数字工程战略》提出了数字工程的五大目标，一是规范数字模型开发与应用，构建数字模型规划、开发和使用的科学流程，实现对系统全过程的数字化呈现，为系统的一致性分析和决策提供支持；二是在全寿命周期提供持续、经过验证的权威数据来源，通过数字模型实现信息的获取、分析、使用和传播，国防部利益相关部门使用实时、权威、一致的信息；三是整合先进计算、大数据分析、人工智能、自主系统和机器人等先进技术成果，使国防部成为数据端对端实时传输、信息有效共享的“数字实体”，保持和加强美军全面、跨代的技术优势；四是加强基础技术与设施环境建设，构建安全、可靠、互联的信息网络，全面保障网络与信息安全；五是推动价值观、理念和行为模式的深层次变革，国防部各部局乃至承包商等利益相关方普遍接受数字工程管理模式，构建全新管理文化，全面推进数字化条件下的管理转型。

为实现上述五大目标，《数字工程战略》提出了推进数字工程的实施步骤。一是统筹协调国防部数字工程工作，加紧制定国防部层面的数字工程实施规划，国防部各部局制定更为细化的计划；二是实施试点与试验，国防部各部局分别选定数字工程试点项目，进一步积累经验，克服目前《数字工程战略》推进中面临的困难与障碍，全面评估工具模型、管理流程和预计成本；三是持续推进以数字工程为核心的管理转型，通过政策引导、管理培训、持续改进等措施，逐步建立完善数字工程管理范例、工作制度、法规政策。

二、对《数字工程战略》的基本认识

此次美国国防部发布《数字工程战略》为首次发布，聚焦构建贯穿全寿命过程的数字模型，并建立数字工程环境，实现基于数字模型的决策与管理新范式。

（一）《数字工程战略》为美国国防部首次发布，与其推进管理信息化的思路一脉相承

此次《数字工程战略》为美国国防部首次发布，但从其核心思想与实质内容来讲，与美军信息化条件下推进管理改革的思路一脉相承。美军自冷战后期以来的改革，或多或少地体现了相关思想与内容。

20 世纪 80 年代，美军加速推进信息技术在管理领域的应用，1985 年 9 月首次提出在武器装备采办与保障过程中开展计算机辅助后勤保障（Computer - Aided Logistics Support，CALS），即在装备保障中采用信息技术手段，将管理中的文本数据电子化，提高管理的效率和效益。20 世纪 80 年代末期，美军将信息技术引入装备采办的全过程，提出了“计算机辅助采办与后勤保障”（Computer - Aided Acquisition and Logistics Support，CALS），此后又进一步拓展为“持续采办和全寿命周期保障”（Continuous Acquisition and Life Cycle Support，CALS）。可以看出，美军 CALS 是一个不断深化的过程，其实质是将装备与工程数据进行数字化、标准化，进而网络集成化，实现数据一次生成，多次传递使用，提高信息数据共享和可再利用性。

自 2001 年起，美国国防部提出业务管理现代化（BMMP）计划，该计划以信息技术为手段、以可视化为目标，推动业务管理的现代化建设，作为对 CALS 的超越和取代，之前风头无二的 CALS 逐步淡出人们的视野。

2005 年 2 月，美国国防部成立了“国防业务系统管理委员会”，2005 年 10 月进一步成立了业务转型局，负责国防部业务管理工作的整体转型工作，将原来分散在国防部各部局的业务现代化计划与项目都交由业务转型局负责。业务转型是对业务管理现代化计划的超越，也可以看作是业务管理现代化计划在更高层次上的深入发展。

2010 年，在金融危机大背景下，美军发布《国防部效率倡议》，推动美军组织机构重大调整改革，业务转型局成为此次改革被裁撤的部门之一。该局被裁撤的原因，除了其在推动转型改革方面没有被充分认可以外，背后的深层次问题是在整体业务转型与管理信息化建设方面，国防部常务副部长、国防部首席信息官以及采办技术与后勤副部长等存在较为严重的职责交叉与多头管理等问题，其内生的管理运行机制还没有理顺。

此次《数字工程战略》的首次发布，体现美军尝试在更高的高度，以新的语言体系，深入推动包括技术管理、采办管理等在内的业务管理信息化建设。

（二）《数字工程战略》举措聚焦数字工程的连续性，将贯穿采办的全寿命过程

21 世纪以来，美军积极推进基于仿真的采办，广泛利用建模仿真手段提高管理水平与效率效益。但长期以来，美军在管理领域所采用的模拟仿真手段缺乏有效的统筹，主要表现在美军在采办各阶段采用的模拟仿真手段是不连续的，各阶段所采用的技术模型与管理模型，难以持续发挥作用，进入新的采办阶段后原有模型大都被抛在一边。

美军在《数字工程战略》中指出，美军现行的采办管理仍然定位于“基于线性和文档”的采办，从其实质来讲，并不是美军未采用模拟仿真的管理手段，而是管理部门仍然使用“竖烟囱”方式建立模拟仿真平台、采用孤立的数据源在采办各阶段支撑各种管理活动，沟通、协同和决策仍然通过静态、不相连的模型甚至文档完成，采办实践依赖单学科模型，相关模型与文档需要相互解释，无法实时映射并贯穿全寿命阶段，无法跟上创新和技术进步的步伐。

因此，美军指出，传统的模拟仿真手段是第三次工业革命信息技术发展的产物，而当前处于第四次工业革命时代，即数字时代，实施数字工程将成为美军迎接数字时代、完成数字转型的关键。在这一新的数字时代背景下，美军推进数字工程将形成以模型为中心管理范式，建立贯穿采办全寿命过程的数字模型，并构建权威一致的数据源，实现不同阶段、不同层级的管理部门使用统一的模型与数据源进行信息交互与管理决策，大幅提高管理效率与有效性。

（三）《数字工程战略》建立在美军系统工程基础之上，具有坚实的理论与实践基础

美军《数字工程战略》的发布，建立在其系统工程的理论与实践基础之上，是对其传统系统工程的继承与超越。美军所指称的系统工程是一个自上而下、全面综合、反复迭代、循序递进、实现需求的过程，依次用于各个阶段，或依次用于系统、分系统、部件，应用于支持系统的生产、使用、训练、保障和退役处理。美军认为系统工程既是一项管理活动，更是一项技术活动，是确保项目技术目标实现的根本保证。

美军传统以来高度重视系统工程工作，20 世纪 80 年代之后便在国防部设立了专门系统工程办公室推进有关工作，目前设在研究与工程副部长之下。美军出台了一系列系统工程的政策、指南与标准，规范系统工程工作的开展，包括在国防部 5000. 1 指令《国防采办系统》与 5000. 2 指示中《国防采办系统的运行》等顶层规范文件中都有专门的章节规范系统工程过程，并制定了《系统工程指南》（700 余页），以及规范系统工程规划、系统工程风险管理、系统工程全寿命管理的手册或指导性文件，《国防采办指南》也有专门的章节与附件规范和描述系统工程过程。上述相关文件，内容细致，要求明确，规范了系统工程过程在采办全寿命过程中的有效实施。

美军的系统工程过程，其实质是采用定量与数据化的管理方法，有效推动装备采办目标的实现，美军拥有4 万余人的系统工程专业队伍，是采办人员中数量最庞大的专业队伍。

美军长期以来专注系统工程过程，专注以科学、定量的手段解决技术与管理问题的做法与经验，为其新时期推动《数字工程战略》奠定了重要的理论与实践、制度与文化的坚实基础。

（四）《数字工程战略》由研究与工程副部长签发，体现信息化高级阶段技术驱动发展的本质

如前所述，美军首次发布《数字工程战略》，其战略举措针对的主要是采办“拖降涨”问题，但此战略并没有由采办与保障副部长签发，而是由新设立的研究与工程副部长牵头拟制和发布，个中缘由与背后因素值得关注。

随着信息技术以“摩尔定律”飞速发展至今，经济社会已经进入信息化的高级阶段，国防和军队的信息化建设也是如此。美军在这个发展阶段提出此数字工程战略，其背后逻辑是将数字化作为信息化建设高级阶段的核心特征，谋划数字化时代美军的建设与管理问题。

需求牵引与技术驱动，是国防与军队的信息化建设的两大核心驱动力量，两者相互作用，共同驱动信息化建设发展。在信息化建设发展到今天，技术复杂度和技术驱动要素的地位作用不断提升，这也是美军新时期提出“第三次抵消战略”、谋求保持和加强其跨代技术优势的根本之所在。

这种情况下，美军2017 年设立专职负责国防科技创新的研究与工程副部长，并由其签发首版《国防部数字工程战略》，用意非常明显，体现了美军将国防科技创新作为新时期国防与军队建设的核心驱动力，同时也作为驱动国防与军队改革的发端者。在数字时代，国防与军队建设的持续快速发展，核心要看国防科技创新的创新超越及其对军队建设管理改革的有效带动及顺利推进。

（五）《数字工程战略》的内容聚焦采办，将全面扩展至国防建设各领域进而带动管理范式革命

国防部此次发布《数字工程战略》，从数字工程的角度，采用基于模型的系统工程（MBSE）方式，利用数字环境、数字处理、数字方法、数字工具和数字工件，实现对设计、分析、核实、验证、研制、生产、使用保障等采办全寿命周期活动的支持，并强调推进武器系统和组件的数字表示，要求把数字虚拟实体作为国防采办利益相关方之间沟通的技术工具，用于国防系统的设计、研制生产与维修保障。

从其内容来看，《数字工程战略》主要聚焦国防采办工作，但从其影响范围来看，将绝不仅是采办领域。一是与采办紧密相连的需求生成与管理过程，美军长期以来强调采用系统工程方法开展需求论证，称之为需求工程，这一过程将广泛采用数字模型进行推进，并与采办过程实施互动；二是规划计划与预算管理过程，传统以来，需求、规划计划与预算、采办统称为“大采办”，是国防领域重要的三大决策支持系统，规划计划与预算管理将通过数字工程与需求及采办过程实时互动。未来，数字工程的理论与实践将拓展至美军业务管理的各个领域，国防部的整体决策都将建立在数字模型的基础之上，形成覆盖全军范围的数字工程环境；打破传统的纵向、线性的管理决策模式，管理与决策将实时并行，在国防建设管理领域实现快速决策、精准执行、实时反馈、持续改进的管理新范式。

三、结束语

美军通过发布数字工程战略，布局新时期国防建设与管理的革命，进而带动国防科技、武器装备乃至作战样式的变革。以管理创新带动技术创新，进而推动战斗力的全面跃升。

（中国航天系统科学与工程研究院　王磊）
（军事科学院国防科技创新研究院　李璜）

美国智库报告分析军队追求技术优势的潜在风险及应对措施

2018 年 5 月 30 日，新美国安全中心发布题为《技术轮盘赌：管理因军队追求技术优势而引发的失控》的报告。报告认为，军事技术优势并非安全的同义词，大量新技术的发展将增加技术风险，军事威慑力的提升不能有效降低这种风险。报告在全面分析造成军事技术失控原因的基础上，提出了具体应对建议。

一、发展先进军事技术存在风险

技术优势是保持军事领先优势的基石。长期以来，美军都十分重视新技术的研发和战场应用，以期通过不对称的技术能力维持并巩固其军事领先地位。进入 21 世纪，世界主要国家大力推动新技术发展以扩充军事力量，现代化军事技术尤其是人工智能、太空武器、自主系统、合成生物学等新兴技术，呈现出蓬勃发展态势。技术扩散的速度更快、范围更广，由此引发技术风险的概率趋于成倍增长。

一是新技术发展趋势诱发技术风险。复杂、难懂、交互式新技术的使用也会带来意外事故和突发性影响，技术优势所提供的威慑力可以防止攻击和恶意行为，但却无法避免意外事故和疏忽；技术创新将不可避免地带来技术扩散，从而使安全标准低于美国的行为体获得巨大的毁伤能力。一方面，全球化背景下的技术获取手段增多、途径也愈加便捷，对手可根据获取的先进武器系统迅速研制出功能相近的技术，一些国家由于军事预算紧张，设施装备陈旧，对技术风险更加难以控制；另一方面，新技术的数量日益增多，其属性、应用范围及引发的后果难以明确预期，各种技术交互式发展使高技术武器更加复杂，蓄意破坏行为更易伪装成系统缺陷或故障，诱使这些行为频繁发生。此外，技术扩散正在全球进行，先进技术的不当使用均可迅速在世界范围内产生消极影响，如某个国家意外释放的病原体、计算机病毒、自主人工智能代理、放射性物质等。

二是军事技术领域更易产生技术失控风险。与民用系统相比，军事系统更易发生风险。主要原因在于：①军事系统更强调保密性。军事系统的开放程度非常有限，且普遍存在过度定密倾向，更难对其进行审查、监督和监管，致使难以对技术风险开展及时有效的评估，新开发的技术也容易与涉密军事系统不相兼容。②军事系统的相互依赖性更强。美军对联合作战能力的重视，使其部分军事系统之间紧密联系且互相依赖，军事系统的脆弱性增加，对单个系统的改进甚至会影响整个系统的性能。③作战环境下的相互作用更难预测。作战环境高度复杂，军事系统的使用时间、地点、环境以及交战双方的性格和动机，都存在巨大的不确定性，难以实现精确模拟，导致对军事领域技术战场应用前景的预判不够可靠。④连续作战要求紧迫。在战时甚至是平时的冲突中，军方为满足战场作战需要，将紧急部署新技术和新能力，促使产生突发性技术风险的概率大大增加。⑤突发效应。技术的发展及不同使用者之间的相互作用，可能导致态势不断恶化，使危机迅速升级为冲突，甚至发生先发制敌的打击，如美、俄等国核能力的发展，以及对太空和网络等易损性资产的依赖不断增强可能引发一系列影响。此外，对军事威慑的恐惧使竞争对手更易铤而走险，不择手段地发展非常规性技术进行军事对抗，增加了事故和意外事件的风险。

三是人类对新技术的管控更加被动。新技术的不断发展，削弱了人类的地位和作用，逐渐超出人类的控制范围。①作战人员的分析误判和操作错误极易导致不可挽救的灾难，蕴藏极大的风险。如 1954 年原子弹试验前的计算失误，导致试验辐射量达预期的 3 倍，致使 665 人暴露于辐射之中。②高级官员对技术理解的局限性，导致决策者很难针对是否开发、利用及多大程度上依赖复杂能力做出正确决策。③机器处理信息的速度和通信能力不断加快，人类决策对机器更加依赖，尤其在响应紧急状况时，人类对新技术的管控更加难以实现，并且人类尚未形成可靠的能力引导技术发展和评估技术风险。如 1988 年，“文森斯”号巡洋舰的决策者受机器传感器影响误判遭受攻击，下令向一架伊朗民航客机发射两枚导弹，造成了 290 人死亡。④通常情况下，野战军官和高级官员每 2 ~ 3 年需在不同的职位和作战环境中轮岗锻炼，且晋升政策往往优先考虑人员管理能力而非技术能力，受这些因素的制约和影响，作战人员往往很难适应不同技术环境下的作战系统。

二、评估管控风险需要多方协力按制度落实

军事系统应用的每项新技术都有其独特属性和风险，分析和预测技术发展带来的不确定性、认识人类本身的局限性对于预防因技术失控引发的

灾难性后果至关重要，有助于在意外发生前更好地了解军事技术风险并预先建立有效的防范措施。因此报告建议：

一是高度重视。加强国防部和情报机构对事故风险及突发事件的关注，并将风险评估纳入4年评审、定期国家情报评估、军事演习和红队演练等活动中，以增强对军事技术失控风险和后果的认识，确保在事故发生时可采取有效措施。二是常规管理。在开发、部署和使用作战技术时，将技术扩散、敌对活动、事故和突发效应等风险列入常规管理，重点考虑如何降低技术风险，并委派专门机构在新武器系统部署前评估其使用风险，将此作为国防部试验鉴定的一部分。三是独立评估。应定期独立评估军事技术产生的相关事故和突发性影响的风险，并利用外部专家的审查补充机构自身的评估，同时呼吁对手国家和第三方（如联合国）做出同样的努力。四是强化合作。加强与盟友和对手的多边规划，联合使用分析、模拟和仿真演习等工具，更好地识别和应对意外事故、灾难性恐怖事件、非蓄意国家间冲突等状况，并从自身和对手双重角度理解风险，呼吁拥有颠覆性技术的国家重视技术风险并采取相应的保障措施。五是军备控制。威慑力固然重要，却促使各国迅猛发展和部署新技术。而诸如“不率先使用核武器”的条约和规范，作为威慑的补充手段在不同程度上减缓了导弹、致盲激光、化学武器等军事技术的开发、扩散和使用。目前，人工智能、生物系统、信息技术等在条约和规范的执行情况核查方面有广阔的应用前景，美国国家安全机构应加强相关新兴技术投资，将其作为军备控制的重要手段。

三、保持技术清醒审慎发展先进技术

技术优势不等同于安全，军备竞赛存在巨大的风险。科技发展可以增强军事能力，但由此带来的技术风险却极易被掩盖。技术发展带来的负面效应不断显现，引发对技术的担忧与畏惧，促使人们更加理性地对待先进技术发展。

人类对颠覆性技术的依赖日益增加，甚至是技术创造者都对由此衍生的技术风险深感不安，各领域专家开始审视先进技术可能诱发的风险。例如，人工智能领域专家认为人工智能的短期影响取决于谁控制它，长期影响则取决于它是否能被控制。基于此，约3722名人工智能/机器人研究者敦促禁止研发使用不受人类控制的攻击性自主武器；基因编辑领域专家将生物编辑技术视为潜在的“大规模杀伤性武器”。这种具有双重用途的技术具有广泛分布、成本较低且发展迅速等特点，技术滥用将会产生有害生物制剂或产品。2015年，欧美一些知名生物学家对不受监管的人类生殖细胞基因编辑技术提出质疑；数字技术领域专家也开始重视技术可能引发的灾难性风险，认为随着数字系统的普及和扩散，系统安全性不断增强，人们所处的环境也以更快的速度恶化。

对技术的畏惧可帮助人们识别技术发展方向的错误、正视因非理性因素忽略的技术风险，认识到灾难性事故的严重性，从而理性推动先进技术的发展与扩散。例如，日本福岛核反应堆受海啸袭击后造成核辐射事件，使得一些国家削减了部分正在进行的核项目。因此，世界各国应清晰地认识到共同面临的巨大威胁，通力合作共同战胜毁灭性风险。

（军事科学院军事科学信息研究中心　蔡文君　魏俊峰　郝继英）

美国国防科技经费分析

2018 年 2 月 21 日，美国国会研究服务处发布《国防科技经费》报告，概述了 1978—2018 财年期间美国国防科技经费情况及其发展态势，强调了国防科技在支持其军事竞争优势中的重要作用，阐述了美国国防科学委员会（DSB）、国会等机构提出的关于国防科技经费水平、国防部基础研究经费水平的建议框架，明确了国会将在国防部研究、开发、试验与鉴定（RDT&E）经费总体背景下考虑报告中提出的有关国防科技经费规模和构成等相关问题。

一、美国 40 年来国防科技经费总体趋势分析

美国国防科技年度经费从 1978 财年的 23 亿美元增长至 2018 财年的 134 亿美元，年均复合增长率（CAGR）为 4.6%。其中，经费增长主要集中在 1978—2006 财年（年均复合增长率为 6.4%），2006—2017 财年增长趋缓（年均复合增长率仅为 0.1%）。

1998—2017 财年期间，国防科技的基础研究、应用研究和先期技术开

发三个方面的经费趋势也不相同，基础研究经费增长稳定，很少有大幅减少的时期，年均复合增长率为4.4%，与国防科技经费整体趋势大致相同；应用研究经费稳步增长，年均复合增长率为3.5%，略低于国防科技经费整体趋势，大部分增长发生在1978—2006财年期间（年均复合增长率为4.8%）；先期技术开发经费增长幅度起伏较大，1978—1993财年年均复合增长率曾高达14.4%，2013—2017财年为5.9%。

二、美国国防部基础研究经费分析

（一）基础研究的部门经费分析

美国国防部通过陆军、海军、空军和国防部机构资助基础研究活动，各部门经费分配大致平均，海军略多。在2016财年国防科技经费中，国防部基础研究经费为23亿美元，其中海军占比最大（29.2%），其次是国防部机构（27.3%）、空军（23.4%）和陆军（20.1%）。海军是最早资助国防基础研究的部门，其基础研究经费投入规模最大，资助的项目最多，研究力量最为雄厚。在国防部机构中，国防高级研究计划局（DARPA）是最大的基础研究资助者（17.9%），主要资助应用研究和先期技术开发项目，也资助基础研究项目。

（二）基础研究的执行机构经费分析

从国防部基础研究的执行机构构成来看，大学和学院完成近一半的国防部基础研究（11亿美元，48.8%），国防部和其他内部的联邦实验室占22.9%（5.33亿美元），工业界占18.2%（4.23亿美元），非营利组织占7.5%（1.74亿美元），联邦政府资助的研发中心（FFRDC）占0.7%，其他机构占2.0%。

（三）基础研究计划的经费分析

国防部基础研究计划主要包括国防研究科学计划、大学研究倡议、内部实验室独立研究计划、大学和工业研究中心以及其他国防部研究计划。2017 财年国防部基础研究经费为 22.42 亿美元，其中国防研究科学计划经费 15.03 亿美元，大学研究倡议 3.22 亿美元，内部实验室独立研究计划 0.30 亿美元，大学和工业研究中心 1.09 亿美元，高能激光研究倡议 0.13 亿美元，国防教育计划 0.74 亿美元，基础研究倡议 0.41 亿美元，基础作业医学研究科学计划 0.43 亿美元，化学和生物防御计划 0.44 亿美元，国防威胁降低局大学战略伙伴关系基础研究计划 0.37 亿美元，传统黑人学院和大学计划 0.26 亿美元。

三、美国国防科技经费比例的相关建议

（一）国防科技经费占国防部经费和科研经费比例分别提升至 3% 和 20%

国防科技在支持美国军事竞争优势具有重要作用。国防科技经费资助项目产出的科学技术成果，称为国家的“种子玉米”，视为国防部和未来国防技术发展工业基础的重要知识体系。因此，美国国会和其他机构极为重视国防科技，并对其经费的充足性表示担忧。为保障国防科技发展需求，美国国防科学委员会等机构借鉴商业部门的成熟经验，提出两个国防科技经费水平的概念框架。

一是以行业实践为指导，设置国防科技经费占国防部经费总额的 3%。多年来，美国相关机构多次对国防科技经费占比提出建议。1998 年，美国国防科学委员会报告建议国防科技经费占比为 3.4%。2001 年，国防部

《四年一度防务评审》（QDR）报告建议国防科技经费占比为3%。2004年，竞争力委员会重申了3%的建议。国会在2000财年国防授权法案中要求国防部长将2000—2008财年国防科技经费年增幅设为高出通货膨胀率的2%以上。2002年，国会在2003财年国防授权法案的会议报告中接受了国防科学委员会报告关于国防科技经费占比3%的建议。2009年，参议院通过的2010财年国防授权法案要求将国防科技经费增幅调整为至少等同于通货膨胀率。从美国国防科技经费总体态势来看，国防科技经费在21世纪初期增长强劲，2006财年达到133亿美元，2013财年降至110亿美元，2017财年升至140亿美元的高峰。2000—2008财年的国防科技经费基本实现了高于通货膨胀率2%以上的年度增幅。20世纪90年代末国防科技经费达到国防部预算授权总额（TOA）的3%，2011财年下降至1.7%，2017财年回升至2.3%。

二是基于行业实践，设置国防科技经费占国防部研究、开发、试验与鉴定（RDT&E）经费的比例为20%。美国国防科学委员会在1998年报告中建议，国防科技经费在国防部RDT&E经费中的占比，可参照制药业等高科技行业的研究经费在其研究与开发经费中24%的占比。2015年，国家安全研究联盟建议国防科技经费占比为20%。从经费总体发展态势看，1998财年国防科技经费的这一占比为20.7%，2000财年升至21.5%，2011财年降至15.2%，2017财年恢复至17.9%。

（二）国防基础研究经费占国防科技经费比例为20%

基础研究是探索新概念、新原理、新方法的科学研究活动，在推进突破性技术、支持物理科学和工程学科研究方面具有重要作用。美国国防部认为基础研究是“有远见的高回报研究，为技术进步提供了基础”。但是，基础研究由于短期效果不易显现、研究效益不确定，特别容易受到预算削减或其他优先事项重新分配的影响，因此需要得到特别关注。

2004 年，竞争力委员会提出国防基础研究经费应该至少占国防科技经费的 20% 的建议。2015 年，国家安全研究联盟再次提出 20% 的建议。从基础研究经费的历史趋势看，该经费绝对值从 1998—2017 财年得到稳步增长，但基础研究经费在国防科技经费的占比均未达到 20% 的目标值。基础研究经费在国防科技经费中的占比于 2015 财年升至 18.4%，达到 20 年来的最高水平；该比例在 2016 财年下降到 17.4%，2017 财年为 16.2%。由此可以推断，美国国防部基础研究支出规模仍有不足，有待进一步提升，以更好地满足军事科技创新需求。

四、几点认识

（一）美国国防科技经费投向注重结构平衡与协调发展

美国国防部重视基础研究、应用研究和先期技术发展计划之间的协调发展，在三者之间保持合适的经费比例关系，兼顾远期与近期研究项目的关系。基础研究一般是远期项目，应用研究和先期技术开发一般是中期和近期项目。在实际工作中，中期、近期项目因同当前军事需求关系比较密切，一般更受到重视，而远期项目因同当前实际需求关系不太紧密，往往容易受到忽视。近年来，美国国防部为保证国防科技创新源远流长，比较注重远期、中期与近期项目的协调发展，注重安排对未来发展不可或缺的远期研究项目，在经费投入上保持基础研究、应用研究和先期技术发展之间合适的比例，有效确保了远期、中期与近期项目的科学结合。

（二）美国国防科技经费管理采取集中决策和分散实施的方式

美国国防科技经费管理由国防部集中决策，各军种分散实施，通过陆军、海军、空军和国防部机构资助基础研究、应用研究和先期技术研发活动。2018 年初，美国国防部负责研究与工程的助理部长正式升格为独立的副部长，负责制定国防科技战略和顶层指导文件，以及国防基础研究、应用研究和先期技术研发政策、规划、计划和预算。各军种和国防部业务局在国防部统一领导下，各自掌管本部门国防科技经费，充分发挥自身主动性和创造性，采用具有本部门特色的国防科技管理模式和方法手段，促进国防科技创新发展。

（三）美国国防基础研究主体多样化发展

美国国防部 2016 财年基础研究经费为 23 亿美元，从投向看，国防基础研究主体呈多样化，主要分布在大学和学院、国防部和其他联邦实验室、企业以及非营利组织、联邦政府资助的研发中心（FFRDC）。其中，大学和学院是国防基础研究的主要承担者，承担近一半的国防部基础研究（11 亿美元，48.8%），国防部主要通过两种方式对大学和学院进行资助，一是资助研究项目，通过多学科大学倡议、研究生培养计划等方式，对研究项目、研究团队、学生予以资助；二是资助基础研究设施，通过大学研究设施计划等方式，对开展基础研究所需要的设备设施予以资助。国防部和其他联邦实验室的国防基础研究经费占比为 22.9%（5.33 亿美元），陆军、空军和海军研究实验室、军内研究开发中心，主要承担了由军方直接经管、专为军事科研目的部分基础研究项目。企业的经费占比为 18.2%（4.23 亿美元），大型军工企业和小企业也承担了一定的基础研究项目。

（军事科学院军事科学信息研究中心　郝继英　张代平　魏俊峰）

DARPA 2019 财年预算分析

2018 年 2 月，美国国防部发布了《DARPA 2019 财年预算申请》文件。DARPA 在 2019 财年的预算申请总额为 34.38766 亿美元，占美国国防研发、试验与鉴定预算总额的 5.7%，比 2018 财年增加 3 亿美元。

一、整体情况分析

在 DARPA 2019 财年预算申请中，基础研究领域预算为 4.7 亿美元，占总预算的 13.4%；应用研究领域预算为 14.31 亿美元，占比 42.5%；先期技术研发领域预算为 14.58 亿美元，占比 39.6%；科研管理预算为 0.656 亿美元。

（一）基础研究领域的材料技术类项目预算持续增长

DARPA 基础研究领域包括生物/信息/微系统、数学与计算机科学、网络电磁、电子器件、材料科学、颠覆性科学和基础作战医疗七类项目群，主要探索新概念、新原理及其军用潜力。

在 2019 财年 DARPA 基础研究领域中，数学与计算机科学类项目总预算1.6亿美元，占比超过36%，重点探索复杂系统建模仿真、人机交互、机器学习算法和先进计算架构；电子元器件类项目总预算0.495亿美元，比2018财年降幅大约50%，主要原因是与“摩尔定律”电子功效革命相关的项目全部抽离，列入超越常规项目群，研究光电子器件基本原理等项目继续保留。网络电磁类项目总预算0.16亿美元，比2018财年降低67%，主要原因是网络对抗技术研发项目转入了应用研究领域。材料科学类项目总预算0.856亿美元，继续维持每年15%左右的经费增幅，主要研究新能源材料和复杂国防系统的设计与组装。颠覆性科学类项目总预算为0.555亿美元，聚焦网络安全、生命科学、社会科学。

（二）应用研究领域预算侧重于战术平台和电子信息技术

DARPA应用研究领域包括生物技术、信息与通信技术、生物战防御技术、战术技术、生物材料技术和电子技术六类项目群，重点验证创新概念的可行性，拓展相关技术集群。

在2019财年DARPA应用研究领域中，信息与通信技术类项目预算总额3.953亿美元，占比27.8%，重点开发大数据分析、实时/智能语言翻译和信息加密技术。战术技术类项目预算总额3.355亿美元，占比23.6%，重点研究水上、水下、陆战和空中作战平台、作战概念及平台传感器。电子元器件类项目预算总额3.338亿美元，占比23.2%，重点开发光电子器件、微机电系统和半导体器件的设计/制造工艺。生物战防御类项目预算总额0.386亿美元，重点研究放、生、化、核的探测、预防、处理和补救措施。生物技术和生物材料类项目预算分别为1.013亿美元和2.269亿美元，重点研究野战医疗和神经接口技术、战场传染病预防、战地药品生产和人工假肢，以及治疗创伤后应激障碍和创伤性脑损伤的方法。

（三）先期技术研发领域聚焦联合作战和空间项目

DARPA 先期技术研发领域包括航空航天、空间系统、电子器件、指挥通信、网络中心战和传感器技术六类项目群，主要是试验和评估新兴技术成果的军用途径，满足当前及未来军事要求。

在2019 财年 DARPA 先期技术研发领域中，网络中心战类项目4.386 亿美元（包括2.12 亿美元的涉密项目），占比 34.8%，利用最新的网络、机器人和信息技术提高杀伤力和快速响应能力，改进潜艇、舰艇和飞机之间的通信能力。空间项目 2.547 亿美元，占比 21.1%，主要研究空间进入、维修、生存力、空间态势感知、新型动力/推进系统和制造与组装工艺。航空航天类项目2.776 亿美元，比 2018 财年增幅超 40%，主要试验和评估新兴的空中威胁、技术和概念，以及在导弹和飞行器方面的应用。传感器类项目1.901 亿美元，占比 15%，通过研究多光谱成像、信号处理、低功耗高性能计算和微电子技术，提高侦察监视、态势感知、作战毁伤评估和电子对抗能力。电子元器件类项目1.111 亿美元，主要用于设计和验证具有军事应用潜力的商用电子与微电子设备、传感器、制动器和驱动器的制造工艺，使商用技术能快速满足军事需求。指控通信类项目 1.86 亿美元（包括0.53 亿美元的涉密项目），研究高速数据传输、网络技术、鲁棒通信和射频/光谱感知技术。

二、新立项目分析

DARPA 在 2018 财年预算申请中列出了 14 个新项目。其中，基础研究领域 3 个，应用研究领域 6 个，先期技术研发领域 5 个。新项目重点聚焦人工智能、无人系统、战术通信和地面部队作战。

（一）探索智能系统推理能力

DARPA 认为，机器学习技术已经在图像识别、自然语言处理和战略游戏（国际象棋、围棋）等领域取得了突破。但在所有这些应用领域中，机器学习是狭义和专业化的，在部署之前配置完成，不具备广泛的常识性推理能力，不能解释任务变化或数据中的意外偏差。为了探索机器学习在知识推理方面的影响，DARPA 在 2019 财年预算中列入了两个机器通用感知和全寿命学习机等项目。

“机器通用感知”项目重点探索机器学习技术的常识性推理方法。项目将创建类似于人类的知识表示能力，如基于对环境感知的描述使智能系统可以解释常识性问题，这种能力将有助于人类在执行任务过程中通过互动和合作来教授/纠正智能系统的判断，最终实现人与智能系统的共生关系。

“全寿命学习机”项目重点研究和开发新的机器学习机制，增强智能系统的自主学习能力。项目将基于生物系统的学习方法，在不丢失原有知识积累的情况下，不断学习和提高智能系统的学习效率，理解外界因素的影响。研究重点包括网络架构设计、数据处理算法。项目成果可应用于数据有限，在发生不可预知事件时需要实时处理和理解数据的领域。

（二）扩展战术网络鲁棒性

在战术信息技术领域，DARPA 计划 2019 财年加强以下研究：一是战术网络安全能力，增强战术通信链路的鲁棒性、频谱兼容性、快速回复能力；二是充分利用商用现有技术提升战术军事网络能力，实现技术快速融合。相关研究内容主要体现在以下四个项目中。

“指控通信网络防御”项目以增强军事指挥控制通信网络对抗那些破坏、拒绝、降级、摧毁任务关键信息、主机、网络单元或服务行为的能力，研究成果将应用于国防部和各军种，进一步巩固美国在网络信息技术领域优势。

“用于敌我识别的增强型通信链路”项目旨在通过降低射频特征，提高抗干扰性能，缩小外形尺寸等措施，增强敌我识别功能的安全性、适用性、灵敏性。项目将探索比目前的敌我识别链路提高25倍的瞬时射频带宽，提供更高频段的备用信道。DARPA目前在高速数据转换器、异构集成、包络跟踪发射器技术等方面取得的成果，为该项目的探索奠定了基础。

“网络通用持久性”项目基于DARPA在“用于战术前沿弹性网络的安全手持设备”项目中开发的弹性网络安全手持设备，将开发和演示一种可靠的战术网络环境。在这种环境下，关键网络设备可按需求隔离，采用特殊的保护措施，即使外围网络瘫痪也能保证必要的网络连通性，研究成果主要面向作战部队。

“海基物联网”项目的目标是提高海上传感和态势感知能力，并使用低功耗微电子技术和先进的数据分析技术增强军民海上作业。项目依托DARPA在“跨领域海事监视和目标捕获”项目中取得的进展，将开发大量异构传感平台，以覆盖大片海洋区域。

（三）增强地面部队在城市环境下的作战能力

无人机可作为地面平台综合系统的子系统，可在移动中自主着陆、搭载、收起、分离、起飞，可实现功能定制并大幅度改进车辆防护能力。地面系统可以执行传统无人机系统的任务，如情报监视侦察、火力支援、电子攻击、传感器安置、基础设施攻击、主动防护等，且不依赖大型地面平台。在上述研究领域，DARPA在2019财年预算中列入了两个重点项目。

“近程自主微型机器人”项目将开发能够秘密进入战术环境并执行近距离（10厘米以内）任务的微型机器人。这些微型机器人能够自主导航到目标位置，并通过获取自然界的能量实现永动，持续获得监控数据，如视频、音频、化学跟踪数据。研究重点包括毫米级执行器的效率/鲁棒性/控制、新材料/工艺、传感器集成技术。项目成果将推动用于国家安全领域的微型机器人发展，如秘密战术数据收集或通过部署微型机器人实现战略通信中断。

“地空平台联合编队”项目将设计、开发和展示先进的无人机系统。现有的无人机系统需要大量的基础设施和人力来发射回收，降低了部队态势感知能力，使友军在静止时容易暴露。该项目将探索空中和地面平台之间的设计接口，实现地面平台在行动中发射和回收无人机。

（四）研究地下环境感知能力

2018 年，DARPA 开始为举办“地下挑战赛”做准备。这是一项为期 3 年的挑战赛，以研发快速绘制和搜索地下环境的技术，增强在基础设施检查、采矿、建筑、考古方面的突破。挑战赛计划分为系统跟踪和软件跟踪两个比赛项目。参赛团队要在地下隧道、洞穴、地铁系统三种环境中证明他们的技术，基于速度、机动性、测绘精度、识别类型打分。比赛将首先在三种环境中独立测试，然后再进行综合测试。DARPA 愿意为每个有潜力的参赛团队提供约 3000 万美元资助，获奖者将获得最高 400 万美元的奖金。目前，DARPA 已经向 iRobot Defense Holdings 公司提供了 450 万美元，向密歇根理工大学提供了 75 万美元，向科学系统公司提供了 49. 2 万美元，支持他们参加这项挑战赛。

三、结束语

在 2019 财年预算中，除了空间、电子元器件、战术平台技术领域外，

DARPA 对网络领域的经费投入降低，主要是该领域在研项目多数进入培育期，已经或即将开始成果转让，同时 DARPA 设定了新的人工智能研究起点，使网络对抗在智能科技领域没有新的项目跟进。基础电子学、应用电子学依然是 DARPA 在 2019 财年的研究热点，孕育电子元器件的功效革命，直接推动了材料基础领域的研究。在人工智能技术领域，DARPA 计划未来投入 20 亿美元推动相关技术取得突破，目前仍主要围绕信息、计算机、大数据等开展研究。

（中国兵器工业集团第二一〇研究所　于洋）

美国成立陆军应用实验室加快创新成果向作战能力转化

为加快科技创新、保持军事技术优势、有效增强与外部创新型公司的合作，美国陆军未来司令部成立陆军应用实验室，寻求充分利用私营部门的创新能力，快速研发能够转为正式项目的产品和技术。2018 年 10 月 23 日，美国陆军未来司令部首席信息官杰伊·哈里森在国防工业协会上表示，陆军希望将外部创新想法变成真正实用的军用技术。这就需要将外部的创新能力与陆军内部的专长充分结合，开展具有前景的项目，使创新型技术跨越横亘于概念研发和生产之间的“死亡之谷”。

一、成立背景

当前，新威胁的不断出现以及其他国家通过开展相关项目提升军事创新能力等都对陆军提出了挑战，需要其采取新的举措促进创新能力发展。此外，创新型私营公司通常与军方的联系较少，且在军方合作中要面临国防部繁冗复杂的采办程序和要求，这就需要美军采取措施，消除采办过程中的障碍，推动创新理念向现实技术转化。因此，陆军希望通过组建陆军应用实验室，使其内部深谙官僚体制流程的人员帮助创新型公司解决上述问题。

2018 年 9 月 13 日，陆军未来司令部司令约翰·墨里将军在众议院武装力量委员会听证会后表示，陆军计划在未来司令部总部奥斯汀成立一个与国防创新小组类似的创新机构，即陆军应用实验室，以提升未来司令部的持续创新能力。鉴于未来冲突有可能通过人工智能、先进机器人和其他先进创新技术开展，墨里表示，该实验室成立后将利用当地科技优势，重点开展人工智能研究。

二、基本情况

除六大现代化跨职能小组外，陆军应用实验室是陆军未来司令部新组建的少数机构之一，直接向未来司令部汇报。陆军应用实验室主任由陆军未来司令部文职创新官杰伊·哈里森担任，之前他曾担任国防部长办公室国家安全技术加速器的主任。由于陆军应用实验室正处于起步阶段，今后其机构组建将逐步完善。

（一）成立目的

哈里森将陆军应用实验室比作“礼宾服务”机构，即通过它将具有创新想法的私营机构与将这些想法付诸实现的陆军内部人员密切联系起来，使后者帮助解决官僚体制采办流程、资金以及产品/技术军用标准等相关问题。

（二）主要任务

根据官方声明，陆军应用实验室是“陆军颠覆性创新能力的支持者”，其所称的“颠覆性”技术主要是指那些陆军尚未通过识别威胁、编写需求、创建采办计划等方式将其列入官方优先级的技术。陆军应用实验室将是一个永久性机构，负责提升陆军特定的能力（火炮、空中力量、步兵等），确保实际完成各项任务。陆军应用实验室寻求创新想法，并为其提供专门的通道，使这些想法转变为真正的技术成果。作为支持者，实验室可帮助为有前景的新能力拟制军事需求，将创新公司与资金和决策者联系起来，并将一次性试验、演示验证和原型样机成果纳入正式项目。

目前，相关工作已经开展。该实验室将在1～2个月内发布正式跨部门公告作为对承包商的正式邀请。但是，实验室还需6个月左右才能真正准备就绪为承包商提供服务。

三、试点项目

该实验室已启动四个重大试点项目，将拥有奇思妙想的外部创新者与能够实现其构想的资深内部人士联系起来。每个试点项目都为陆军可能无法发现的技术提供了潜在入口，但各个项目针对的是不同发展阶段的技术。这四个试点项目构成了一个逻辑序列，有兴趣参加的公司不必按顺序参与这些项目，可依据其技术成熟度选择任何一个试点项目。

（一）“催化剂”试点项目，重点针对不成熟的想法开展基础研究

该项目将建立在陆军应用实验室现有的“开放校园”项目基础上，将大学（包括学术研究人员、学生企业家等）与陆军和国防工业联系起来。最初将重点关注奥斯汀（未来司令部总部所在地）、波士顿、伯克利等地区，最终计划是将这种方式扩展到全国。几个月前，优步公司、陆军、德克萨斯大学就未来旋翼机流体动力学建模签署了一份《合作研发协议》。哈

里森认为，如果国防工业部门人员加入其中，为研究成果打开市场通道，将会有更好的结果。这也是“催化剂”试点项目寻求构建的业务模式。

（二）“陆军能力加速器”项目，主要致力于应用研究

在该阶段，由作战人员、企业家、研究人员和国防工业资深人员组建的团队将合作研制能够实际工作的原型，使真实的作战部队能在现实环境中进行战场测试。成功的团队可将技术交付有经验的企业，或寻求自己组建初创公司。

加速器项目已经在纽约市推出。陆军长期以来一直关注城市战。目前，陆军正利用纽约四通八达的地铁、下水管线和其他地下基础设施作为试验台，演示验证各种不同的产品和技术，帮助士兵在地下导航、生存和取胜。该试点的业务模式是参照风投，特别是在初期阶段，主要通过大量小额资助，使相关技术百花齐放。陆军将直接出资 5 万～10 万美元，参与者还可利用陆军的试验设施，并与专家和决策人员进行沟通。

（三）“合作开发基金”项目，旨在支持项目工程阶段工作

“合作开发基金”项目将仿效风投资金在项目后期进行大规模投资，通过降低进入门槛、引入“小企业创新研究”（SBIR）等举措为创新技术工程阶段研究提供支持。SBIR 由美国政府领导开展，共 11 个政府机构参与，旨在对部分小企业早期创新想法进行投资扶持，以满足美国政府特定的研发需求。不过，SBIR 主要围绕技术与商业潜在应用进行研究，不关注研究成果后期转化和市场推广应用。

（四）“光环制造加速器”项目，致力于开发可部署的武器、传感器和其他系统

试点项目将于 2019 年春启动，其中包括研发小型无人机和发动机的计划。“光环制造加速器”将引进传统的国防承包商和军队机构来帮助创新型公司处理国防采办的繁文缛节，使创新公司不必耗费内部开支来建立相应的适应机制。该试点项目仍处于头脑风暴阶段。目前，陆军已着手准备成立一个强大的团队，邀请陆军研究开发与工程司令部和其他专业机构/人士帮助解决相关问题，此外，陆军应用实验室也希望国防工业部门能共同加入对话讨论。

（军事科学院军事科学信息研究中心　申森）

美国陆军“疯狂科学家倡议”解析

“疯狂科学家倡议”（Mad Scientist）是由美国陆军训练与条令司令部负责战术情报的副参谋长（G2）组织开展的一项长期倡议，旨在通过与学术界、工业部门和政府机构开展广泛深入的合作和持续对话，探讨陆军在未来作战环境下的创新。

一、基本情况

为应对技术快速发展形势和大国竞争战略挑战，美国陆军决定持续开展“疯狂科学家倡议”，以更快速度应用创新并保持战略优势。倡议由G2部门组织，该部门被认为是陆军核心中的核心，其使命是理解、构想、描绘和评估未来作战环境①，提供相关产品和服务②，为教育培训陆军机构和作战部队指挥官、开发作战概念和能力提供支持。

---

① 该环境是陆军进行概念开发、概念测试与试验、推进转型的基础，影响陆军指挥官决策和军事力量部署。

② G2关注最前沿的技术，注重运用改变未来战争特性的技术创新作战方式。目前，G2注重研究人工智能、自动化、机器人、神经网络、生物技术等领域技术，为部队未来发展提供专业建议。

（1）倡议组成。“疯狂科学家倡议”由一系列项目组成，主要包括：“所有合作伙伴访问网络”（APAN）行动社区，每月在线演讲系列，由学术机构举办和顶级领域专家参加的“疯狂科学家”主题会议，以及在线博客。目标是通过将各技术领域的专家与国防部建立有效联系，共同展望和构想“远期未来作战环境”。

（2）管理团队。“疯狂科学家倡议”的管理团队成员仅5人（包括文职人员和合同聘用人员），主要职能是将行动社区各方联系起来。李・格拉布担任倡议的文职主管（此前曾任职军事情报官）。格拉布认为，该倡议可帮助陆军思考2030—2050年时间框架内的作战环境、未来的技术发展可能性及其对作战安全的影响，以及应如何规划、装备和训练陆军，使其能够在未来作战环境下取得胜利。

（3）历史沿革。该倡议曾于2000—2010年间实行，后因美国向阿富汗和伊拉克持续部署兵力而终止。2014年，鉴于当时陆军陷入与非国家行为体的冲突之中但并未显现出明显优势，训练与条令司令部经深入研讨决策再次将关注点转向陆军未来，要求该倡议重新回归。2015年，训练与条令司令部重新举办“疯狂科学家”会议、建立APAN网络，随后开通专门博客开展相关工作。

（4）“疯狂科学家”会议。自倡议于2015年重新启动后，训练与条令司令部每年多次联合学术界、工业部门和政府机构共同举办“疯狂科学家”会议，目前已经举办了10余次。这些会议针对2035—2050年时间框架，邀请领域专家围绕单兵能力、城市战、“多域战”、人工智能（AI）、生物技术等重大前沿技术与作战概念等主题内容开展广泛深入的研究，探讨其对陆军的影响。每次“疯狂科学家”会后，专题会议报告将随之发布于APAN，概括总结会议成果、达成的共识，以及为陆军提出的未来行动建议。

2015年陆军举办了两次“疯狂科学家”会议，主题分别是“面向2025—2050保持陆军相对技术优势”“人类活动域：2025及以后”。2016年举办三次“疯狂科学家”会议，主题分别是“2025及以后的特大城市与城市密集区”“2025及以后的战略安全环境”和“2050陆军网络”。2017年举办两次“疯狂科学家”会议，主题分别是“机器人、AI与自主性”和“构想2030—2050多域战”。2018年举办了四次“疯狂科学家”会议，主题分别是“生物会聚与士兵2050”“特大城市中的多域战”“未来军事设施”和“2050学习”。

此外，为配合“疯狂科学家”专题会议的顺利举行，训练与条令司令部还开展相关竞赛活动，以广泛挖掘最新创意。例如，2016年训练与条令司令部组织首届“疯狂科学家科幻小说创作比赛”，主题为“2030—2050年的战争”。各领域作家都可参加此次比赛，其创作的故事可用于探索有关未来战争和技术的新奇想法。内容包括但不限于科学、技术、全球经济和其他方面的发展趋势将如何改变世界，以及这些发展趋势对陆军在未来冲突中的作战影响。竞赛共征集到150多篇文章，约翰·霍普金斯大学应用物理实验室的高级分析师霍尔最终获奖。他曾在海军陆战队担任军官。获奖文章《在信息空间巡逻》设想了一种自动化战场作战想定：穿着外骨骼战服的士兵以每小时40英里（约64千米/小时）的速度在战场上奔跑，对抗一种具备生物及网络能力的人造“昆虫”。

二、运行机制

（1）提出创新主题。“疯狂科学家倡议”专家团体针对陆军应重点考虑的问题，提出需探讨的想法、主题和论点。例如，鉴于陆军寻求可选有人驾驶飞机（介于传统飞机和无人机之间），2017年举办的“疯狂科学家”会议以AI和机器人为主题，会议发表的论文已引起越来越多的关注。及早思考AI和机器人技术，有助于陆军提升对关键趋势及技术会聚效应的理解。此外，通过“疯狂科学家”倡议众包网络、会议和行动社区，陆军能够了解今后需重点关注的想法。例如，2018年举办的“疯狂科学家：生物会聚与士兵2050”会议重点探讨了人类增强、嵌入式设备和可穿戴设备的使用以及与基因编辑技术相关的生物安全威胁。

（2）汇聚专家创新思想。通过举办“疯狂科学家”会议，倡议可广泛会聚来自学术界、工业部门和政府机构领域专家的最新创意构想。会议还能够将陆军和联合部队与学术界、工业部门和智库专家有效联系起来。根据特定主题，“疯狂科学家”将邀请资深的管理者、将官，以及工业部门、学术界和智库主要管理人参加。“疯狂科学家”还举行每月线上演讲活动，寻求创新想法。倡议主管认为，这是一种有效的众包方法，因为每月线上演讲活动在两届“疯狂科学家”会议期间举行，因此可保持创新想法沟通的持续性。

（3）建立在线存在。“疯狂科学家倡议”拥有内部成员获取信息的官方站点及面向大众的博客网站“疯狂科学家实验室”。博客网站与You Tube、Twitter等网站链接，可观看过去所有已记录的会议。设立博客网站主要有两个目的：一是作为学习平台，使陆军受益于“疯狂科学家”搭建的各种联系；二是作为众包和同行评审平台。博客网站于2017年底启用，“疯狂科学家”内部成员均可投稿。博客文章可链接视频、会议报告，以及新的想法和兴趣主题。该项目也欢迎嘉宾博主分享观点，他们通常是美国及国外专家、联合参谋部官员或该领域的国内机构代表。

在2018年举行的“生物会聚与士兵2050”会议期间，陆军和南加州大学利用博客网站举办了一次网上竞比活动，让参会人员展示生物会聚的新技术和新概念，并对它们进行评价和虚拟投资，以鼓励参会人员更深入地思考生物会聚技术将如何改变未来战争的特征。

（4）获得创新成果。与将现有技术为国防部所用不同，“疯狂科学家”旨在帮助联合部队思考未来，帮助陆军对未来进行预测、对其机构进行调整，目的是帮助塑造未来部队。通过定期举办“疯狂科学家”会议，陆军可将会议得出的创新认识和建议纳入其概念、能力文件和评估体系中，以确保陆军处于对潜在对手的优势地位。由于未来的作战环境具有前所未有的复杂性，诸如“疯狂科学家”等倡议不仅可确保陆军未来的战备能力，还能确保联合部队未来的整体战备能力。例如，通过“疯狂科学家倡议”，陆军已制定未来“多域作战”概念，成为未来战争的思想先行者。

2017 年，陆军向“疯狂科学家”团队征询军事设施应如何保障 2030—2050 年军事冲突。经过一年的时间，在 2018 年夏举行完“疯狂科学家：未来军事设施”会议后，陆军根据相关建议制定了未来军事设施投资框架及设施建造指南。

此外，陆军还发布了《未来战争的作战环境和不断变化的特征》，利用训练与条令司令部多年工作成果及通过“疯狂科学家”倡议得到的主要建议，预计从现在开始到 2035 年，将是人类社会科技加快发展的飞跃时代，大数据、网络空间、群体智能、工程制造技术、气候变化与资源竞争、机器人应用等 12 个大趋势将影响人类社会未来发展，美国的潜在对手将通过发展新科技，在多个领域挑战美国军力。此外，陆军在这份报告中提出警告，2035 年是一个关键节点，美国将面临一个实力相当的战略对手；美军必须加强与民间力量合作，持续开发新的军事技术，以应对未来威胁。

三、特点规律

过去几年，“疯狂科学家倡议”管理团队通过多种渠道推动倡议开展，目前，还在探索采用新的方法（如类似TED演讲的微活动）来更快、更深入地对重要专题进行研讨。“疯狂科学家倡议”运行经验及所取得的显著成果，值得思考和借鉴。

一是奇思妙想是推进技术和作战概念创新的重要源头。创新意味着打破常规、突破现有认知边界。为在长远军事竞争中抢占先机、争取主动，美军注重通过收集各类奇思妙想，擘画未来战争蓝图，统筹作战准备。“疯狂科学家倡议”不设边界条件，广泛吸引各界专家围绕特定主题自由思考，力求触及最具颠覆性的创新，同时通过鼓励合作，帮助陆军克服思维盲区，有助于陆军把握未来发展方向。

二是需求牵引与军民融合是推进军事创新的重要保障。“疯狂科学家倡议”堪称创新思想领域“军民融合”典范。倡议围绕陆军2030—2050年时间框架的作战想定和作战需求开展相关活动：专家团队针对陆军发展提出创新主题；广泛会聚学术界、工业界和政府机构等领域专家的创意构想；通过定期举办“疯狂科学家”会议，将得出的创新认识和建议纳入陆军概念、能力文件和评估体系。通过这种“军民融合”方式，倡议取得了丰硕的创新成果。

三是特定的组织和运行机制是推进军事创新的重要条件。“疯狂科学家倡议”具有高度可实施性。除探讨的主题具有前瞻性外，倡议具有完善的组织管理机构、健全的运行机制以及丰富多样的参与形式，从而使其具有高度可操作性和可实施性，为创新成果的最终获取提供了有力支撑。

（军事科学院军事科学信息研究中心　申淼　魏俊峰）

美国陆军多域作战概念发展动向

多域作战是美国陆军针对未来与势均力敌的大国作战而提出的一个作战概念，2017 年 12 月发布 1. 0 版概念文件——《多域战：21 世纪合成兵种的演进》，标志着概念轮廓基本成形。概念的核心思想是，未来陆军要大幅度突破传统使命范围，不仅增进并发挥陆战优势，而且承担独立或联合对海、对空、对天以及在网络空间的作战，从而强化美军实施大国对抗的总体军事力量。2018 年 5 月，新任美国陆军训练与条令司令部司令斯蒂芬·汤森德将“多域战”更名为“多域作战”，将“预防冲突”“营造环境”“与盟友合作”等非直接战斗的行动纳入进来；通过研究和验证，2018 年底形成“多域作战 1. 5 版”概念，在概念研究验证的同时，多域作战也在引导相关能力建设和装备技术发展。

一、多域作战概念演进

2018 年 12 月 6 日，美国陆军训练与条令司令部发布新版作战概念文件《多域作战中的美国陆军 2028》，阐释了“多域作战 1. 5 版”概念，集中反映了多域作战概念的重大演进。与1.0版概念相比，1.5版概念文件在以下方面有重大变化。

（一）首次使用“排拒”术语

新版概念首次以“排拒”（Stand - off）来描述对手在平时竞争和战时行动时期的目标 。“排拒”具有排除和拒止的双重内涵，表明美军设计多域作战的主要目标，已经由武装冲突时期打破对手“反介入/区域拒止”，拓展到平时综合运用政治、经济、军事、外交等手段，赢得全面竞争优势。

（二）细分作战阶段

新版概念文件将武装冲突阶段进一步细分为突破战略战役“排拒”、打破对手“反介入/区域拒止”体系、利用所获机动自由击败对手三个阶段，进一步强化了概念的指导作用。

（三）完善多域作战概念三大原则

新版概念极大完善了多域作战三大原则——调整兵力态势、多域编队和跨域聚能的内涵。

在调整兵力态势方面，新版概念在原有前沿存在力量、远征作战力量基础上，增加了国家级能力和必要授权。国家级能力是指通常由战区以上级别机构控制的情报、网络、太空以及动能打击能力。新版概念要求陆军要训练如何在作战行动中获取、运用和整合国家级能力。授权是指不同级别的部队在各作战域开展作战行动，进入特定物理空间和虚拟空间，以及运用各类作战能力的许可。新版概念要求，在竞争和冲突的各个阶段，应更早、更快地向更低层级部队授予所占所需的各类权限。

新版概念文件用“多域编队”替代了1.0版概念文件中的“弹性编队”，要求执行多域作战任务的编队应能实施独立机动，运用跨域火力，并最大限度发挥人的潜能。概念将多域编队分为战区陆军、野战陆军、军、师四个层级，并规划了各级部队在竞争、武装冲突（突破、瓦解、利用）及重回竞争各个阶段实施多域作战的任务目标和能力需求，这也预示着美国陆军作战力量体制编制可能出现重大调整。

新版概念明确定义“跨域聚能”，即以任务式指挥以及纪律前提下的主动作为前提，快速、持续地在各个域整合相关能力，通过跨域协同和多种形式的攻击，优化作战效果，压倒对手。提出了“跨域聚能”的具体运用方式，即在多层面实施“刺探—发现—打击”的行动组合。对跨域聚能的明确定义，是2018年多域作战概念趋向完善的显著标志。

（四）首次引入多域指挥控制原则

多域指挥控制是实现跨域聚能、多域编队和任务式指挥的基础，包含弹性技术架构、灵活的指挥关系、多域控制措施三大要素，体现了跨军种、跨政府机构和跨盟国伙伴的互操作能力，它的引入使美国陆军的多域作战概念与空军的多域指挥控制概念有了更为明确的契合点。

（五）突出城市作战为多域作战重要应用场景

新版概念阐述了如何在密集城市地形中实施多域作战，分析了美国陆军在城市作战所面临的挑战。新版概念认为，稠密城市地形增加了使用基于网络和电磁频谱的武器的可能性，同时也增加了精确使用这些能力的需求——需要实施详尽的情报准备、作战规划和精确快速的指挥控制。

二、系列研究、演习活动持续推动概念完善

2018年，美国陆军通过研究探索活动和作战实验推动多域作战概念的发展完善，并对重要的技术和能力进行演示验证。

（一）研究探索活动

为了推动概念的发展，美国陆军能力整合中心、8 个卓越中心以及其他机构开展了 2018 年“统一探索”（UQ）、“陆军作战挑战”（AWFC）研究活动以及系列作战实验。

“统一探索”年度系列研究活动，由陆军参谋长主持，2018 年主要研究内容包括：美军如何慑止和平时期国家间的竞争升级为武装冲突；如何挫败对手破坏地区稳定的行动；如何在对抗环境下实施战略和战役机动，保持充足的战斗力；如何通过空中、海上、陆地的纵深机动，压制和摧毁敌军的远程武器、防空系统和后备部队等。

“陆军作战挑战”（AWFC）本年度确立了发展态势理解，塑造安全环境，陆军体制改革和创新，对抗大规模杀伤性武器，实施国土作战，实施太空、网络空间、电子战、通信作战，增强现实训练，实施跨域机动，运用跨域火力等 18 项与多域作战概念密切相关的研究主题。

（二）作战演习

为推动概念发展，美国陆军以第 17 野战炮兵旅为基础组建了多域特遣部队。该部队在 2018 年先后参与了“环太平洋 2018”多国演习和“勇敢之盾”美军海空联合演习。此外，美国陆军先后参与了“红旗—阿拉斯加 18－1”“合成决心 X”“蓝旗 2018”“网络闪电”等演习。这些演习探索和试验对多域作战概念至关重要的战术概念和技术能力，如快速空中渗透、联盟互操作能力等。

陆军能力整合中心还安排有机动支援、保障与防护综合试验（MSSPIX）、网络与电磁综合试验、机动与火力综合试验（MFIX）、陆军远征勇士试验（AEWE）。这些试验在各自领域对战术概念、新兴技术和非装备能力解决方案进行试验验证。

三、同步牵引美国陆军能力建设

多域作战概念在其理论不断完善的同时，部分成果已经开始引导美国陆军能力发展，具体表现为引导下层概念和作战条令修订，创新部队编制体制，推动武器装备发展。

（一）引导概念、条令发展

2018 年 1 月，美国陆军训练与条令司令部发布《2025—2040 美国陆军网络空间与电子战作战》概念，牵引美军网络作战和电子战能力发展，为实施多域作战提供支撑。

2018 年 9 月，美国发布新版 ADP 2 -0《情报》条令，提出了复杂作战环境下，情报保障的通用架构以及支持统一陆地作战的框架，为多域作战背景下情报能力的提升提供指导。

（二）推动编制体制创新

为了提升部队网络作战、电子战和信息作战等新兴作战能力，美国陆军正在旅及旅以上部队中调整组建 5 类网络和电子战作战分队。

一是为多域特遣部队组建全新的“情报网络电子战太空”分队，使目前以野战炮兵为主体的特遣部队真正具备多域作战能力。二是在旅战斗队的军事情报连内组建电子战排。三是组建配属军作战的电子战连，该连除具有电子战排的职能外，还将承担反情报作战任务。四是在旅及旅以上梯队部署“网络空间及电磁活动小组”，负责各自部队的频谱管理，以及网络空间和电子战行动的计划、实施和整合。五是组建隶属美国陆军网络司令部的网络战支援营，直接支援陆军部队作战。

（三）加速装备技术发展

美国陆军已明确支撑多域作战发展的六大优先发展的技术领域——远程精确打击、下一代战车、未来垂直起降飞行器、网络、防空反导、士兵杀伤力，并成立了8个跨职能小组，利用商业创新、尖端科技、原型设计和作战人员反馈的方法，加速推进装备技术现代化。

远程精确打击领域技术在战略层次计划发展射程超过1600千米的陆基远程高超声速打击武器和“远程战略加农炮”；战役层次发展射程500千米的“精确打击弹道导弹”，替代现役的“陆军战术导弹”；战术层次计划通过延长射程，提高射速，采用新型弹药等方法，将现有野战火炮的作战效能提升10倍。

下一代战车领域重点关注机动机器人和自主系统、定向能和含能材料、电力生成和管理、先进装甲材料、车辆防护组件等关键技术，重点推进多用途装甲车辆、新型轻型坦克、可选有人/无人驾驶战车、未来无人战车、下一代主战坦克等项目发展。

未来垂直起降飞行器领域聚焦模块化开放式系统结构、未来无人机系统、未来攻击侦察直升机、未来远程攻击直升机发展，并率先启动未来无人机系统、未来攻击侦察直升机项目。

网络领域聚焦统一战术网络、联合与联盟互操作能力、指挥所机动性与生存力、通用操作环境以及可信定位导航授时开展相关研究活动。

防空反导小组目前聚焦于“过渡性机动近程防空系统”和“一体化防空反导作战指挥”系统发展，前者预计2020年形成初始作战能力，后者预计可在未来2年实现“爱国者”系统和“萨德”系统的一体化协同作战。

士兵杀伤力领域当前重点开展6.8毫米口径新一代班组武器的研

制、增强型夜视镜的采办、自适应士兵架构的发展以及合成训练环境的构建。

通过上述装备技术领域的发展，美国陆军期望将在 2022 年前，消除关键能力缺口，提升战备水平；2023—2027 年，实现战备水平、装备技术现代化水平和杀伤力的全面提升；2028—2035 年，持续部署新一代武器装备，形成全面的多域作战能力。

（军事科学院军事科学信息研究中心　武向荣）

美军着手开辟地下空间新战场

2018 年 6 月，美国国防情报局局长罗伯特·阿什利在华盛顿举行的技术峰会上提出，美军应高度关注在隧道和地下基础设施中开展作战行动的地下战能力，并透露美军正考虑将地下空间列为继陆、海、空、天、网之后的第六个作战域。随着地下战所受关注度与日俱增，美军已着手开辟地下空间新战场，多方面推进地下战能力发展。

一、地下战成为美军城市战的新焦点

城市战是现代战争的主要形式之一。2002 年，美军发布的《联合城市战纲要》就指出，城市是 21 世纪最有可能的战场，是未来作战的重心，打下大城市就能夺取战争胜利。2007 年，美军联合部队司令部编写了《联合城市作战联合一体化构想》，提出了美军对未来联合城市作战方法手段的构想。为确保更好地开展城市战，美军近年来出台一系列文件以指导城市战能力发展，并积极开展各种演习活动。2016 年 9 月，美国海军陆战队发布《21 世纪远征部队如何进行作战》，要求提高包括地下战在内的城市作战能力。2017 年初，陆军在关于 2020—2040 年特大城市作战的白皮书中提出地下机动需求问题。2017 年 12 月，美国陆军及海军陆战队共同发布《城市作战》手册，阐明城市战的相关概念与技术，提供策划、执行城市战所需的信息，指导未来城市作战。在演训方面，近年来美军各军种均开展了不同程度的城市战演习活动，如美国空军与英国皇家空军的城市战对抗演习、美国陆军的城市战进攻性战术演习等。其中尤以陆军频率最高，足以显示美国陆军对城市战的重视。

虽然美军大力发展城市战理论、技术与装备，但地下战场因特殊的物理环境、现有技术与装备难以有效遂行作战任务等特点，成为限制美军作战能力发挥的天然屏障。美军 2016 年的一项评估显示，世界上约有 1 万个大型地下军事设施，其中朝鲜境内就有 4800 多个，除了地下核导弹设施外，朝鲜还拥有地下隧道，既可用于常规作战，也可用于游击队渗透作战，如经改造可在 1 小时内通过隧道将数万名士兵送入韩国境内；俄罗斯则从苏联继承了一套庞大的地下设施，包括地下掩体、隧道、秘密地铁线路以及其他设施，可确保战时政府领导和军事指挥控制。此外，美军也曾在伊拉克和叙利亚与 ISIS 在地下隧道中多次交战。攻克地下战难关成为美军日益关注的城市战新焦点。美军预测，到 2040 年，世界近 2/3 的人口将居住在城市，而城市电力系统、控制系统等都设在地下，因此地下空间尤为重要。作为城市战的重要部分，地下战将成为影响未来战争胜负的关键。地下空间在战时可充当交通线、补给线、支援线甚至正面作战防线，不但能够避开来自太空、高空、电子等领域高新技术的侦察、探测与监视，陆、海、空等常规作战平台以及精确制导武器、无人机、定向能武器等先进装备也无法在地下空间发挥应有的效用。

二、美军大力发展新型地下战能力

美军正寻求掌握能在“地下迷宫”中有效导航、通信、目标侦察与识别以及突破重重障碍攻击对手的新型作战能力，这种能力需要新的装备和训练。为适应美军地下战新形势，美国陆军和DARPA已开始积极探索地下战能力的发展。

一是制定相关理论与规划。2017年，美国陆军针对过时的地下战方法完成一项为期4个月的审查，并在11月专门出台《地下环境小型部队训练》手册，为地下作战部队提供最急需的指导，规划并实施相关训练活动。据俄罗斯新闻社报道，美国陆军2018年将投入5.72亿美元，为31个现役作战旅中的26个提供在城市大型地下设施中作战的相关培训和特殊装备，使大部分作战旅做好遂行城市地下战的准备。

二是加紧推进地下战演训。在伊拉克和阿富汗战争之前，接管大型地下军事设施的任务归陆军“三角洲”部队、海军海豹突击队第6分队以及陆军第75游骑兵团等一级特种作战部队负责。但五角大楼准备应对朝鲜、俄罗斯和中国等战略对手的新形势使美军工作重心发生改变。

美国陆军“非对称作战小组”① 建议，美国特种作战部队无法单独应对来自地下的挑战，大规模常规部队必须接受地下作战训练，并配备特殊装备。为增强地下实战能力，“非对称作战小组”已开发出一套包含战术、技术与程序的训练计划，用于士兵地下战作战训练。根据计划，陆军已派出

---

① “非对称作战小组”是美国陆军2006年3月在“反恐战争”期间专门设立的前瞻性机构，负责为美国陆军甄别非对称威胁、非对称作战的战术对抗训练与计划，直接向陆军训练与条令司令部汇报。

3 个机动小组为 26 个作战旅主官提供培训，内容涉及如何开展地下战训练以及如何在地下环境中规划实施大规模作战行动。这些作战旅还在名为“城市作战据点”的模拟城市中接受新的训练。2018 年 3 月，第 82 空降师的空降兵在弗吉尼亚州基地完成近 1 个月的地下战训练，演练在遭受化武攻击时从常规作战程序转入特殊作战程序。目前，美国国防部有 6 个地下战训练场所，分布在加利福尼亚中国湖隧道战中心、亚利桑那州尤马试验场等地。截至 2018 年 9 月，已有 5 支作战旅完成训练，剩余 21 支作战旅计划在 2019 年完成训练。

三是加大对特殊装备的投入。装备方面，美国陆军为地下战拟定了一份装备需求清单，主要包括：①智能无线电台。要求设备依靠一套“移动自组网”，实现作战班组之间以及作战班组与地面之间的通信。②呼吸设备。空气有毒或氧气下降是士兵在地下作战时可能遇到的挑战，美军正在评估现有的独立呼吸设备以供采购。③增强型夜视仪。美国陆军将在 2019 财年采购一款双管式双目夜视镜，为士兵配备比目前单管增强夜视镜和 AN/PVS 14 型夜视仪更强的深度感知能力。④火力防护。由于在隧道中缺乏抵抗敌方火力的防护，作战部队还需要特殊的手持弹道盾牌，每个班至少配备两块。⑤武器消音器。用于减少在密闭空间中放大的噪声。

四是加强技术研发。2018 年 1 月，美国国家标准与技术研究院的研究人员演示验证量子物理学新技术，可在地下、室内等 GPS 或普通移动电话无法有效工作的区域进行通信和测绘。这一技术进展受到军方关注。2 月，美国陆军网站透露，陆军快速装配部队（REF）正在研发能够提升地下通信与发电能力的作战系统。DARPA 则在 2018 财年启动“地下挑战赛”，旨在探索地下环境快速测绘、导航等的新方法，积极布局和推动该领域前沿技术研究。挑战赛针对地下环境的复杂性，依托自主、态势感知、机动、联网四个重点技术领域，着重构建下述能力：①快速、自主执行地下任务的能力以及增强型态势感知能力；②在复杂、不可预测的多样化地下环境中能够快速提供机动自由的系统能力组合。挑战赛以人工隧道系统、城市地下环境（如公共交通和市政基础设施等）、天然洞穴网络为假定地下环境向工业界和学术界征集技术方案。

2018 年 9 月 27 日，DARPA 在肯塔基州路易斯维尔巨型洞穴举办了一场“参赛者日”活动，向科技界介绍“地下挑战赛”的构想和目标，鼓励和吸引潜在的参赛者，同时推动具有专长和开发能力的人才跨领域组队完成挑战赛的研发工作。截至目前，DARPA 已向 9 支团队提供参赛资助，其中卡内基梅隆大学、澳大利亚联邦科学与工业研究组织（CSIRO）、iRobot 国防控股公司、加州理工学院喷气推进实验室、科罗拉多大学、内华达大学和宾夕法尼亚大学等 7 支团队将竞逐物理系统竞赛，密歇根理工大学和科学系统公司的两支团队将参加虚拟系统竞赛。来自 CSIRO 的机器人和自主系统部门将联合著名机器人伦理学家罗恩·阿金教授领导的乔治亚理工学院和昆士兰大学，通过在有腿机器人和无人机上安装激光雷达扫描仪来构建地下环境的 3D 绘图。

三、结束语

近年来，美军在巩固传统作战域优势的同时，强力推动太空、网络电磁空间等新兴领域发展，特别是 2017 年以来，美军对地下战的关注与日俱增。作为城市战的最后一道防线，地下战将成为国家和民族存亡的最后一道防线，是影响未来战争胜负的关键点。从发展趋势上看，地下战能力有望填补美军作战能力短板。地下空间可与陆、海、空、天、网作战域紧密耦合，强化美军的多域作战与打击能力，使其在城市战中占据优势；地下战还可与网络战、舆论战相结合，在战前瘫痪敌方城市主要系统，不战而屈人之兵。而且，由于地下设施防护存在盲点和薄弱环节，地下战能力的发展也将使美军具备非对称作战能力，由此形成新的战略威慑，为巩固美国霸权增添砝码。

（军事科学院军事科学信息研究中心　袁政英　魏俊峰）

DARPA多项目提升美军城市作战能力

城市战是现代战争的重要组成部分，城市街巷纵横，建筑物坚固密集，地下工程设施复杂，这些都极大限制了装备效能的有效发挥。为获取军事领先优势，美国国防高级研究计划局（DARPA）十几年来开展了几十个与城市战相关的前沿技术研究项目，近几年更是密集推行多个项目，积极布局并推动城市战相关领域的前沿技术研究，多维度提升美军的城市作战能力。

一、大力提升城市战场态势感知能力

城市战场态势复杂多变，为有效解决美军在地面上下两个空间的侦察、测绘等难题，DARPA发起技术项目，寻求快速获取城市战场动态。

（一）“地下挑战赛”项目

在地下环境中，缺乏态势感知是作战人员或应急响应人员执行任务面临的主要制约因素之一。2017年底，DARPA启动“地下挑战赛”，旨在寻求新技术方案，以在地下环境中快速测绘、导航和搜索。鉴于地下环境的复杂性，挑战赛重点关注态势感知、自主性、机动、联网四个技术领域，开设了“系统赛道”和“虚拟赛道”两个研究竞赛，前者要求开发软硬件并在物理路径中进行测试，后者则要求团队开发基于软件的方法。挑战赛指定人工隧道系统、城市地下环境、自然洞穴网络作为特殊的地下作战场景，以探索在每种环境中的作战难度。2018 年 9 月 27 日，DARPA 在肯塔基州路易斯维尔巨型洞穴举办了一场“参赛者日”活动，向科技界介绍“地下挑战赛”的构想和目标，鼓励和吸引潜在的参赛者，同时推动具有专长和开发能力的人才跨领域组队完成挑战赛的研发工作。截至目前，DARPA 已选出 9 支参赛团队予以资助，决赛将在 2021 年举行。

（二）“快速轻量自主”项目

为掌控城市地面战场环境，2015 年，DARPA 启动“快速轻量自主”项目，旨在开发一种全新的算法，使搭载高分辨率摄像机、激光雷达、声纳或惯性测量单元的小型无人机能够在设障环境中自主导航飞行、快速搜集态势感知数据。该技术的应用场景还包括军事人员进入建筑物前对其内部进行快速扫描，在视线受阻的森林密布区或丛林中寻找被击落的飞行员，在地震等自然灾害发生后进入受损建筑物寻找幸存者等。

截至目前，项目已经完成两个阶段的测试工作：①2016 年，项目在设障机库内对商用四轴无人机进行了验证试验，试验表明该无人机的速度可达 20 米/秒。2017 年 6 月，项目完成了第一阶段测试，旨在验证无人机在真实环境中的算法和稳健性。在测试最后阶段，无人机成功绕过障碍物找到目标然后飞回起点。②2018 年 7 月，项目完成了第二阶段测试。为使无人机实现“更小、更轻、更智能”的目标，研究人员在第一阶段飞行测试基础上改进了软件，在佐治亚州佩里监护中心培训基地的模拟城镇进行了空中测试。此外，麻省理工学院和德雷珀实验室的工程师团队减少了机载传感器的数量，以增加无人机速度。测试表明，在“探索模式”下，无人机可对车辆进行识别，并通过 Wi-Fi 以高分辨率图像的形式提供它们的实时位置信息，同时在手持设备上的地理数字地图上叠加显示。

二、大力推进集群作战技术研发

随着无人机、人工智能等新技术的快速发展，小型无人机和机器人的性能日益强大，其成本显著降低且易于获取。若无人机或其他类型机器人与人类协同实施蜂群战术，将大幅提升军事人员的城市作战能力。但目前实施蜂群战术仍面临众多技术难题，如实现操作人员同时控制多个无人平台，并使多个无人平台在没有远程操作的条件下完成高度自主行为，这是当前实现蜂群作战能力所面临的重大挑战。

（一）“进攻性蜂群战术”

DARPA 于 2016 年 12 月公布“进攻性蜂群战术”（OFFSET）初始概念，2017 年 1 月发布跨部门公告，旨在为城市作战寻求利用增强现实、虚拟现实等技术来指挥 100 多架无人自主蜂群执行多样化任务，其终极目标是让陆军轻步兵或海军陆战队能在 6 小时内控制 250 架或更多数量的蜂群无人机在 8 个复杂城市街区执行各种任务。OFFSET 项目重点关注的五个领域为：蜂群战术、蜂群自主、士兵—蜂群编队、虚拟环境和物理测试平台。

为增强 OFFSET 项目的潜在作战效用，DARPA 还希望通过名为“蜂群冲刺”的快速技术研发与集成能力实验，让更广泛的开发者和用户群体参与。“蜂群冲刺”活动每 6 个月举行一次，结束后即开展虚拟和物理试验，对取得的成果进行专业测试和整合评估。在 6 个月的间隔期中，还可能同时举行“特别冲刺”活动，根据需要研究某个特定领域的主题。DARPA 将通过这些活动加深对城市作战环境的理解，及时跟进该领域前沿技术，并对自身现有能力形成认识，最终推进 OFFSET 项目不断适应未来需要。

（二）“蜂群挑战赛”

为推进蜂群战术及相关技术发展，2017 年 4 月，DARPA 与美国军事学院、美国海军学院、美国空军学院合作设立“三军学院蜂群挑战赛”，鼓励三军军事学院的学员开发创新进攻性及防御性小型无人机蜂群战术。此次竞赛为日益重要的蜂群战术领域未来发展奠定了基础，DARPA 也从竞赛中进一步明确了蜂群战术的发展方向和应用方向，为推进蜂群战术项目组合研究提供了有益参考。

三、加速多域融合强化战地保障

为在快速多变的战场环境中保持敏捷性，城市作战急需多域协同，并在战地遂行快速保障，以有效满足高强度作战需求。

（一）远征城市作战项目

在城市作战环境下，美军的对手擅长利用尖端技术对抗美军，美国远征部队的作战优势正在快速减小。为应对这一挑战，2017 年 6 月，DARPA 启动“远征城市环境适应性作战测试平台原型”（PROTEUS）项目，旨在以新型数字化设备结合高度集成化的虚拟现实测试技术，检验各种新型作战装备和概念，帮助美军在复杂的城市战环境中重建技术优势。

PROTEUS 项目开发的“作战管理/指挥控制”（BMC^2）软件将配备给美国海军陆战队步兵排和班组单位，使一线作战力量能在作战过程中临时调配陆、海、空、电磁频谱等多个作战域的力量，在最短时间内获得精确的火力、情报、医疗后送等各类支援，今后陆战队班长仅依靠一台平板电脑就能了解到目前能使用的所有设备和支援类型。在这一过程中，其上级单位也能同时监控战况和作战需求，从而将作战信息融合进一步向基层深入，进一步实现指挥控制和战术规划的动态化。

项目开发的互动式虚拟现实测试平台还可用于模拟作战环境，探索和评估在复杂城市战环境下的战术，可同时模拟敌我双方的交战场景，利用虚拟现实技术帮助士兵建立交战状态下的“肌肉记忆”，帮助指挥官了解指挥控制决策的关键点，并探索动态化作战小组的构建模式及其作战效能。

（二）“战区战术部队超高强度材料”项目

目前，美军小型步兵部队的机动能力与配置传统重型装备的战地工程兵编队之间存在巨大差距，美军认为应该向小型步兵部队配置战区规模的装备。但这些装备使用的材料通常对性能有限制，且重型装甲通常会降低城市作战的机动性，反而会影响小型部队近距离作战的生存能力。近年来，大型印刷纳米管、金属复合材料以及增材制造技术等获得快速发展，DARPA 从中看到了利用超强度材料快速制造结构器件的机会，因此在 2018 年 8 月启动了“战区战术部队超高强度材料”项目，旨在开发材料科学和工程解决方案，用轻型、超高强度的作战装备取代重型装备，以增强地面小型步兵部队的机动能力、反机动能力、生存能力与掩护能力。

2018 年 9 月 25 日，DARPA 在弗吉尼亚州阿灵顿举办了一场研讨会，进一步确定了新型高强度材料及其在特定作战应用中的用途。主办方将甄别突破现有方法局限、具有高回报比的材料科学和工程学解决方案，帮助高机动、生存能力强的小型部队在城市环境中取得作战优势。

四、结束语

从以上这些项目可以看出，DARPA 已从城市战场态势感知、集群作战、无人机自主情报、新材料等多方面、多角度对美军城市作战能力的提升进行了探索和研究，并取得了一定的进展。鉴于城市作战在未来战争中的重要性，必须对相关动态持续保持紧密关注和研究。

（军事科学院军事科学信息研究中心　袁政英）

外军无人机蜂群技术发展研究

2018 年 8 月，美国国防部发布《无人系统综合路线图（2017—2042）》，将“蜂群能力”列为无人系统的 15 项关键技术之一。从外军发展和应用态势看，无人系统蜂群技术研究基本集中于无人机蜂群，原因是其具有组群平台成本低、可大量组网、覆盖范围大、使用灵活、抗损能力强等优点。随着机动组网、编队控制、自主协同等关键技术不断突破，无人机蜂群将逐步具备对地、对海、对空情监侦甚至攻击能力，将对未来航空装备体系构成和作战样式产生重大影响。

一、概念与特点

美军率先提出无人机蜂群概念，20 世纪 90 年代开始探索无人机蜂群技术，2005 年美国国防部发布的《2005—2030 年无人机路线图》把全自主无人机蜂群设定为无人机发展的最高阶段。经过 20 多年发展，美军无人机蜂群概念逐渐定型。

按美国空军 2016 年在《小型无人机系统飞行规划（2016—2036）》文

件中的定义和描述，无人机蜂群是指在操控人员（空中或地面）的指挥或监督下，参照自然界蜂群、蚁群等的集体行为方式，以自主组网组织起来，遂行统一作战任务的小型无人机集群；构成蜂群的无人机可以是相同的（同构），也可以是不同的（异构）；组群方式可以是主从型，也可以是无中心的。国内外已经或计划开展飞行验证的蜂群平台，按美国国防部的划分标准属于1~3等级无人机（分别对应：质量小于9千克、25千克、600千克；飞行高度小于370米、1100米、5500米；空速小于185千米/小时、463千米/小时、463千米/小时）。

美军认为，F-22、F-35等作战飞机虽然综合性能高，但存在研制周期长、维护升级难、成本高、服役数量受限、战损代价大等不足；而无人机蜂群具有诸多优势，可以部分取代传统航空装备的作战功能。无人机蜂群具备以下突出特点：一是无人机数量多，可大范围、大面积覆盖，态势感知能力强，可多点压制或摧毁敌防空系统；二是整体抗损伤的冗余度大，部分无人机损失后，蜂群仍可完成任务；三是单架小型无人机成本远低于传统防空导弹，可增加敌防御成本；四是作战灵活性强，可与多种飞机和武器协同。鉴于这些特点，越来越多国家开始关注其作战概念和关键技术，不断加大研发力度，促进技术的快速发展。

二、研发现状

国外正积极推动无人机蜂群技术发展，目前处于关键技术飞行验证阶段。国外验证的蜂群都是同构的，未来经过技术发展也可能出现异构无人机蜂群。

（一）美军积极布局，整体领先

美军《无人系统综合路线图（2017—2042）》等近年来公布的文件均提出了2025—2035年形成无人机蜂群作战能力的目标。为此，美军正全面开展顶层设计和关键技术攻关，多个项目推进至飞行演示验证。例如，美国国防部战略能力办公室2014年启动了“无人机蜂群”项目，试验平台为“灰山鹑”一次性微型无人机，其长16.5厘米，重0.3千克，续航时间大于20分钟，速度75～110千米/小时。2016年，项目演示了103架“灰山鹑”空中快速投放和按指令组群飞行，创下国外军用无人机蜂群最大规模飞行纪录。试验中，“灰山鹑”蜂群未预先编写飞行程序，展现了集体决策、自修正和自适应编队自主协同飞行能力。海军研究办公室2015年实施了“低成本无人机技术蜂群”项目，试验平台为雷声公司“郊狼”小型无人机，其长91厘米、重5.9千克、速度110千米/小时。2016年，项目完成在30秒内投放30架“郊狼”的试验，验证了“郊狼”蜂群的自主编队飞行、队形变换、协同机动能力。2018年6月，美国海军授予雷声公司2968万美元合同，生产“低成本无人机蜂群技术创新海军原型机”。2015年，DARPA推出“小精灵”项目，研究小型无人机蜂群的空中投放/回收等关键技术。空中投放/回收系统设计参考了成熟的空中加油系统，由绞车、线缆、线缆末端的对接装置、机械爪等部件组成。回收时无人机与对接装置在空中对接，之后由机械爪抓进机舱。项目将在2019年开展C－130运输机空中投放和回收多架机的试验。另外，DARPA还通过“体系集成技术试验”“分布式作战管理”“进攻蜂群战术”“拒止环境协同作战”和“协奏曲”项目，发展无人机蜂群体系架构、作战管理、蜂群战术、自主协同和小型多功能传感器等多项关键技术。

（二）欧盟、英国开展了关键技术研发

欧洲防务局于2016年11月启动“欧洲蜂群”项目，发展无人机蜂群的任务自主决策、协同导航等关键技术；英国国防部于2016年9月发起奖金达300万英镑的无人机蜂群竞赛，参赛的蜂群完成了信息中继、通信干扰、跟踪瞄准人员或车辆、区域绘图等任务。

（三）俄、韩等国披露了作战概念

俄罗斯无线电电子技术集团在2017年透露：俄罗斯未来可采用1架或2架有人机与20~30架蜂群无人机协同作战样式，执行空空作战、对地打击、空中侦察等任务。韩国陆军也在2017年透露正以朝鲜的弹道导弹阵地和核试验设施为目标，大力发展无人机蜂群技术，首先用于侦察，后续用于打击。2018年6月，英、德两国签署了“未来作战航空系统”（FCAS）项目合作协议。FCAS将由“新型战斗机”“下一代武器系统”“欧洲中空长航时”无人机以及蜂群无人机等组成。

三、关键技术

《无人系统综合路线图（2017—2042）》将“蜂群能力”列为重要关键技术。无人机蜂群技术实用化需攻克作战管理、蜂群自主编队控制、低成本平台等多项关键技术，蜂群的规模越大、作战环境越复杂，对技术的要求也越高。综合外军近年的规划文件和技术发展来看，其关键技术可归纳为如下三大方面。

（一）蜂群与装备体系协同技术

该关键技术主要包括以下三个方面：①体系架构，根据任务合理规划和配置无人机和有人机的种类、数量、性能、功能等，需研究开放式体系

架构和开放式任务系统等；②作战管理，由预警机或地面站对无人机蜂群进行监督管控，需解决统一作战场景构建、编队控制与调整等问题；③协同战术，为充分发挥无人机蜂群效能，必须结合部队需求制定出战术，需解决虚拟和真实试验台建设、人机交互等问题。

（二）蜂群内部协同技术

该关键技术主要包括以下四个方面：①蜂群组网，通过数据链实现蜂群间的互联互通是实现群内协同的基础，需要针对强电磁干扰，研究抗毁网络、低可截获技术、抗干扰、身份识别等技术；②蜂群自主编队控制，需控制蜂群的自主形成，使之保持特定几何构型；③蜂群协同态势感知与共享，为利用蜂群中的各类任务载荷搜集、分析信息数据，需研究协同目标探测、目标识别和融合估计、信息理解和共享等问题；④协同任务规划与决策，为提高任务成功率和执行效率，降低风险和成本，需研究蜂群自主规划与决策技术，其核心是自主任务分配算法。

（三）蜂群无人机平台技术

该关键技术主要包括以下三个方面：①低成本无人机，无人机蜂群概念要求其中的无人机成本低，可以是一次性或有限寿命。在满足需要的前提下，需通过低成本材料、制造工艺及发动机等降低成本，如“小精灵”项目要求无人机的单价低于70万美元；②空中快速投放回收，空中投放蜂群无人机，需在载机和无人机上设计相应机构，根据投放和回收迅速、低成本、对无人机性能影响小、可迅速再次投放等要求开展相关技术研究；③小型多功能载荷，应采用轻便、综合、开放式射频架构，使蜂群中的无人机拥有雷达、电子战、通信等多种功能，需研究射频调节与数字变换、功放和天线/机体集成、混合式射频处理等技术。

四、应用前景

总体来看，目前外军无人机蜂群整体上还处在技术研发与演示验证阶段，综合国外情报资料，未来无人机蜂群将在多种作战任务中发挥重要作用。

对地对海作战主要有六种运用设想：①情、监、侦，蜂群可携带各类传感器同时执行任务，通过多源信息融合提高情、监、侦能力；②压制防空，饱和攻击敌防空雷达跟踪和瞄准通道，瘫痪敌防空系统；③诱饵，形成与有人机相似的信号特征，消耗敌防空导弹；④对面攻击，安装战斗部或携带弹药，多角度同时发起对地对海攻击；⑤对地电子压制，携带电子对抗装置，干扰敌地面电子设备；⑥战毁评估，完成敌关键目标的损伤评估。

对空作战主要有两种运用设想：①反无人机蜂群，目前外军普遍把无人机蜂群识别为反制敌无人机蜂群的有效手段；②对空电子压制，蜂群可在空中组成一面广阔的电子对抗阵列，对敌来袭军机或武器实施电子战。

城市战主要有三种运用设想：①识别敌人，蜂群可飞临每栋建筑，观察、识别狙击手等目标；②掩护地面部队，蜂群可携带烟雾发生器，通过烟雾掩护地面友军前进；③保护地面部队，蜂群可在友军地面部队周围形成“无人机墙”，抵御敌来袭火力。

其他运用设想包括：执行弹药、医疗物品空投补给和战场气象监测等支援任务；以大批量同时突然飞临战场，对敌造成极大震撼，形成心理战效果。

五、影响分析

一是无人机蜂群将成为未来航空装备体系中的重要装备。无人机蜂群可在对地、对空等任务中与少量高性能有人/无人平台组成体系作战编队，作为主战装备群执行任务。二是带动军用航空技术变革。发展无人机蜂群将带动低成本有限寿命机体、发动机及人工智能等技术发展，特别是将使算法和软件成为提升未来航空作战能力的关键技术因素。三是促进军民融合。无人机蜂群可以更多地使用模块化、小型传感器等商用成果，促进军民融合，加速技术迭代。四是影响未来空中作战样式。无人机蜂群将进一步推动空中作战从隐身单平台或小编队作战转向网络化、分布式、体系化作战。蜂群将与高性能有人机/无人机配合，形成更丰富、更灵活的空中作战样式。

（中国航空工业发展研究中心　袁成）

DARPA 推进无人系统蜂群在城市作战中应用

美国国防高级研究计划局（DARPA）“进攻性蜂群战术”（OFFSET）项目旨在探索无人系统蜂群在复杂城市环境中的作战应用，目前已取得初步进展。

一、项目概况

在城市作战中，采用无人机、无人地面车辆执行“情报、监视与侦察”（ISR）、排雷等任务可显著提升作战效能，而引入蜂群作战将进一步凸显作战优势。目前，美军缺乏管理无人系统蜂群并与之交互的技术，也缺乏适用不同城市环境作战的蜂群战术。为此，DARPA 战术技术办公室 2017 年 2 月发布 OFFSET 项目跨部门公告，为城市作战的步兵单元开发至少 100 种蜂群战术，并采用由上百部无人机、无人地面车辆构成的蜂群验证新战术，重点促进蜂群自主、人机编队两大领域的技术成熟。

OFFSET 项目周期42 个月：第一阶段为期18 个月，目标是实现50 个异构无人系统在城市环境中封锁一个目标；第二阶段为期 12 个月，目标是在城市环境中采用100个异构无人系统执行一次攻击任务；第三阶段为期12个月，目标是在城市环境中采用250个异构无人系统攻占一个区域。

蜂群自主验证指标包括：①在虚拟环境下，每季度开发不少于10种新战术；②在蜂群任务中，评估新战术的时间少于15分钟；③将蜂群战术架构集成到物理蜂群平台，每100个无人系统的集成时间少于24小时。

人机编队验证指标包括：①对蜂群实施空中战术更新，部署新战术的时间少于1分钟；②构建基于新战术的可行行动方案，构建时间1分钟，行动方案的数量大于3种；③蜂群规模可变化，无人系统数量变化为±50%。

二、项目组织方式及特点

（一）组织方式

OFFSET项目计划以两种方式开展名为“蜂群冲刺”的技术开发与演示验证活动：一是“核心蜂群冲刺”，即每隔6个月向学术机构、大型企业等征集提案，提案涉及蜂群战术、蜂群自主、人机编队、虚拟环境、物理测试平台等五大领域；二是“特别蜂群冲刺”，即根据迫切需求对某一领域进行研究，可能与“核心蜂群冲刺”同时进行。

DARPA初步计划在OFFSET项目中开展7个“蜂群冲刺”活动（不含“特别蜂群冲刺”），每个阶段开展2～3个：第一阶段，开展蜂群战术、蜂群自主2个“蜂群冲刺”活动；第二阶段，开展蜂群战术、人机编队、虚拟环境3个“蜂群冲刺”活动；第三阶段，开展蜂群战术、物理测试平台2个“蜂群冲刺”活动（图1）。

（二）组织特点

DARPA通常采用常规、挑战赛、众包三种方式开展项目。其中，常规

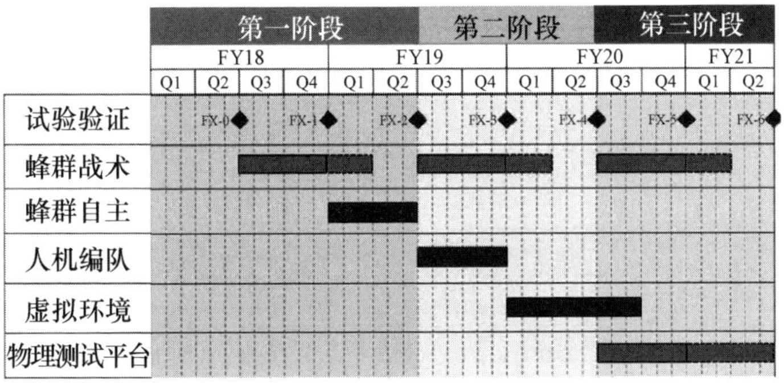

图 1　OFFSET 项目进度安排

注：FX 为飞行测试；实线矩形进度条表征时间长度，虚线矩形进度条表征可能的延期时间

方式即围绕目标分阶段实施，具体特点包括：一是同时资助多个项目方案，以降低单个方案失败带来的风险；二是各阶段设定若干技术任务，随项目推进各技术任务逐渐融合，项目承包商也随之调整；三是设定主承包商，由于每份合同通常涉及多家参研单位，将合同授予主承包商有助于管理众多参研单位。OFFSET 项目围绕 250 个异构无人系统攻占一个区域的最终目标，将关键技术拆分到三个阶段分步实现，属于 DARPA 项目的常规组织方式，具有以下组织特点：

（1）采用由上至下、需求牵引的蜂群战术研发方式。在 OFFSET 项目之前，相关研究通常聚焦蜂群算法，即由算法组合形成蜂群行为，由行为组合形成蜂群战术。但这种由下至上形成的蜂群战术效用有限，通常与作战需求脱节。而 OFFSET 项目将聚焦蜂群战术的开发、评估和集成，由蜂群战术推演相关的行为和算法，这种由上至下的研发方式将更切合作战需求（图 2）。

（2）细化关键技术和承包商，降低项目风险。OFFSET 项目设置了 3 个阶段，但实质上按照 7 个“蜂群冲刺”活动分步推进，技术被进一步拆分

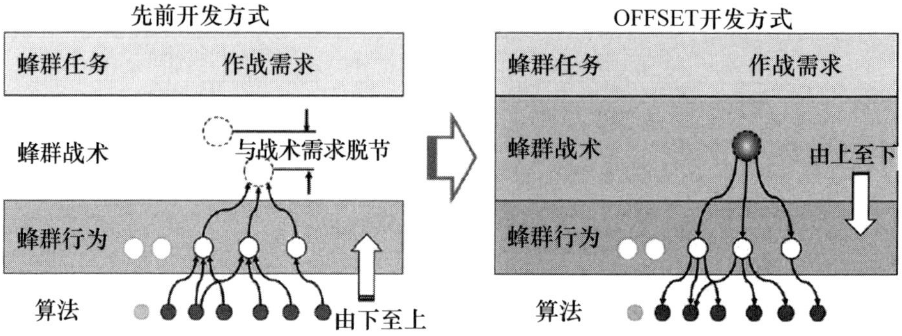

图 2　OFFSET 项目采用由上至下的蜂群战术开发方式

和细化；在每个“蜂群冲刺”活动中，DARPA 将授出提案者和集成商两类合同，根据已启动的 2 个“蜂群冲刺”活动来看，提案者主要负责提出蜂群战术、蜂群自主等方案，集成商重点负责开发虚拟/真实环境下的架构，并验证提案者方案，双方合作共同促进单项关键技术成熟。

三、最新进展

截至 2018 年 4 月，OFFSET 项目已进入第一阶段，并在该阶段先后发布 2 个“蜂群冲刺”活动跨部门公告。

（一）首个“蜂群冲刺”

2017 年 10 月 12 日，DARPA 启动首个“蜂群冲刺”活动，目标是开发相关蜂群战术，支持 50 个异构无人系统组成的蜂群在两个街区、15～30 分钟内封锁一个目标。所涉蜂群战术包括侦察作战区域、绘制作战区域地图、识别作战区域的出入口、识别/定位/跟踪目标、维持侧翼和后方安全、定位/识别/对抗敌方火力、实施伪装或诱骗、与己方机动力量保持通信、部署传感器网络、标定进入和退出点等。

2018 年 2 月，DARPA 确定洛克希德·马丁公司（获得 36.35 万美元资助）、翱翔技术公司、查尔斯河分析公司（获得 48.81 万美元资助）、马里兰大学（获得 64.60 万美元资助）、卡内基·梅隆大学为首批“蜂群冲刺”提案者，诺斯罗普·格鲁曼公司（获得 370.91 万美元资助）、雷声公司（获得 322.34 万美元资助）为集成商。诺斯洛普·格鲁曼公司正在设计、研发和部署一种基于游戏的虚拟开放式架构。雷声公司正在开发一款虚拟现实界面，目标是实现一名操作员可操控无人系统蜂群，现已完成对 50 架无人机的操控测试，在测试中，操作员通过 HTC Vive 虚拟现实头盔、其他控制器、Wi－Fi 设备等与无人机进行交互（图 3）。

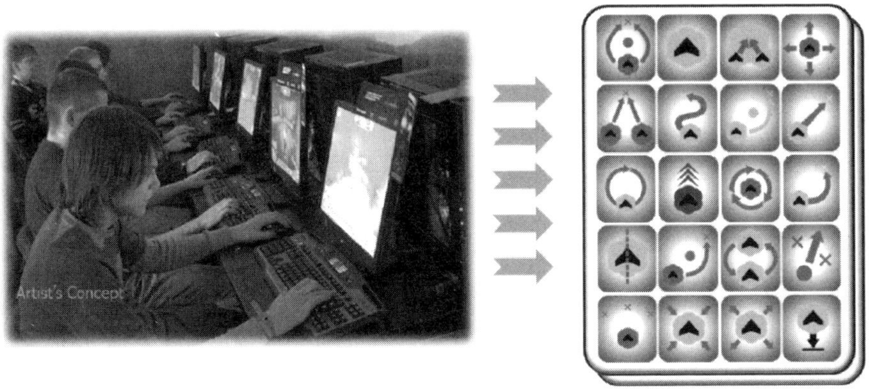

图 3　OFFSET 项目开发的蜂群战术（概念图）

（二）第二个“蜂群冲刺”

2018 年 3 月 26 日，DARPA 启动第二个“蜂群冲刺”活动，聚焦蜂群自主领域，目标与首个“蜂群冲刺”活动一致，即支持由 50 个异构无人系统组成的蜂群在两个街区、15～30 分钟内封锁一个目标。目前，DARPA 尚未授出第二个“蜂群冲刺”活动合同。

四、结束语

城市作战环境复杂，密集分布的建筑易降低传感器的效能，干扰甚至阻断 GPS 等通信信号，影响态势感知能力。因此，DARPA 启动多个项目，探索无人系统在城市作战中的应用：2014 年启动“快速轻量自主”项目，寻求开发先进感知和自主算法，使小型无人机在无遥控信号和 GPS 信号情况下，借助机载高分辨率摄像机、激光雷达、声纳或惯性测量单元，在房间、楼梯或其他设障城市环境中自主飞行；2015 年启动“X 班组”项目，寻求在城市作战中为步兵部队引入无人机、机器人等智能化装备，在数百米范围内建立感知警戒线，提升步兵态势感知、精准打击等能力。在未来城市作战中，无人机、无人地面车辆等将不断扩大部署规模，任务领域从 ISR、排雷防爆、通信中继进一步扩展到电子战、火力支援等，将通过有人/无人系统协同、无人系统蜂群等方式提升作战效能。

（中国船舶重工集团公司第七一四研究所　孙明月　于宪钊　白旭尧）

国外反无人机技术发展现状及未来方向

2018年1月6日，俄罗斯驻叙利亚赫梅米姆空军基地和塔尔图斯补给站遭遇多架无人机携带弹药袭击。针对此次扰袭事件，俄罗斯采用无线电干扰技术迫降6架无人机，采用“铠甲”防空系统击落7架无人机。目前，民用和军用领域无人机数量暴增，无人机探测、干扰、毁伤技术已成为防务领域研究热点。自2002年起，美国国防部开始举办“黑镖”演习，最初目的是验证无人机能力，后期逐步发展为反无人机技术演示验证。截至2017年4月，演习已成功举办15届。其中，第14届（2015年）为最大规模的实飞实弹联合反无人机系统演示，共使用了16种无人机，测试了55种反无人机系统的能力。

一、反无人机技术发展背景

自21世纪初开始，无人机数量、种类快速增多，功能不断增强，不仅可执行情报、监视与侦察（ISR）及目标指示、通信中继、电子对抗等任务，还可搭载武器执行打击任务，其发展与使用受到各国高度重视。美军高度重视无人机发展，研发的RQ-21A、RQ-7、MQ-8B/C等无人机可提供中低空战术 ISR 能力，MQ－4C、RQ－4、MQ－1 等无人机可提供全球全天时全天候的高空 ISR 能力，美军实质上已依托无人机形成了多重、全方位的态势感知网络，为作战提供信息保障。与此同时，“伊斯兰国”等恐怖组织开始使用无人机投放炸弹进行恐怖袭击，而愈发增多的无人机“黑飞”事件已对民航安全构成威胁。在此背景下，美国、欧洲、俄罗斯、以色列等国为应对无人机带来的威胁，率先开始发展反无人机技术，破坏无人机的机体、数据链或任务载荷，使其降低或丧失作战能力。

无人机可分为微型、小型、中型、大型四类，不同类别无人机各具特点：微型、小型无人机体积小、飞行高度低、速度慢、隐蔽性好、成本低，适于在局部区域执行 ISR 任务，如美国海军陆战队主要借助 RQ－11、RQ－12、RQ－20、RQ－21A 等小型无人机为营级以下作战单元提供战术情报支援；中型、大型无人机体积大、飞行高度高、速度快、隐身性好、成本高，适于在远程大范围内执行持久 ISR、通信中继、精确打击等任务，如美国空军主要借助 RQ－4“全球鹰”、MQ－1“捕食者”等大型无人机在全球范围内执行侦察任务。

二、反无人机技术发展现状

现有反无人机技术可分为干扰技术、毁伤技术和探测技术，其中干扰技术、毁伤技术是主要的反无人机措施，对无人机的探测则通常需要借用其他武器系统的相关设备。

（一）干扰技术

干扰技术通过对无人机的光电、通信、导航、雷达等系统施加光学、电磁干扰，使无人机性能降低或失效（表 1）。干扰技术的优点是安全性好、附带毁伤小、技术成熟度高，主要包括光电干扰、数据链干扰、导航干扰、雷达干扰等。其中，数据链干扰、导航干扰在反无人机技术领域应用广泛，而光电干扰和雷达干扰仅适用于对抗搭载光电/红外传感器或雷达的无人机。

（1）光电干扰，主要通过发射、散射、吸收特定能量的光波，降低无人机侦察效果，分为有源干扰和无源干扰。有源干扰是利用光电设备发射或转发敌方光电设备光波，进行压制性或欺骗性干扰，无源干扰是利用遮障伪装、示假伪装、迷彩伪装等技术对己方目标进行适当伪装，使无人机光电设备侦察无效。2017 年4 月，美国陆军发布《反无人机技术》，报告指出，在尚未明确来袭无人机性质之前，建议采取被动防空措施，如利用伪装技术保护己方作战力量不被无人机侦察。

（2）数据链干扰，主要采用控制信号干扰、窃听、入侵劫持、欺骗等手段，扰乱、切断、入侵或接替控制站与无人机间的通信控制。英国布莱特监视公司、切斯动力公司和恩特普赖斯控制系统公司共同研发的“反无人机防御系统”（AUDS）可探测、跟踪8 千米内的无人机，并干扰无人机的无线电系统。AUDS 已在朝韩军事分界线附近地区进行了广泛测试。

（3）导航干扰，主要针对 GPS 制导的无人机，通过伪 GPS 发射器发射虚假 GPS 控制信号，干扰无人机的导航系统，使其不能按正常导航路径飞行，包括禁飞区欺骗、返航点欺骗、轨迹欺骗等欺骗技术。伊朗曾利用导航干扰技术成功俘获美军 RQ－170“哨兵”无人机和“扫描鹰”无人机。但导航干扰技术仅适用于装配 GPS 的无人机，对装配惯性导航等导航系统的无人机无效，而大中型高端无人机多采用混合制导方式，在 GPS 遭受欺骗攻击时，转变到惯性导航模式，可有效避免导航干扰。以色列拉法尔公司“无人机穹”反无人机系统装配 RPS－42 空中战术监视雷达、MEOS 光电传感器和 C－Guard 宽频信号干扰器，在探测到无人机后，遂行 GPS 信号干扰，使无人机无法返回起飞地点。

（4）雷达干扰，主要通过发射电磁干扰信号使无人机无法正常接收探测信号，最终致使无人机的雷达探测效能降低。雷达干扰技术可分为压制性干扰和欺骗性干扰。前者通过发射大功率干扰电磁信号，压制或遮盖正常信号；后者使用虚假信号或目标，使无人机接收错误目标信号。

表1 反无人机干扰技术

国家或地区	型号/项目	研制/应用单位	系统组成	作用距离
美国	“伊卡鲁斯”	洛克希德·马丁公司	射频、声学和图像探测器、信息处理装置和网络非动能有效载荷	—
	“无人机跟踪者”	反无人机公司	摄像机、声传感器和 Wi-Fi 无线电发射器	500米
	“无人机防御者”	巴特尔公司	发射装置、无线电台、天线、干扰电路	400米
欧洲	“反无人机防御系统”	布莱特监视系统公司	雷达、光电指示器、摄像机、定向射频抑制/干扰系统	2~8千米
	“鹰盾”系统	塞莱克斯电子系统公司	高性能光电和电子监视传感器、专用雷达、电子干扰装置、“万蒂”控制与态势感知架构	1千米
	“新型无人机探测与压制系统”	空客公司	SPEXER 500 雷达、红外摄像机、MRD7 测向仪、VPJ-R6 多功能干扰装置	5~10千米
	“无人机探测器”	安诺尼公司	跟踪阵列天线、实时频谱分析仪及软件插件	>1千米
	“阿德罗尼斯”	罗德与施瓦茨公司	紧凑型数字接收机、测向仪和多通道天线、跟随—干扰装置	—

（续）

国家或地区	型号/项目	研制/应用单位	系统组成	作用距离
以色列	"无人机穹"	拉法尔公司	RPS-42 战术空中监视雷达、光电传感器、分析干扰装置	3 千米
	"无人机卫士"	航宇工业公司	3D 雷达、无人机探测与跟踪算法、光电传感器、电子干扰系统	10~20 千米

（二）毁伤技术

毁伤技术主要利用激光、微波、常规火力等摧毁无人机（表2）。鉴于激光武器技术和微波武器技术应用前景广阔，近几年军事强国争相发展，但现有反无人机激光武器和微波武器功率有限，距离作战应用尚需时间。

（1）激光武器。利用高能激光束烧毁无人机机体或关键部件，其优点是精度高、附带毁伤小、抗电磁干扰能力强，但作战效果受限于雨雪雾等天气因素影响严重。反无人机激光武器主要包括舰载型、便携式、车载型三类，最大输出功率已达 60 千瓦级。2014 年，美国海军使用功率 33 千瓦的 AN/SEQ-3 舰载激光武器击落 1 架"扫描鹰"无人机，验证了舰载激光武器在海洋环境下对抗无人机的能力；2015 年 8 月，波音公司在演示中利用 2 千瓦的"紧凑型激光武器系统"（便携型）击落 1 架无人机；2016 年 4 月，美国陆军利用车载高能激光武器发射的高能激光束烧毁无人机飞行控制部件，使无人机迫降；2017 年 3 月，洛克希德·马丁公司向美国陆军交付的 60 千瓦车载高能激光武器，是目前输出功率最高的车载激光武器系统。

表2 反无人机毁伤技术

国家或地区	型号/项目	研制/应用单位	系统组成	作用距离
美国	“扩展区域防御与生存能力”项目	陆军	50毫米加农炮、指令制导炮弹、雷达、射频收发系统、火控计算机	1.5千米（已验证）
	“网络步枪”	陆军	天线、Wi-Fi无线电发射器、计算机	—
	“相位器”高功率微波武器	陆军	雷达、高功率微波发生器	—
	“移动式陆基防空定向能”项目	海军陆战队	轻型战术车辆、30千瓦激光武器（已达到10千瓦）	—
	紧凑型激光武器系统	波音公司	中波红外传感器、Xbox 360游戏机手柄、计算机、10千瓦激光器	—
欧洲	高能激光武器	欧洲导弹公司	光纤激光器	3~5千米
俄罗斯	“微波枪”	联合仪器制造公司	微波发生器、天线、定向发射装置	1千米
	“铠甲”-SM弹炮一体防空系统	—	防空导弹、高炮	40千米

（2）微波武器。利用高能电磁脉冲毁伤无人机，表现为高压击穿、器件烧毁、微波加热、电涌冲击、瞬间干扰，其优点是频谱范围广、毁伤范围大，适用于对抗无人机集群。高功率微波武器采取软、硬杀伤机制，微波脉冲峰值功率在100兆瓦以上，频率为1~300吉赫，按运行方式分为一次性使用的高功率微波弹和可重复使用的高功率微波定向发射系统两种。

20 世纪 70 年代以来，美、英、法、德、日等国竞相开展了高功率微波源和高功率武器杀伤机理的研究，到 21 世纪开始逐渐研发军用平台和进攻型武器。美国雷声公司研发的陆基高功率微波武器“相位器”可跟踪无人机，并发射高功率微波，一次脉冲即可清除数千平方米区域内的无人机，2016 年 11 月，美国陆军对其进行了测试，验证了其对抗无人机集群的能力。

（3）常规火力。利用传统高炮、防空导弹等拦截无人机，其优点是技术成熟度高，缺点是高炮拦截命中率低、导弹拦截成本高，且易造成附带毁伤。美国陆军在“扩展区域防御与生存能力”（EAPS）项目中研发了 50 毫米加农炮，通过发射指令制导炮弹毁伤无人机，在 2015 年 8 月的试验中成功击落 2 架无人机。俄罗斯最新版“铠甲” - SM 弹炮一体防空系统在“铠甲” - S1 基础上增加反无人机功能，防空探测距离达 70 千米，有效防御半径达 40 千米，2016 年完成设计，2018 年投入生产。

（三）探测技术

探测技术通过运用地面目视侦察装备、雷达、预警飞机、卫星等地基、空基、天基探测装备对无人机进行探测、识别和跟踪，为后续反无人机作战提供信息支援（表 3）。不同探测技术适用不同类型的无人机，地面目视侦察装备、雷达等适用于探测低慢小无人机，雷达、预警机、预警飞艇、预警气球、卫星等适用于探测中空/高空长航时无人机。目前，传统武器的探测技术较为成熟，但专用反无人机探测装备较少。反无人机探测的主流是与具备干扰或毁伤效果的相关技术集成使用，或在现有探测装备基础上，增加无人机探测功能。

表3　反无人机探测技术

国家	型号/项目	研制/应用单位	系统组成	作用距离
美国	“空中天网”	DARPA	系留式或无人机机载传感器、监控中心等	305米以下空域
	UAVX	黑睿技术公司	摄像机、小型监视雷达、计算机	500米
瑞典	“长颈鹿”雷达	萨博公司	雷达	30千米内

瑞典萨博公司研发的“长颈鹿”系列陆基、海基雷达，在常规对空监视能力基础上，增加低慢小无人机探测、识别和跟踪功能，能发现超过100个雷达反射截面不小于0.001米^{2}的空中目标，探测距离30千米。2016年3月，萨博公司展示了最新版“长颈鹿”雷达——“海上长颈鹿”1X舰载相控阵雷达，整个系统质量小于300千克，无需冷却，适合巡逻艇搭载执行无人机探测任务。

2016年9月，DARPA启动“空中天网”项目，寻求无人机探测、识别和跟踪技术，对大型城市中飞行高度低于305米的所有无人机实施持久广域监视，并与其他反无人机系统共同对抗无人机。

2016年10月，斯特拉斯克莱德大学基于卫星的无人机探测装备GUAPO赢得2016年伽利略创意竞赛。该装备通过在地面布置被动雷达，探测来自卫星的信号，一旦无人机进入空域，被动雷达能探测到信号干扰并及时预警。

三、反无人机技术未来方向

根据反无人机技术属性和各国开展的研究可以判断，数据链干扰、激光武器和微波武器毁伤将是未来反无人机技术的发展重点。数据链干扰几乎可以对抗所有类型的无人机，激光武器能够实现精确杀伤，微波武器可抵消无人机集群优势。目前，受限于技术成熟度，反无人机装备距大规模应用尚需时日。同时，反无人机领域挑战不断涌现。数据链干扰方面，直接序列扩频、快速跳频等数据链抗干扰技术正逐渐失去优势，多输入多输出（MIMO）、正交频分复用（OFDM）技术、编/解码、扩/跳频综合技术、智能天线、认知无线电、物理层安全通信等新型数据链抗干扰技术不断发展，致使数据链干扰难度增加；激光武器和微波武器杀伤方面，实现高功率和小型化是军方和工业界一直探索的目标。这些挑战将是反无人机技术未来发展的重点攻坚方向。

（中国船舶重工集团公司第七一四研究所　孙明月　于宪钊　白旭尧）

DARPA“体系集成技术与试验”项目最新进展及影响

2018 年 7 月，DARPA 与洛克希德·马丁公司在加利福尼亚州中国湖的海军空战中心完成了“体系集成技术与试验”（SOSITE）项目的一项多域组网飞行系列试验，验证了在地面站、飞行测试台、C－12 运输机、飞行试飞机间的互用性，实现了该项目的重要里程碑进展。美军认为，本次“体系集成技术与试验”演示验证取得了重要成果，向实现多域作战和维护未来空中优势迈出了关键一步。

一、项目基本情况

为解决大型武器平台极端复杂、研发时间长、技术老旧、难以更新换代、成本巨大等问题，DARPA 于 2015 年 3 月启动“体系集成技术与试验”项目，声称要“演示一种维持空中优势的体系方法，军事效益显著，能够跟上新技术出现的步伐，敌人若寻求对抗这些系统，必须付出远远超出美国部署这些系统的代价。”

该项目的核心理念是以现有航空系统为基础，把电子战、传感器、武器、定位导航授时、数据链/通信等能力拆分到大量可实时通信的有人和无人平台上，使用开放系统体系结构将即插即飞模块无缝集成到任何平台，形成跨平台可互用的分布式空战能力，从而使作战手段运用和系统改进升级具有更大灵活性。

项目研究重点有三个：分布式空战概念、开放系统体系结构和系统集成技术工具。重在整合现有机载系统能力，制定可替换模块和平台相关的通用标准与工具，构建底层认证和网络防御能力。

项目为期5 年，分为两个阶段。第一阶段为期2 年，研发内容包括体系结构分析、集成技术。第二阶段为期3 年，研发内容包括演示验证一体化的空空、空地打击。按照相关合同，波音、通用动力、洛克希德·马丁、诺斯洛普·格鲁曼等公司负责开发和分析系统架构，并为这些架构设计飞行试验计划。Apogee 系统、BAE 系统和罗克韦尔·柯林斯等公司负责开发工具和技术，以提高当前开放系统架构方法的水平。按计划，2019 年将开展对集成空空精确杀伤链试验。

二、项目最新进展

本次多域组网飞行系列试验的作战场景是在不久的将来发生的一场军事冲突：美国的战机正在靠近敌方的反导部队，战机主要作为指挥控制平台，身后跟着作为武器运载机的运输机（部署无人机和类似简单巡航导弹的廉价弹药）。当战机和运输机靠近敌方防御时，运输机部署装备有干扰系统的侦察无人机。这些都在战斗机的飞行员指挥下进行，但是在控制过程中，计算机需要做艰难的工作。相比有人飞机的逡巡不前，无人机可以显示在敌人的雷达上，施加干扰，过滤掉无关数据，发回目标图片。这时，战斗机内的计算机将无人机数据与其自身数据进行融合，向飞行员提供打击目标的解决方案。随后飞行员发出打击指令，选择运输机上的武器进行发射。这些相对廉价的武器可以进行蜂群式发射，尽管大部分会被敌人价格高昂的武器摧毁，但是依然足够摧毁敌方雷达，撕开防御的口子，让美国武装力量能够顺利通过。此次试验主要取得了以下进展。

（一）验证了空中分布式作战理念

通过将武器、传感器、任务系统等载荷从大型空中武器平台分离，使用开放系统体系结构，将“即插即飞”且可快速升级和替换的模块无缝集成到任何有人或无人平台，形成跨平台可互用的分布式空战能力。

（二）验证了四种关键能力

试验团队演示验证了四种关键能力：①在系统之间自动编写和传输消息，包括使用传统数据链路的系统；②首次使用非企业级的数据链，在飞行中通过 Link 16 创建新的、丰富的信息交换，更快速、更灵活和高效；③能够将地面驾驶舱模拟器与现实飞机系统实时链接，以验证体系方法如何缩短数据到决策的时间；④整合用于 APG－81 雷达和 DARPA 的自动目标识别软件，以减少操作人员的工作量，并创建全面的战场图像。

（三）验证了异构电子系统的系统集成技术

试验证实了一种名为“异构电子系统的体系技术集成工具链”（STITCHES）的新技术能够在各系统间传输数据，可以用来改进强对抗环境下的陆海空天网多域体系集成。STITCHES 是建立在全球互操作性不需要一个共同接口的假设之上提出的新技术。该技术可以达到以下能力：不需要接口规范的全球中心就能实现全球互用性；体系结构的有效复用和演进；按照规范实现近实时的体系构建；优化小接口；允许传统子系统与现役的开放体系结构互操作；通过对异构系统运行的监控进行网络防御；分层和弹性的系统配置。STITCHES 技术将构建底层验证和网络防御能力，使机载平台可以承载可更换的各种载荷，促成分布式作战概念的实现。

（四）验证了开放计算环境“爱因斯坦盒子”

试验中使用了洛克希德·马丁公司研发的开放系统架构的任务计算机 2.0（EMC^2）作为开放计算环境，并提供系统之间的安全防护。EMC^2 被称为“爱因斯坦盒子”，可以在将能力部署到操作系统之前实现快速和安全的试验。“爱因斯坦盒子”设计可在高纬度隐身运行，增加数据传输的视距范围，克服不同代差飞机之间的通信障碍。简单来说，它就像各种资产的中介或是能讲 10 种语言的翻译，可以协调各种飞机的输入和输出信号，包括一些仍在服役的老飞机。“爱因斯坦盒子”通过重新配置输入通信信号的波长，确保与其他飞机不同战术数据链的兼容性。

三、影响分析

过去各国普遍认为，复杂武器系统是实现军事强国目标的唯一途径，但是单个平台尽管能力强大，却难以迎接高网络化、致命、多种威胁的挑战。“体系集成技术与试验”是 DARPA 在“第三次抵消战略”背景下设定的项目，目的是探索以跨平台分布的方式整合现有机载能力，发挥各类平台的优势，以适应强对抗环境下的作战，同时提高系统改进升级的灵活性。本次演示验证取得了重要成果，显示了将任务系统快速、经济地集成到现有的和新的体系结构中的能力，表明“体系集成技术与试验”项目将有可能帮助美国军事力量在不断发展的世界中维持优势。

（一）引发对未来空战的全新思考

DARPA 的“体系集成技术与试验”项目通过一种新的、灵活的武器系统建设方法，在大量有人和无人运载工具和武器之间拓展能力，保持美国空中优势，更快和更经济地提供新能力。在未来对抗环境中，美军分布式空战体系可能以极低代价调动对方防空体系，如通过空中部署自主协同的低成本无人机群实施“蜂群消耗战”，或由一名飞行员操纵多架不同功能无人机执行联合任务。敌人若要对抗这些系统，必须付出远远超出美军部署这些系统的代价。美军这种“以小博大”的分布式作战概念，将对潜在对手构成严重威胁。

（二）促进新的、灵活的武器系统建设方法

“体系技术与集成”项目抓住了创新型平台、无人系统自主化、微小型化、频谱的拓展，以及算法和软件技术的发展机遇，致力于打造高效费比、整体的、多功能平台。通过制定新的装备标准，确保飞机、导弹、通信等各个模块都可替换和向下兼容，且具备抗网络攻击能力，在美军装备中均能使用。这种方法可以理解为智能手机与应用系统的关系，智能手机提供生态环境，将大部分开发成本转到定义完好的开发工具上，由应用系统开发者创建新的能力，快速供用户使用，而不是每次出现一种新能力就要购买一个新手机。DARPA 正积极与各军种合作，以便项目结束后能尽快推广，由各军种实现有人和无人平台间能力的添加和替代。一旦实现，将可以提高自身战力配置灵活性与抗毁能力，降低武器系统价格，加快新技术向作战能力的转化速度，可能对现有武器系统产生重大影响，给传统防御带来新挑战。

（军事科学院系统工程研究院　李瑛）

技术进步推动分布式作战快速发展

美国一直着眼未来作战非对称优势的发展，近几年，投资部署了一系列项目推动分布式作战能力发展，这些项目涉及分布式作战能力形成的关键支撑技术，包括体系架构、控制管理、动态组网、小型平台、协同自主技术等。2018 年，这些技术取得关键进展，全面推进着分布式作战能力的快速形成。

美国海军、空军都提出分布式作战概念，我们将其归纳为：将作战功能分解到不同的小型武器上去，使用一个（或少量）平台搭配若干小型武器的组合替代现代大型舰队（或机群）的大部分功能；在作战中动态地调动各种作战资源、调整使命任务；在战场态势感知、资源管理和战场决策中引入认知相关技术，力图实现认知域的“不对称”优势。分布式作战概念呈现分布式、动态、认知三个特点。

一、体系架构技术根据作战任务需求快速整合各系统功能到作战体系中，打破了传统多功能大型平台的局限，增加了分布式作战模式的战斗力和鲁棒性

分布式作战需根据不同使命任务合理规划配置有人机及无人机的种类、

数量和功能，需开发研究开放式体系架构。为此 DARPA 投资了“系统之系统综合技术与试验”（SoSITE）、“拒止环境下协同作战”（CODE）、“跨域海上监视与瞄准”（CDMaST）等项目。

“系统之系统综合技术与试验”项目着重探索开放式体系架构技术，旨在以美军的现有能力为基础，把单一装备的空战能力分布在大量可互操作的有人和无人平台上，实现各种先进机载系统和机载武器的即插即用，极大提高分布式作战的灵活性。2018 年 6 月，该项目完成飞行试验验证，验证了地面站、飞行试验台、C－12 飞机和飞行试验飞机之间的互操作性以及对抗环境中各个作战域内的系统进行快速无缝集成的能力。

“拒止环境下协同作战”项目旨在发展先进的自主协同算法和监控技术，使无人机蜂群能在拒止环境下完成发现、跟踪、识别和攻击目标等任务。该项目研制适用于分布式系统的开放式架构、单机自主、多机协同、人机交互四大关键技术。2018 年 1 月，该项目完成了开放架构、自主协同等指标的验证。该开放架构用于持久作战，可扩大无人机的任务范围、无人机平台种类和无人机功能，让协同自主技术起到关键作用。

为维持美国海军在对抗激烈的广阔海域的海上优势，DARPA 通过推动“跨域海上监视与瞄准”（CDMaST）项目来探索新型海洋系统之系统（Systems of Systems，SoS）作战概念。2017 年 9 月，DARPA 发布了 CDMaST 项目第二阶段广泛机构公告（BAA），将开展工程化研究。该项目旨在促进空中、水面、水下的指挥、控制、导航定位和授时、通信、传感、武器和后勤等领域的发展，并将这些功能分散到多种低成本、可升级的空中/水下平台，构建一个由有人和无人系统组成的分布式跨域作战网络架构，以此维持美军对作战海域的控制权。2018 年 4 月，雷声公司被授予 3000 万美元，协助 DARPA 集成多项新兴技术和功能，以推动概念转化，包括指挥、控制、通信等技术的发展。

二、作战管理及自适应规划技术促进分布式作战模式快速生成决策能力，更好地执行作战任务

分布式作战中，无人平台数量多，需要开展监督管理及自适应技术发展，DARPA 实施了“分布式作战管理”（DBM）、“对抗环境下的弹性同步规划与评估”（RAPCES）等项目。

“分布式作战管理”项目旨在开发可辅助机载战斗管理人员及飞行员管理空对空、空对地作战任务的作战辅助决策软件，确保有人—无人机编队在不能持续稳定通信的情况下继续执行作战任务。据报道，2018 年 2 月 DARPA 与空军研究实验室已联合开展了 7 次、为期 11 天的飞行测试，采用“利尔”喷气公务机充当无人机，采用地面模拟机充当有人机，各平台均装配了 BAE 系统公司的“网络对抗环境态势理解系统”和“反介入实时任务管理系统”两款软件（两款软件是实现作战辅助决策的核心）。测试中，处于地面的“有人机”最先加载作战任务，相关软件将任务分解，部分任务被分配至试验空域内的“无人机”；当通信意外中断后，“有人机”“无人机”按照预先设定继续执行任务。本次飞行测试验证了作战辅助决策软件的半自主性能及其在空对空作战中的应用。

“对抗环境下的弹性同步规划与评估”项目旨在实现空中作战分布式指挥与控制，并将计划制定时间缩短至 1/10、人员编制减少至 1/10。基于可扩展的自动规划、分布式协调和以人为中心的自动化技术，在想定场景内实现了不同地点的 3 ~ 4 名人员指挥和 100 台装备的控制。2018 年 10 月，

授予诺斯罗普·格鲁曼公司第三阶段合同，将针对“对抗环境下的弹性同步规划与评估”，在空军主要的评估环境下为空中作战规划提供支持的能力（包括由5～10名分散于不同地点的指挥与控制人员控制多达1000台装备的能力）进行演示。

三、动态组网技术联接作战体系中各分布式作战平台，实现共享战场态势

在强电磁对抗性空域中，协同作战的飞行器可能需要限制通信以免被对方发现，或者会被对方干扰而无法交换信息。一个性能稳定、抗干扰能力强的通信网络是实现分布式作战的基础。为了给分布式作战提供通信网络，美国实施了“竞争环境下的通信”（C^2E）、“满足任务最优化的动态适应网络”（DyNAMO）项目，前者偏重射频硬件，后者研究网络管理。

“竞争环境下的通信”项目，旨在发展抗干扰、难探测的通信技术，将来面临各种频谱威胁时，能确保战场网络功能不被破坏，重点发展异构网络组网能力和先进通信技术、联结各通信节点的硬件架构、可纳入波形技术的软件架构。2019财年预算显示，该项目已经进入最后阶段，将完成一种网络架构和先进通信技术的开发和演示。这种网络架构能以超过300个节点的预期规模支持异构地面和机载平台之间的普适通信。同时，还能分发数据，以支持不同的应用需求、管理或抑制互不相交的拓扑结构等。

“满足任务最优化的动态适应网络”项目，旨在敌对环境中实现各类有人机、无人机以及所配装传感器之间的准确通信，具体而言，需寻求创新的技术实现自适应的动态空基网络，保证各类航空平台可在干扰环境下，以一定的安全等级实现即时高速通信。重点关注自适应网络管理技术，在

干扰环境中或关键动态网络突然中断时，能通过不同路由方式使信息得到恢复，在“竞争环境下的通信”项目下开发的射频硬件上进行验证。2019财年预算显示，该项目已经进入最后阶段。

四、小型平台自主协同技术及回收技术的发展，为分布式作战提供灵活自主平台，增加了分布式作战模式自适应性，降低了成本

分布式作战中无人机需具备自主及协同能力，以避免碰撞，实现编队重构等。DARPA 实施了“快速轻量自主”（FLA）、“拒止环境下协同作战”（CODE）项目。前者注重单机自主，后者注重编队协同。

“快速轻量自主”项目旨在开发一种先进的算法，使无人机或无人车辆能够在无人操作、无 GPS 服务或任何数据链的引导下自主运行。该项目的重点侧重于自主性，而不是飞行平台，其中“自主”包括感知、规划和控制。2018 年 7 月，FLA 项目完成了第二阶段飞行试验，验证了三种能力：①在多层建筑之间以更快的速度飞行，在通过窄街道的同时确认感兴趣的目标；②穿过窄窗飞进建筑物，俯冲至走廊，在屋内进行搜索并创建三维地图；③确认楼梯并沿着其飞下，从敞开的门退出建筑物。该项目发展的算法即将转化至陆军研究实验室进行进一步的军事应用开发。

2018 年 1 月，“拒止环境下协同作战”项目完成编队自主协同指标的验证，目前进入最后一个阶段，已选择雷声公司进行最终软件的集成研发。2018 年 11 月，雷声公司演示了装备 CODE 的无人机系统在“反介入/区域拒止”环境下适应和响应意外威胁的能力。

“小精灵”项目旨在实现蜂群无人机的空中发射和回收。在没有可靠陆基或海基着陆点时，空基发射和回收将是分布式作战保障最简单后勤和成

本最低的解决方案，同时具有对无人机性能影响最小和再次发射迅速等优势。2018 年 3 月，“小精灵”回收方案确定采用奈提克斯方案，即在 C－130 下方远离机体的地方部署一个拖曳式稳定捕获设备，类似于空中加油系统，由绞车、线缆、线缆末端的对接装置和机械爪等部件组成。发射时，无人机与对接装置相连，通过绞车和线缆在 C－130 的货舱门外由机械爪捕获并放回机舱。

五、结束语

分布式作战模式中，有人和无人系统组成编队，通过分布的组合，动态组网发挥军事效能，增强适应能力，提高对手成本。此外，把作战能力分散部署到多个联网平台，而不是把所有的功能集中在单一的高成本平台，可提高作战灵活性、规模可调节性，以及作战单元专业化程度。美国通过实施上述一系列项目发展体系架构、控制管理、动态组网、小型平台、协同自主技术，目前这些项目大多数已进入最后的演示验证阶段，有力推进着分布式作战的快速形成。

（中国航天科工集团第三研究院三一〇所　李磊）

新型核动力技术助力谋取空天、深海战略优势

2018 年 3 月，俄罗斯总统普京在年度国情咨文中，首次披露了俄罗斯正在研制的可携带核弹头的核动力巡航导弹和核动力无人潜航器。5 月，美国航空航天局宣布已完成千瓦级太空核反应堆电源地面样机试验。空天和深海已成为主要国家谋求战略优势的新高地，新型核动力技术与空天和深海相结合，将为谋求空天和深海战略优势提供重要支撑，其动向值得高度关注。

一、太空核动力系统将为发展天基武器平台、提升太空作战能力奠定必要基础

（一）美国完成千瓦级太空核反应堆电源地面试验

2018 年 5 月，美国航空航天局宣布，已完成“千瓦级动力”太空核反应堆电源地面样机热试验，验证了系统安全性和可靠性，技术成熟度达到 5 级，为下一步飞行演示验证奠定了基础。

太空核动力系统分为电源系统和推进系统，利用核能转化产生的电能或热能，为航天器载荷与平台提供电源和推进动力。“千瓦级动力”系统为

特殊设计的热管冷却型反应堆，反应堆启动后，燃料中的铀-235发生链式反应产生的热量，被热管传递到斯特林能量转换器，转换为电力输出，废热经辐射散热器释放到环境中。该系统主要有以下技术特点：一是可靠性大幅提升。堆芯为整块式铀钼合金燃料，不仅构造简单、体积小，而且反应堆依靠自我调节运行，不需利用运动部件进行主动控制。二是能量转换效率高。斯特林能量转换器的热电转换效率超过20%，远高于现役用于放射性同位素电源的静态能量转换装置（不到10%），减少核燃料装量。三是满足1千瓦至几十千瓦功率需求。改变燃料、热管、转换器数量，单堆输出功率可在1~10千瓦范围调整。多个10千瓦电源模块化组合，可满足几十千瓦需求。

目前，美国正在开展“千瓦级动力”反应堆电源飞行试验论证，未来，“千瓦级动力”电源将替代现有的百瓦级放射性同位素电源，能显著提升航天器平台供电能力。

（二）意义影响

太空核动力系统突破了传统动力系统的能源供给瓶颈，具有重大的潜在军事应用价值。一是采用高性能的核推进系统，可以大幅提升进入太空和太空机动能力。核热推进系统除可作为深空探测动力外，也将极大提升运载火箭运载能力和天基平台在轨机动能力。二是可作为未来天基武器电源，提升太空攻防对抗能力。太空核反应堆电源系统具备数十千瓦、百千瓦甚至兆瓦级的持续高功率能量输出，在未来需要大功率电源的特殊空间军事系统中，具有不可替代的作用，可用于太空束能武器的高频次攻击、天基雷达的动目标持续探测和监视等。随着高性能、轻量化核裂变电源系统的推广应用，必将推动天基束能武器、天基雷达等对能源保障有极高要求的天基平台实用化。

二、可携带核弹头、具有无限航程的核动力巡航导弹将成为新型战略威慑武器

（一）俄罗斯核动力巡航导弹已开展飞行试验

俄罗斯总统普京在国情咨文中，首次披露了名为“海燕”的核动力巡航导弹具体情况。“海燕”核动力巡航导弹2017年进行过多次试验，但目前尚未装备部队。2018年7月，俄罗斯国防部再次披露相关武器视频。普京称，核动力巡航导弹在飞行试验中动力达到指定功率，确保推力水平。他指出，未来该巡航导弹能够自行绕开部署防空和导弹防御系统的区域，并且射程不受限，可任意打击全球目标。在官方发布的介绍核动力巡航导弹的动画视频中，核动力巡航导弹从地面发射，之后沿着大西洋一路向南，蛇形机动规避了美国海军在海上的多个拦截网，绕道南美最南端的德雷克海峡后折返至太平洋，最后击中美国夏威夷地区目标。根据公布信息研判，“海燕”为核动力亚声速巡航导弹，由采用常规火箭发动机的助推级和核冲压或涡喷发动机的巡航级组成，巡航阶段由核反应堆直接加热空气介质，产生推动力。“海燕”反应堆可能采用了高浓铀燃料、非均匀堆芯、陶瓷燃料棒。

在巡航导弹核动力发动机技术方面，需要攻克的关键技术包括：一是反应堆小型化技术。为适应巡航导弹的外形与尺寸，反应堆的体积和质量必须尽可能小，堆芯单位体积产生的功率要高出其他类型反应堆几个量级。二是耐高温技术。为保证巡航导弹必需的推力，要将空气瞬间加热到2000℃以上，这就需要研制能够耐高温、抗氧化腐蚀的结构部件。三是特殊的核燃料技术。核燃料是导弹核动力反应堆的最核心部件。由于是空气

直接通过堆芯加热，要保证核燃料组件在维持运行工况下材料强度和结构完整性的同时具有强换热能力。四是安全与可靠性。受体积和质量限制，无法设计与地面核装置同等的冗余性和多样性，且鉴于运行环境，巡航导弹核动力发动机必须具有高度的安全和可靠性。五是试验技术与能力。导弹核动力反应堆具有独特性，需要配套开发和建设对应的试验技术和能力，包括进行燃料元件高热中子通量条件下反应堆动态试验，开展不同功率条件下燃料寿命考验，以及建设原型堆进行地面测试等。六是自动控制技术。与其他类型反应堆不同，导弹核动力反应堆必须做到快速的功率水平转换，需要开发专门的控制技术。飞行试验表明，俄罗斯已突破反应堆小型化、堆芯耐高温、保障安全性与可靠性等一系列技术难题。

（二）意义影响

核动力导弹具有以下优势：一是理论上具有无限射程及飞行时间。由于采用核动力，无需携带工质，核动力巡航导弹理论上能够实现无限射程，可根据控制指令打击地球上任意目标。二是突防和生存能力强。导弹中段低空巡航飞行，受地球曲率等因素影响，可减少地基雷达探测时间；导弹具备全程机动能力，可有效规避导弹防御系统探测与拦截，具有较强突防能力，同时有利于解决核武器的生存问题。三是威慑效果明显。核动力巡航导弹能够长时间滞空巡飞，进入敌方领空后，拦截与否均可能造成较大伤害，显性威慑效果明显。四是察打一体作战能力突出。导弹平台可长时间滞空飞行，通过探测器进行侦察，并根据侦察信息进行打击。但同时应该看到，虽然核动力巡航导弹正常飞行过程中产生的放射性物质可迅速衰减，但一旦发生事故也可能造成核污染。虽然核污染本身也是一种“杀伤力”，但同时也是制约核动力导弹发展或招致国际社会反对的重要因素。

三、可携带大威力核弹头的深海核动力无人潜航器将强化核威慑能力

（一）俄罗斯核动力无人潜航器已多次海试

在国情咨文中，俄罗斯总统普京还首次披露了名为“海神”的核动力无人潜航器。2018 年 7 月，俄罗斯国防部宣布，“海神”核动力无人潜航器已完成多次海试，重点验证制导系统和水下自主作战能力。2019 年 2 月，俄罗斯国防部长宣布，已圆满完成“海神”核动力无人潜航器水下发射测试。该型装备已列入俄罗斯“2018—2027 年国家军备计划”，计划建造 32 艘。从公布视频来看，“海神”核动力无人潜航器具有超长航程、超强隐蔽性、较强突防能力和高度的自主任务能力。

据俄方透露，“海神”是一种具有人工智能、可在既定环境下独立行动的通用型全自主水下机器人。“海神”可由战略导弹核潜艇、攻击型核潜艇乃至常规动力潜艇发射，通过小型核反应堆推动螺旋桨航行。该潜航器长 24 米、直径 1.5 米，总质量约 45 吨，最大潜深 1000 米，航程 1 万千米以上，水下航速超过 54 节，可搭载千万吨级 TNT 当量核弹头，具备跨洲际打击敌沿岸目标或航母编队能力。西方专家分析，“海神”的导航系统综合了惯导和海底地形匹配导航技术，水下定位精度在 200 米以内。据美国专家分析，“海神”可能采用液态金属核反应堆。相比传统压水堆，液态金属反应堆在实现小型化、高灵敏度和低噪声方面具有天然优势。该反应堆具有尺寸小、启动快、全自主控制等特点，体积仅为核潜艇动力系统的 1/100。俄罗斯具有丰富的水下核动力装置和核鱼雷研制经验，具备研制核动力无人潜航器的技术能力。

（二）意义影响

“海神”的出现，表明俄罗斯海军在先进紧凑核动力装置实用化上取得重大进展，正在积极构建核动力无人潜航器体系，将其作为抢占未来水下战“制高点”的先锋力量。在作战使用上，核动力无人潜航器将主要承担以下任务：一是可遂行战略核打击任务。“海神”核动力无人潜航器可携带千万吨级当量核弹头，在与潜艇分离后，可潜入海洋深处，在地形起伏的海底行进，接近目标后引爆产生海啸波。据俄罗斯估算，“海神”在水下引爆核弹头后，可掀起500 米高的巨型海啸，利用水下冲击波和海啸波双重打击，只需1 枚就可消灭美军航母打击群，摧毁沿海城市或岸上重要军事、政治、经济中心。核动力无人潜航器的部署和使用不受国际法规和条约的限制。1972 年生效的《海床条约》虽然禁止在海洋底部部署核武器及设施，但无人潜航器不属该条约限制的装备之列。一旦俄罗斯装备这种战略武器后，其核威慑能力将大幅提升。二是可实施常规或战术核打击。“海神”核动力无人潜航器可发射潜射反舰导弹、重型常规鱼雷或中小当量核鱼雷，对美军航母编队实施精确打击或战术核打击。

（军事科学院军事科学信息研究中心　方勇　侯勤）

美军“联合信息环境”重大进展分析

2018年4月，美、英、法联军对叙利亚实施了联合军事打击。美军“联合信息环境”为打击行动提供了快速精准情报支撑和智能化作战辅助决策服务，标志着美军以“联合信息环境”为基础的新一代联合指挥系统已初步具备作战能力。

一、美军“联合信息环境”基本情况及重要动向

（一）发展历程

美军一直以来非常重视军队信息化作战能力，始终将信息化建设作为军队作战能力提升的重中之重。从20世纪50年代开始，美军战略层面的指挥控制系统的发展主要经历了“指挥控制通信计算机情报与监视系统”（C^4ISR）、“全球信息栅格”（GIG）和“联合信息环境”（JIE）三个阶段。第一阶段（20世纪50年代至90年代），美军将C^4ISR系统作为信息网络建设的核心，旨在通过信息化作战平台将指挥中心、预警系统、作战部队和情报部门等有机联系起来，但未能实现真正意义的一体化、网络化和军种

间的信息共享。第二阶段（20世纪90年代末至2011年底），美军为了践行联合作战概念，支持多军兵种协同作战，使信息网络与C^4ISR不断演进相适应，于1999年9月提出了构建新一代国防信息基础设施——“全球信息栅格”，其主要基于栅格计算，将分散的网络联结起来，解决网络互联互通问题，体现了以网络为中心的思想。经过多年发展，“全球信息栅格”并未实现预期目标，其信息共享能力、海量数据管理能力与联合作战需求仍然存在较大差距，且由于网络规模和复杂度不断增大，导致网络安全问题日益突出。第三阶段（2011年底至2020年），针对“全球信息栅格”建设运用中存在的问题，美军太平洋司令部分管信息系统、网络与电子对抗的J6局局长罗恩指出，“必须通过通用标准和集中管理把美军的信息技术服务转变为单一的信息环境”。2011年12月，美国国防部在《国防部信息技术领域战略及路线图》中，正式明确提出建设“联合信息环境”。2012年，美军面向未来多军种协同和智能化作战需求，启动“联合信息环境”建设。2013年1月22日，时任美军参联会主席马丁·邓普西签发了《联合信息环境白皮书》，将“联合信息环境”视为美军未来联合部队实现全球一体化作战及任务指挥的根本要素。“联合信息环境”是美军新一代联合指挥系统的支撑平台，基于云计算、人工智能、隐蔽通信等关键技术，对海量战场数据进行态势感知和智能化辅助决策，体现了美军由网络中心战向数据中心战和知识中心战的转型。

（二）体系结构

“联合信息环境”旨在改善“全球信息栅格”跨军种信息交互访问控制权限复杂等弊端，强化军兵种系统之间交互能力，加快作战人员信息获取速度，降低作战装备使用复杂性，增强信息系统安全性，推进新技术在作战中的应用。最终，联合作战人员将可访问一种通用的、受保护的信息基础设施，并通过它来制定计划以及与盟友共同作战。

“联合信息环境”体系结构的创新性主要体现在以下五个方面：一是实施并维护一个有效、融合、统一的信息技术基础设施，在国防部体系内使用电脑、手机、平板等任何方法都能访问，并且任何得到授权的用户都能访问授权区域与内容；二是开发企业化联合任务保障解决方案，增强对信息资源的安全防护，确保合法用户在任何地点，使用任何设备都能获得所需信息；三是提供一体化的联合作战企业服务，确保国防部对联合和联盟作战动态需求做出更有效的响应；四是建立一套整体安全架构，以稳定地支持联合和联盟作战行动；五是提供全谱作战服务和能力，既能支持临时前沿阵地的作战，也能支持长期的任务规划。

经过6年建设，美军“联合信息环境”已实现各作战力量全域数据接入和高速处理，实现战场全域态势感知及作战智能辅助决策，并将美国国防部所有的信息系统、服务及应用集成为一个无缝隙、可靠、安全的网络。

（三）重要动向

按照国防部规划，美军“联合信息环境”的实施分三个阶段进行：第一阶段主要集中在欧洲战区；第二阶段主要集中在太平洋战区；第三阶段主要集中在美国本土完成，并为新技术、新装备的接入提供接口和支撑。根据美军“联合信息环境”实施路线图，2018年是“联合信息环境”形成作战能力的重要时间节点。从目前获取的情报显示，该系统建设发展呈现出三个重要动向。

一是作战数据传输效率显著提升。“联合信息环境”需要实现各军兵种、作战司令部等机构数据的安全存储、分析和智能决策，对传输带宽和存储能力要求极高。考虑到未来多域战、智能无人作战需求，“联合信息环境”的接入和处理数据量将进一步提升。2018 年 4 月，在美国国防部国防信息系统局主导下，美军已投入 80 亿美元将“联合信息环境”主干光网络传输带宽由 10 吉比特/秒提升至 100 吉比特/秒，传输平均延迟降低至 10 毫秒以内，预计 2019 年中期完成升级。升级后的网络基础设施将更为稳定与抗毁，可以建立更多的分散路径，消除由于单一事故引发的网络故障，提高美国国防部关键应用与服务的安全稳定性。同时，美军加速布局天基信息网络，利用中继卫星、天基信息节点等实现卫星数据部分在轨处理和星间、星地高速数据安全传输，最终实现战场全域无缝覆盖。以亚马逊、IBM 为代表的一批云计算和安全领域的龙头企业深度参与其中。

二是网络信息安全体系更新换代。在“全球信息栅格”系统中，美国国防部、军兵种司令部、各作战司令部都有独立身份认证系统，而跨军种的信息交互需要解决复杂的访问控制权限问题，否则将增加被干扰和遭网络攻击风险。总体而言，当时国防部信息网络面临的主要问题有三个方面：一是信息网络/全球信息栅格防护能力的碎片化；二是态势感知能力的缺乏会造成网络防护能力的瘫痪；三是对国防部网络域总体通用态势图的缺乏。为应对日益严峻的网络安全与电磁对抗态势，美军计划 2018 年完成“联合信息环境”安全体系升级，主要涉及统一身份认证、访问控制和目录服务三大模块，以实现统一权限管理、信息环境目录访问等功能，支持各层级美军方人员动态无缝高速访问“联合信息环境”，显著提升作战效能。美军还考虑使用区块链等更多技术手段，保证新的身份认证系统的绝对安全稳定。完成升级后，美国国防部作战司令部、“联合信息环境”企业数据中心及“联合区域安全栈”能力将大幅增强，美军“联合信息环境”基础架构的安全性、服务能力、抗毁能力将有极大增强，常规网络攻击手段将难以对美军信息系统造成威胁。

三是战场人工智能辅助决策能力大幅增强。美军重视人工智能技术在军事领域，尤其是在海量数据战场实时态势感知和分析系统中的应用。当前，美军地面、海上和空中情报、监视与侦察平台呈爆炸式增长，情报、监视与侦察行动产生海量数据。自“9·11”事件以来，仅源自无人机和其他监控技术的数据量就增长了16倍；美军分布式通用地面系统每日采集的视频流数据超过7太字节；空军每天收集的情报侦察视频数据约160小时。激增的信息，仅仅依靠人工难以有效应对和处理。同时，战场的非线性、跨域、网络化等特点，在时空范围、要素种类、行动节奏上都对决策、指挥和协同提出了极高要求，传统以人工为主的方式难以适应。由于各军兵种、司令部等海量数据信息在云端汇集，因此依托数据的智能辅助决策将更加精准、时效性更强。传统的以网络为中心将向以数据为中心转型。2017年，谷歌公司将第二代人工智能处理器部署于国防部“军事云2.0”系统中，该处理器是支撑“联合信息环境”人工智能计算的重要硬件。基于谷歌人工智能先进算法，美军将具备高速战场视频处理、话音识别、复杂电磁环境感知、解密等能力，且比传统方法处理时间缩短数千倍。谷歌公司依托技术优势，帮助美军建立了战场人工智能辅助决策系统，在对叙利亚作战中发挥了重要作用。2018年5月，谷歌开发者大会宣布完成第三代人工智能处理器研发及配套环境升级，同等功耗条件下运算速度提升8倍。根据美国国防部与谷歌等公司的合作框架协议，第三代人工智能处理器及开发环境将很快部署至“联合信息环境”中，进一步增强美军战场海量信息处理能力和人工智能辅助决策准确度，对作战模式、作战能力、响应时间等带来重大影响。

二、美军“联合信息环境”在叙利亚作战中的运用

2018 年 4 月 14 日凌晨，美国联合英国、法国 3 个联合国安理会常任理事国，借化学武器为由向叙利亚发射 100 多枚导弹，对叙境内化学研究所、兵营和指挥所等军事设施进行“精准打击”。考虑到作战目的是惩戒性质，并且为了避免与俄罗斯发生直接冲突，最终确定联合战役打击行动以空中和海上力量为主，采取非接触远程精确打击的方式。这场联合作战行动由美国中央司令部在卡塔尔乌代德空军基地的联合指挥部负责计划和实施，其下属的“多国空天联合作战中心”具体负责拟定空中作战计划和航天作战计划，位于中东巴林的美国第五舰队司令部配合协调海上部队。

此次对叙利亚作战，美军“联合信息环境”首次为跨国联合作战提供了系统平台支撑，首次为美国参联会、国防部长、国家军事指挥中心、战场指挥官、联合部队指挥官和军种部队指挥官提供了强大的无缝链接指挥控制服务，首次为战区司令部和联合特遣部队指挥官在各种军事行动中计划、实施、控制和保障行动提供了全方位支持，标志着美军“联合信息环境”已形成了实际作战能力。

在本次作战行动中，“联合信息环境”在一周内帮助美军调用卫星及预警机实施侦察 10 万余次，产生作战辅助数据 2 万余条，将美军的作战决策速度和信息处理速度提升了数十倍。此次军事行动被美军誉为“历史上精度最高的战争”和“未来空间战争的雏形”。具体来说，美军“联合信息环境”在叙利亚作战中的运用呈现出以下几个鲜明特点。

一是大数据支撑。系统支持卫星侦察、预警机侦察、网络侦察等多种军用、民用数据格式，包含丰富的武器装备数据、各类轨道航迹数据，以

及全球各地作战力量与资源数据，实时创建数千个图层描绘战场元素，实现多个来源的原始数据、电子情报数据与跟踪数据的关联与融合，为指挥官与参谋人员依托该系统决策和计划提供详细的数据支撑。

二是目标任务追踪与分析。该系统的全球信息处理部分，提供了在地图背景上显示任务轨迹信息的通用作战图，存储和显示目标任务轨迹的能力，与以前的联合作战指挥系统相比有重大改进，能够支撑指挥官跟踪10万余个目标任务轨迹，并根据战区指挥官的需要进行过滤。虽然美军指挥官不太可能在其作战屏幕上同时显示所有的10万多条轨迹，但是该信息位于数据库中，可供查询参考，并可进行实时作战任务追踪与分析。

三是辅助决策分析。系统为战区指挥官和参谋人员提供辅助分析和决策支撑。在此次叙利亚作战行动中，通过辅助地形环境分析、飞行轨迹分析、雷达盲区分析、禁飞区自动提示告警、可能误伤预判、辅助计划冲突分析等辅助决策功能，为战场指挥人员提供精准迅速的指挥决策建议。

四是联合态势分析。系统提供近乎实时的情报数据，以加强战区指挥官和战区参谋的态势感知能力。在叙利亚作战中，系统将美国指挥当局、联合特遣部队、战区和军种指挥官的系统联结起来，实时处理和集成与作战关联的地理信息、作战环境和其他情报信息，融合形成一张战场空间态势图，帮助指挥官做出更准确及时的决策。

三、结束语

作战指挥的发展历史表明，作战指挥活动中的指挥主体随着时代发展而不断变化。冷兵器战争时代是首领个人指挥，热兵器时代是谋士群体辅助统帅指挥，机械化战争时代是指挥员与司令部结合指挥，信息化时代是指挥员和指挥机关依托指挥信息系统指挥，智能化时代将会呈现人机混合指挥的发展趋势。一方面，随着战争规模、空间的不断扩大和作战行动的日益复杂，需要处理的信息逐渐超出了指挥员和参谋机构能够处理的极限，破解这一难题，使用新技术手段成为历史必然选项之一。美国国防部把基于智能化的人机混编协同称为未来战争的“技术皇冠”，借助人工智能解决指挥难题成为作战指挥首选。另一方面，随着以无人潜航器、无人值守地面传感器、战斗机器人和无人飞行器等为代表的无人化作战实体开始登上战争舞台，如何使这些作战实体在陆、海、空、天、电、网等多维战场“来去自如”的指挥问题也迫切需要解决。

（军事科学院战争研究院　高原）

美智库预测2020—2040年军事技术变化趋势

2018年9月，美国布鲁金斯学会发布《2020—2040年军事技术变化趋势预测》报告（以下简称报告），将未来20年可部署应用的关键军事技术划分为四大领域，分别是传感器领域、计算机和通信及机器人领域、主战平台及其关键支撑技术领域、其他武器系统技术领域，并对各领域的发展趋势进行了分析预测。

一、传感器领域

传感器主要用于收集军事作战相关数据，可探测和跟踪作战目标，也可获取地形、天气、关键基础设施和友军位置等其他战场信息，大致可分为核生化探测器、声纳探测器、电磁频谱传感器、粒子束传感器四类。

（一）核生化探测器

核生化探测传感器用于探测大规模杀伤性武器，预计未来20年发展趋于平稳。生化武器探测方面，当前的研究工作仍主要聚焦在既定固定场所探测化学物质痕量以及使探测器更具便携性和经济可承受性，而非从根本上研发远距离探测的新方法；后续将不断改进，有望研发出更快速的识别方法，不过发展可能比较平稳，不会出现变革性进展。随着先进化学和计算技术的出现，核取证技术将不断改进，但核探测依然很困难，仍需靠近发射微弱辐射信号的核物质。

（二）声纳探测器

声纳是一种成熟的技术，其基本概念和相关技术几十年来并未发生重大改变。随着信号处理能力的增强及水下机器人的广泛使用，预计未来20年，声纳探测器将稳步加速发展。其中，低频声纳有望用于远程主动探测，可极大提高部分情况下对特定类型物体的探测距离。

（三）电磁频谱传感器

电磁频谱传感器包括激光、红外/紫外、雷达以及磁探测传感器，今后将继续不断发展，但需解决制约传感器性能的基本物理限制。预计激光传感器和红外传感器成本将更低、更广泛适用；磁探测器发展继续保持平稳；雷达传感器将继续快速发展。

（四）粒子束传感器

预计粒子束传感器未来将不断改进，如美国波士顿港口利用麻省理工学院研究的核共振荧光探测密闭集装箱内的物品，这种方法优于X射线。

二、计算机、通信及机器人领域

该领域包括处理和分发数据的计算机和通信系统，涉及进攻性网络能力、物联网、量子通信、人工智能和大数据等新兴技术。报告认为，计算机、光纤电缆和其他先进技术的普及，使现代军队在战场上高度依赖于有效运用海量数据。美军目前在高技术战场上占据这种优势，但是在与更强对手对抗的未来战争中将难以保持明显优势。通信、计算机和机器人领域将取得快速、显著发展，涌现大量新兴技术，在未来战场上发挥更大作用。

（一）计算机方面

预计未来20年计算机领域将继续取得快速发展，并会推动许多其他领域释放巨大潜能。例如，增强的计算能力可能使大量卫星和传感器通过各种算法、人工智能技术对数据进行自动合成，提高数据处理能力。

（二）通信方面

预计通信领域将出现新的技术，进一步促进战术、战区和战略通信能力发展（如激光通信系统）。同时，也需要特别关注海底电缆和卫星可能遭受攻击、通信系统软件易受网络攻击等问题。

（三）机器人方面

计算机能力的变革将推动机器人领域高速发展。预计未来将出现大量军用机器人（如美国陆军开展的“僚机”项目），执行战术补给等任务；还会出现具有特定功能的机器人，利用先进的传感器系统，遂行机器人蜂群或网络化作战，如在空中可用作突防型传感器，在水上可用于情报搜集、扫雷和执行局部定点防御等任务；运用人工智能技术的机器人也可能应用于战场，与人类并肩作战。

三、主战平台

报告指出，21世纪40年代将要部署的多数主战平台系统目前正处于研发之中；总体来看，未来陆、海、空、天等主战平台呈渐进式发展。

（一）地面平台

地面车辆将持续推进技术升级。截至目前，轻型卡车、坦克等地面车辆的发动机效率已较以往提升大约1/3。重型装甲战车方面，目前除广泛采用贫铀装甲、爆炸反应装甲和陶瓷材料外，也已开始采用激光防御等新型防御概念。

（二）海基平台

海基平台包括水面舰艇、潜艇等。舰艇技术方面，流体动力、结构设计、运动效率和速度等方面将保持稳步发展；潜艇静音技术将继续取得发展，传统静音方式主要包括隔离艇内装置、在表面采用消声材料、通过“不依赖空气的推进”等，而新型方法包括艇体采用低磁性钢来降低磁探测器的探测能力，或采用新的潜艇涂层来吸收声纳或使声纳转向，从而降低主动声纳的探测能力。

（三）空中平台

目前正在研究飞机隐身能力方面的新概念和新方法；可消除隐身飞机雷达回波的电子对抗手段也在不断发展和改进，如可削弱低频雷达回波的新材料以及不易于降解和受热的新材料等。运输机可能在机身和机翼的结构材料以及发动机技术等方面继续改进，但比较缓慢。

（四）导弹技术

导弹技术将继续发展，特别是高超声速武器，可能采用超燃冲压发动机或助推—滑翔飞行器技术，并且预计更具经济可承受性，作战能力更强。导弹防御能力正不断提升，但是比较缓慢。随着杀伤武器以及传感器网络（如海基X波段雷达和“远程识别雷达”）的发展，预计未来20年中段导弹防御系统在对抗简单威胁方面的能力将不断提升。助推段拦截能力也将获得快速发展，搭载拦截弹或激光器的机载无人机、舰载拦截弹或陆基拦截弹均可用于未来助推段防御。

（五）航天装备

大型火箭方面，几十年来航天运输成本控制相关技术发展比较缓慢，在可预见的未来，比较现实的目标是将单位载荷发射成本降低25%。同时，卫星微小型化、卫星有效载荷小型化等发展趋势将在未来继续保持。近年来，随着微小卫星的使用，卫星有效载荷呈现出小型化趋势，这在商业和民用市场上尤为明显，主要涉及偏远地区通信、对地观测和天气预报等领域，军方也将从这些发展中获得巨大利益，如军方可建造更具弹性的通信网络，不易受到少数反卫武器针对大型卫星平台发动的攻击。此外，小型对地观测卫星的扩散也可实现对地球上大型目标（如朝鲜远程导弹）的持续跟踪。

（六）反卫武器

鉴于反卫武器有助于提升国家战略能力，预计未来该类型武器将会得到继续发展。报告指出，中国和俄罗斯一直在持续研发各种类型的反卫能力，为此美国战略司令部司令约翰·海顿对美国在太空的整体竞争能力表示非常担忧。未来，搭载反卫武器的系统可能会更加普及，甚至能够在地球同步轨道运行。报告称，运行在地球同步轨道高度的机动卫星俨然是一种潜在的反卫武器，因为它们可以较容易地将现有有效载荷替换为爆炸物，从而转变为太空武器。报告指出，相比于对反卫武器的禁止或对其进行直接防御，实现卫星的冗余性似乎才是保持对太空有效介入的一种更为现实的策略。

四、其他武器系统技术领域

其他武器系统技术包括各种非杀伤性武器、生物病毒及其他大规模杀伤性武器、激光和粒子束、导轨炮、远程动能杀伤打击系统，以及纳米材料和3D打印等支撑技术。报告认为，21世纪20年代，非杀伤性武器似乎并未受到很大重视，杀伤性武器仍是21世纪所有战术作战的主要武器，是美军及其盟友和合作伙伴自我防护的默认武器类型。

预计未来20年上述情况将发生重大变化。①固体激光器可在战术作战中毁伤或摧毁多种威胁系统，极有可能用于舰船近程防御，此外飞机可利用激光武器防御威胁导弹，地面车辆也将利用其防御火炮、迫击炮、无人机及其他近程威胁；②生物武器可能出现极大变化，因为实现革命性发展所需的核心技术已经具备，包括将DNA合成为病毒和其他潜在病原体的相关技术；③导轨炮正快速发展，预计可能替代部分主战舰艇上的传统火炮；④高功率微波武器也具有一定的发展前景，不过其射程有限且在成功摧毁敌方系统方面仍存在不确定性，这些可能都会制约其未来应用；⑤各型人效增强技术将会提升，有望增强特定肢体部分或关节的力量或大幅减少产生特定的力或力矩所需的代谢能量消耗；⑥3D打印技术可能用于后勤保障，减少战场上对备件和其他金属或陶瓷等相关补给物资的需求，但是不会从根本上改变国防制造的多数关键领域；⑦纳米材料也极具发展前景，可提高爆炸物威力、材料强度和电池存储容量，目前应用的挑战主要在于其成本及量产所面临的问题。

（军事科学院军事科学信息研究中心　申淼）

FULU

附　录

2018年世界国防科技十大进展

经军内外科技信息机构、专家推荐及多轮评审，军事科学院军事科学信息研究中心组织评选出“2018年国外国防科技十大进展”。这些进展集中展现了2018年国外国防科技的一些重大动向和创新。

一、千瓦级空间反应堆电源实现满功率试运行

2018年3月，美国航空航天局宣布完成千瓦级空间核反应堆电源的地面样机热运行试验，实现28小时满功率运行，电功率达到1千瓦，堆芯温度达到800℃，其他各方面性能均达到或超过设计预期。样机收起状态长1.9米，堆芯直径11厘米，技术成熟度达到5级。后续还将开展太空飞行测试验证。

“千瓦级电源”由特种反应堆中的铀235裂变产生能量，由热管传递到斯特林能量转换装置，转换为电力输出，主要实现了几项重大创新：一是使用整块铀钼合金堆芯，设计寿命可达10年；二是采用非能动钠热管传热，简单可靠；三是使用斯特林能量转换器，转换效率达20%以上；四是通过

模块化组合，可提供几十千瓦的电力。

该电源可满足深空探测等航天任务的能源需求，提高航天器动力、通信、科学探测能力，还可作为月球、火星等的星表电源，为载人基地提供能源。此外，由于其高可靠、长寿命特点，在空间站、深海或偏远地区的长期无人值守装备上，也具有显著应用前景。

二、美军体系集成技术试验取得成功

2018 年 7 月，美国国防高级研究计划局与洛克希德·马丁公司在美国海军空战中心完成“体系集成技术与试验”（SoSITE）项目多域组网飞行试验，演示验证了地面站、地面驾驶舱模拟器、C－12 指挥机、试飞飞机间异构系统的集成。

试验主要取得以下进展：一是验证了空中分布式作战理念。使用开放系统体系结构，将即插即用模块形式的武器、传感器、任务系统等无缝集成到任何有人或无人平台，形成跨平台可互用的分布式空战能力。二是验证了四种关键能力，即在系统间自动编写和传输报文；使用非统一数据链实现多平台间信息交互；将地面驾驶舱模拟器与空中飞机系统实时链接，验证缩短“从数据到决策”时间的方案；将自动目标识别软件集成至 APG－81雷达系统，快速创建战场态势图。三是验证了异构电子系统的系统集成技术。该技术可改进强对抗环境下的陆、海、空、天、网多域体系集成。四是验证了名为“爱因斯坦”盒子的新型计算环境。借助这种开放系统架构，可以快速、安全验证作战能力。

2019 年，该项目将进行空空精确杀伤链集成试验。利用这些研究成果，美军将提升多域协同、异构协同、有人—无人协同作战能力，对未来作战样式产生颠覆性影响。

三、美军制得5倍TNT当量的高能炸药

2018年7月，美国陆军研究实验室联合华盛顿州立大学制备出一种新型高能炸药——一氧化碳—氮气聚合物晶体，理论密度是TNT的2.4倍，能量是TNT的5倍。

高张力键能释放材料是近年来美国重点探索的一类新型高能炸药，是一种或多种小分子气体（氮气、一氧化碳、二氧化碳等）在高温高压条件下制得的聚合物晶体，其能量一般为TNT的数倍以上。德国、美国先后在实验室条件下制得了聚合氮，但制备条件苛刻，要在不低于110吉帕和不低于1727℃条件下才能制备出来。为解决该问题，美国陆军研究实验室在纯度为99.9%的氮气中加入一定量的一氧化碳，将混合气体在1427℃、45吉帕环境下通过激光加热制备出一氧化碳—氮气聚合物晶体，其制备条件与聚合氮相比明显改善。

高张力键能释放材料是当前超高能含能材料领域的研究热点。一氧化碳—氮气聚合物晶体的成功制备，标志着高张力键能释放材料的探索取得重大进展。

四、采用射流飞控技术的无人机完成飞行试验

2018年4月，英国BAE系统公司研制出采用射流飞控技术的固定翼无人机样机；8月发布了飞行试验视频，无人机为大后掠三角翼布局，机翼后缘上布置射流装置，取代襟副翼，成功进行了飞行控制。

射流飞控技术的原理是：气体流过曲面时受界面黏性作用，偏离初始方向，沿曲面弯折，在曲面边缘处形成偏转力矩，控制飞机的俯仰、滚转、偏航等姿态，起到控制面的作用。采用射流飞控技术的飞机无需襟翼、副翼、方向舵、升降舵等传统气动控制面，飞行过程中外形保持不变，仅通过控制射流流量和发动机排气方向即可改变飞机飞行姿态和航向。BAE 系统公司重点突破了复杂曲面的设计与制造等关键技术。

射流飞控技术可减小空气阻力、降低油耗、提高隐身性能，还可与传统飞控系统组合使用，提供近 40% 的额外升力，改善大型运输机、固定翼舰载机等的起降特性。

五、美国研制出待机功耗趋零的声传感器

2018 年 3 月，美国德雷帕实验室在 DARPA“趋零功耗射频与传感器”（N-ZERO）项目的支持下，研制出待机功率低于 1 纳瓦、感知到特定声信号时才启动的传感器。这是该项目继射频、红外、化学、压力、温度等趋零功耗传感器取得突破后，在声传感器方面取得的重要成果。

趋零功耗声传感器的核心部件是微机电系统（MEMS）声音唤醒开关，它采用旋转板和空腔设计，对应不同频率的输入声波产生不同的扭矩，控制接触臂的位置。当声波频率与预设频率相同时，MEMS 接触臂使电池和触发电容连接，启动后续模块，开关开启，对信号感知分析，并转换为电信号传递出去；特定信号消失后，传感器恢复待机状态。

待机功耗趋零的传感器电能需求低、使用寿命长，在多个领域具有广泛应用前景，特别是为构建无人值守态势感知网络奠定了基础。

六、欧洲率先在轨验证飞网和鱼叉等太空碎片清除技术

2018 年 9 月，英国萨里航天中心联合空客防务等公司研制的“太空碎片清除”试验卫星，完成世界首次飞网在轨抓捕立方星技术验证，后续还将验证鱼叉捕获和拖曳帆离轨等技术。

“太空碎片清除”试验卫星内部安装有模拟太空碎片的立方星和靶板，以及飞网、鱼叉、拖曳帆等任务载荷。试验中，飞网采用特殊设计的“网坠”，利用自身重量和内置电机转动，解决抛网展开与网口收拢等问题，捕获立方星；鱼叉装置装有倒刺，确保 ±45°角均可穿透并捕获靶板；伞状拖曳帆利用其在稀薄空气中的阻力使目标离轨。

“太空碎片清除”任务验证的技术可实现太空碎片的跟踪识别、抓捕、离轨清除，也可用于反卫星等。

七、军用无线射频通信速率突破 100 吉比特/秒

2018 年 6 月，DARPA“100 吉比特/秒射频骨干网”项目成功进行通信距离 100 千米的空地链路演示，速率达到 102 吉比特/秒。

该项目于 2013 年 1 月启动，旨在开发一种高速军用无线数据链，使 1.8 万米高空的飞机能够以 100 吉比特/秒的速率，实现 200 千米空空通信和 100 千米空地通信。为实现这一目标，DARPA 重点解决了两个技术难题。一是选取特定通信频段。构建了一个包含气象条件、噪声系数、实际损耗、发射功率等参数在内的通信链路模型，经仿真确定了 71 ~ 86 吉赫的毫米波频段。二是提高带宽利用效率。在选定频段内，首先采用 64 振幅相移键控

调制方法，将单路通信的带宽利用效率提高到 5 比特/（秒·赫）；其次，利用双向圆极化复用技术和多输入多输出空间复用技术，将带宽利用效率进一步提高4 倍，达到20 比特/（秒·赫），最终在71 ~76 吉赫上行链路和81 ~86 吉赫下行链路两个 5 吉赫频段内实现 100 吉比特/秒的通信速率。

“100 吉比特/秒射频骨干网”传输速率是现役 Link 16 数据链的 1 万倍，是当前军用无线通信速率的500 倍，是目前商用4G 移动通信系统峰值速率的 100 倍，高于 5G 移动通信系统几十吉比特/秒的目标值，具有跨代领先意义，将为跨域实时共享情报监视侦察数据、提高综合态势感知和联合指挥控制能力提供强有力支撑。

八、世界首款精确导航量子加速度计研制成功

2018 年 11 月，英国帝国理工学院与 M2 激光系统公司联合研制出世界首款用于精确导航的量子加速度计。该项目是英国 2013 年启动、为期 5 年的国家量子技术计划的最新成果。

量子加速度计利用冷原子对外力和加速度变化的敏感性，构建原子干涉仪，通过精确实时探测系统所感受到的引力变化及加速度变化，计算出系统运动路径，从而达到导航定位目的，属于惯性导航定位技术之一。

与传统卫星导航相比，其独特优势主要体现在三个方面：一是导航精度高。在无 GPS 修正情况下，潜艇惯性导航系统累积误差为 1 千米/天，而量子加速度计累积误差不超过 1 米/天。二是不受环境限制。量子加速度计能在地球表面任何地方工作，特别适合水下、建筑物内及 GPS 受干扰环境。三是抗干扰能力强。GPS 需要地面基站辅助修正精度减少误差，而且易受干扰，量子加速度导航数据不受外界影响。

量子加速度计克服了传统卫星导航的缺陷，将给陆、海、空平台导航定位带来颠覆性影响，特别是有效解决潜艇导航定位难题，给潜艇深海作战带来质的飞跃。

九、“蓝渡鸦”类脑超级计算机问世

2018 年 7 月，美国空军研究实验室与 IBM 公司联合研制出“蓝渡鸦”类脑超级计算机，这是当今世界上规模最大的类脑超级计算机。

2014 年，IBM 公司推出“真北”类脑计算芯片。每颗“真北”芯片包括 54 亿个晶体管、4096 个处理核、100 万个神经元和 2.56 亿个可编程突触，每秒可执行 460 亿次突触运算，功耗 70 毫瓦。“蓝渡鸦”类脑超级计算机包括 64 颗“真北”芯片，能够模拟 6400 万个生物神经元和 160 亿个生物突触进行计算，功耗仅 40 瓦，比传统超级计算机低 4 个数量级。

“蓝渡鸦”特有的并行运算和学习思考能力，以及超低的尺寸、重量和功耗优势，使其具有极其广阔的军事应用前景。美国空军正利用“蓝渡鸦”开展超级计算机模式和目标识别研究，预计 2019 年演示机载目标识别应用；同时，还在评估将类脑计算架构集成到机载传感器中，以利用超级计算能力提高空战效能；“蓝渡鸦”还可执行人工智能和机器学习算法，并为开展计算神经科学应用提供研发、测试和评估平台。

十、超细聚乙烯纤维综合性能实现重大突破

2018 年 1 月，在美国陆军资助下，美国麻省理工学院利用凝胶静电纺丝工艺，制备出超细聚乙烯纤维。

这种聚乙烯纤维直径0.35~0.49微米，拉伸模量110~120吉帕，拉伸强度6.3吉帕，韧性2.1吉帕，断裂伸长率为20%~40%，是迄今为止力学综合性能最好的聚合物纤维。其高性能得益于特有的凝胶静电纺丝工艺，该工艺在传统凝胶纺丝工艺的基础上融合静电纺丝过程，利用静电力拉丝，使胶丝在电场作用下表现出大幅度“鞭动”效应，迅速弯曲并形成纤维。这种工艺的拉伸速率比传统凝胶纺丝工艺高约1000倍，可制得直径为亚微米甚至纳米级的纤维；依靠静电力实现一步拉伸，省去传统凝胶纺丝的预拉伸步骤，简化了工艺流程。

利用凝胶静电纺丝工艺制备的聚乙烯纤维结晶度高，分子取向度好、缺陷少，分子链滑移能力强，具有其他聚合物纤维难以兼具的高强度、高韧性、高模量。其密度与“迪尼玛”纤维相当，较“凯芙拉”纤维低，模量与商用“迪尼玛”聚乙烯纤维相当，强度为其2倍左右，韧性高一个数量级，可用于制备重量更轻、性能更好的抗弹复合材料，满足武器装备轻量化和高生存力的发展需求。